초설득

순식간에 상대를 제압하는 기술

초설득

FLIPNOSIS

THE ART OF SPLIT-SECOND PERSUASION

케빈 더튼Kevin Dutton 지음 | 최정숙 옮김

미래의창

법적인(그리고 때로는 개인적인) 이유로, 이 책에 나와 있는 일부 인물들의 묘사와 이름을 바꾸었습니다. 예를 들어, 키스 배럿은 한 권의 책 안에 너무 많은 수의 인물을 언급할 수 없어 하나의 인물로 합치게 된 경우입니다. 하지만 과장된 것은 하나도 없으며, 모든 세부사항들은 작가의 경험과 실증적 지식을 바탕으로 한 것입니다.

또한 작가는 책을 읽다 보면 발견하게 될 온갖 난해한 문법과 대시, 괄호의 향연에 대한 모든 책임을 기꺼이 질 것입니다.

Flipnosis / flipnəʊsis n.1 incisive, inch-perfect influence.
2.the practice of this.
-DERIVATIVES flipnotist n. flipnotic adj.
-origin unknown

서문

Introduction

런던의 어느 날 저녁, 명사들이 자리한 호화로운 공식 연회가 끝날 무렵이었다. 윈스턴 처칠은 한 손님이 값진 은제 소금통을 훔치는 것을 목격했다. 문제의 신사는 값진 은기를 양복 저고리에 감추고는 조용히 출구를 향해 나아갔다.

이 일을 어쩔 것인가?

집주인에 대한 도리와 불미스러운 장면을 피하고 싶은 생각 사이에서 고민하던 중 갑자기 한 가지 묘안이 떠올랐다. 한시도 지체할 수 없어 처칠은 즉시 그 소금통과 세트인 은제 후추통을 자기 양복 속에 숨겼다. 그리고는 '도둑 동지'에게 다가가 할 수 없다는 듯이 감췄던 후추통을 그 신사 앞에 꺼내놓으며 속삭였다.

"사람들한테 들킨 것 같아요. 제자리에 돌려놓는 게 낫겠어요."

승무원: 항공기가 이륙할 예정이오니 좌석벨트를 매주세요.

모하메드 알리: 나는 슈퍼맨입니다. 슈퍼맨은 좌석벨트 같은 건 필요 없어요.

승무원: 슈퍼맨이면 비행기도 필요 없지요!

♦♦♦

황소보다 센 힘

어둠이 깔린 12월의 어느 저녁 6시, 런던 북부 캠던 타운의 한 바에서 두 남자가 서서 맥주를 마시고 있었다. 500밀리리터 한 캔을 비우고 내려놓은 두 사람은 서로를 마주 보았다.

"한잔 더 할까?"

"그러자. 안 될 게 뭐 있어?"

아직 본인들은 모르고 있지만, 그러다가 결국은 저녁식사 약속에 늦게 되어 있다. 도시 반대편 인도 식당에서는 한 노인이 두 사람을 기다리고 있다. 약간의 파킨슨 증세가 있어 오른쪽 새끼손가락이 가볍게 떨리고 있었다. 그는 오늘을 위해 특별히 새로 산 밝은 색상의 테디베어 무늬 넥타이를 매고 있었다. 그 넥타이를 매는 데만 30분이 걸렸다.

일요일인데, 노인은 비바람이 희미한 창문에 부딪히는 모습을 물끄러미 바라보았다. 오늘은 아들의 생일이었다. 캠던 타운 바에 있는 두 남자도 같은 비바람이 인적 없는 도로의 가로등을 휘감고 있는 것을 내다보고 있었다.

"이제 가야겠다."

두 남자는 말했다. 이제 전철을 타고 식당으로 가야 했다. 거기 앉아 기다리고 있는 노인에게 가야 했다. 그래서 두 사람은 바에서 나왔다. 두 남자는 거의 45분이나 늦게 도착했다. 뒤늦게 생각해 보니, 맥주를 몇 잔 마신 다음 전철을 타고 거기까지 가는 데 드는 시간을 완전히 잘못 계산한 것이었다. 미리 시간을 넉넉히 잡는 대신 10분 안에다 해결하려고 든 데다가 술까지 취했으니 더 엉망이 됐다. 식당에 도착해서도 상황이 좋을 수가 없었다.

"또 늦었냐?"

기다리고 있던 노인이 빈정대는 투로 말했다.

"죽어도 못 고치지?"

그에 대한 반응은 즉각적이고 거칠었다. 수만 가지 묵은 원한이 뭉텅이로 터져 나왔다. 두 사람 중 체격이 훨씬 작은 남자가 그 자리에서 몸을 돌려 문을 박차고 나왔다. 노인의 아들이었다. 물론 나오기 전에 고르고 골라 몇 마디를 쏘아줬다. 몇 분 전만 해도 그는 아버지, 가장 친한 친구와 함께 할 조촐한 생일 축하 저녁식사를 기대하며 전철에 앉아 있었다. 이제 그는 암울한 12월 하늘을 위로 하고 홀로 전철역을 향해 달려갔다. 코트를 갖고 나오는 것도 잊어버려 춥고 몸이 다 젖었다. 사태가 금방 그렇게 돌변하다니 우스웠다. 전철역에 도착할 무렵에는 화가 잔뜩 났다. 전철 패스를 찾기 위해 매표소 앞에 잠시 서 있는 동안 황소가 와서 끌어도 그 식당으로는 절대 되돌아가지 않을 거라고 생각했다. 역 대합실 바닥은 온통 물바다였고 사람이라고는 없었다. 그런데 도로 쪽에서 무슨 소리가 들려왔다. 급히 달려오는 발자국 소리였다. 그리고 갑자기 친구가 나타났다. 식당에서 전철역까지 열 블록쯤 달려온 친구는 입구에 있는 기둥에 넘어지듯이 기댔다. 작은 남자는 몸을 돌려 가려 했다.

"기다려!"

마침내 숨을 돌린 체구 큰 친구가 불렀다.

작은 남자는 그럴 생각이 없었다.

"가자고 말할 생각도 마."

작은 남자는 주먹을 들이대며 말했다.

"아버지가 빈정거리는 말 듣는 것도 이제 신물이 난다고."

"그래도 잠깐만." 친구가 다시 애원했다.

작은 남자는 점점 더 화가 났다.

"그래 봤자 시간 낭비야. 그냥 다시 아버지한테 가. 식당으로 돌아가라고. 가고 싶은 데로 가라니까! 내 앞에서 사라져 달라고!"

작은 남자가 거의 칠 기세라 친구는 수그러들며 말했다.

"그래, 좋아. 하지만 가기 전에 한 가지만 더 말할게."

다시 침묵이 흘렀다. 전철역 근처 교차로의 신호등이 바뀌며 빗줄기가 주홍색으로 물들었다. 작은 남자는 어떻게든 친구를 쫓아버리고 싶어 말했다.

"그래, 그럼 말해 봐. 뭔데?"

큰 친구와 작은 친구가 마주 보고 있는 사이 어떤 진실이 흐르는 순간이 있었다. 큰 친구의 코트 단추가 몇 개 떨어져나가 있었다. 또 털모자는 물웅덩이에 떨어져 있었다. 식당에서 정거장까지 오느라고 어지간히 고생했구나 싶었다. 그러다가 언젠가 친구한테서 들은 말이 떠올랐다. 그 털모자는 어느 해인가 크리스마스 때 자기 엄마가 떠준 것이라고 했던 것이다. 체구가 큰 친구는 두 팔을 앞으로 내밀었다. 난감하다는 표시 같기도 하고 마음을 열자는 것 같기도 했다. 어쩌면 둘 다일 수도 있었다. 그리고 말문을 열었다.

"내가 언제 뛰는 거 본 적 있어?"

작은 친구는 대답하려다 말문이 막혔다. 갑자기 할 말이 없어졌다. 친구는 체중이 거의 177킬로그램이나 되는 거구였다. 그리고 오랜 친구지만 한 번도 뛰는 모습을 본 적이 없었다. 생각해 보니 좀 우스웠다. 본인도 인정하다시피 걷는 것도 힘겨워하는 편이었다. 생각할수록 더 대답할 말이 떠오르지 않았다. 그리고 할 말이 없어 우물거리는 사이에 분노가 점점 사그라졌다. 그래서 마침내 이렇게 대답했다.

"글쎄, 한 번도 없었던 것 같은데."

잠시 침묵이 흐른 다음 큰 친구는 손을 내밀었다.

"자, 그럼 이제 돌아가자."

그리고 두 사람은 노인이 기다리는 식당으로 돌아갔다. 식당에서 작은 친구와 아버지는 서로에게 사과했고, 완전히 현자가 됐다고 할 수는 없지만 방금 전보다는 조금 더 현명해진 세 남자는 함께 저녁식사를 하기 위해 다시 자리에 앉았다. 아무도 기적이라는 말을 입 밖에 내지는 않았지만 다 그 생각을 하고 있었다. 큰 친구는 코트 단추를 몇 개 잃어 버렸고 엄마가 떠준 털모자는 망가져 원래 모습을 잃고 말았다. 하지만 비바람과 혹한 속에서 어쨌건 더 값진 것을 얻은 게 사실이었다. 지하철역에서 작은 남자는 누가 와서 무슨 말을 해도 절대 식당으로 되돌아가지 않을 거라고 생각했다. 황소가 와도 끌어가지 못할 거라고 여겼다. 그런데 큰 남자가 한 몇 마디가, 그것도 별 생각 없이 한 말이 마음을 움직인 것이었다.

"내가 언제 뛰는 거 본 적 있어?"

어디서 어떻게 온지는 모르지만 런던 겨울의 음침함 속에서 큰 남자는 환한 햇살을 불러낸 것이었다.

정직이 최고

자, 이제 문제를 하나 내겠다. 이거 해라, 이거 사라, 어딜 가라, 어떻게 가라 등등 사람들이 내 마음을 움직이려 드는 경우가 하루에 몇 차례나 된다고 생각하는가? 잠에서 깨는 순간부터 밤에 잠자리에 들 때까지 다 계산하라는 말이다. 스무 번? 서른 번? 그게 대부분 사람들이 말하는 답이니 이제 진짜 답을 듣고 나서 상심할 필요는 없다. 사실은 400번 정도다! 처음에는 좀 놀랄 것이다. 하지만 잠시 생각해 보자. 우리가 하는 선택들을 따져 보자. 도대체 우리 뇌를 스쳐 지나가며 영향력을 끼치는 것들은 어떤 게 있을까?

우선 광고들이 있다. TV, 라디오, 빌보드, 인터넷…… 하루에 보는 광고가 얼마나 된다고 생각하는가? 정말, 꽤 된다. 그것뿐이 아니다. 길가의 샌드위치 장사, 교통정리 경찰, 복잡한 길에서 전도하는 사람들, 게다가 우리 머릿속에서 계속 맴돌며 지시하는 꼬마 친구도 있다. 물론 눈에 보이는 것은 아니지만 그 목소리는 늘 듣고 있다. 그런 것들을 생각하면 우리를 설득하려는 것들의 숫자가 점점 늘어나기 시작하지 않는가? 그런데 아직 제대로 된 계산은 시작도 안 한 셈이다. 생각해 보면 우리는 그 모든 것들을 당연히 여긴다. 바로 그 때문에 하루에 우리가 설득당할 위험에 몇 번이나 처하냐고 물으면 400번이라고 하지 않고 2, 30번이라고 하게 된다. 게다가 여기에는 더 근본적인 문제가 깔려 있는데도 우리는 그에 대해 거의 생각조차 않는다.

그 설득의 근원이 대체 무엇인가 하는 것이다. 마음의 근원에 대해서는 많은 연구가 있다. 그런데 그 마음을 움직이는 원동력에 대해서는 어떤가? 방금 이야기한 것과 전혀 다르게 움직이는 사회를 그려 보자. 영향력 행사 방식이 설득이 아니라 강제인 그런 사회 말이다. 길거리 핫도그 장사에게 핫도그를 안 사겠다고 하면 야구 방망이를 들고 쫓아오는 걸 상상할 수 있을까? 속도제한 표시를 무시하고 과속으로 달리면 속도감지기가 알아서 집중 사격해 차를 벌집으로 만든다면 또 어떨까? 우리가 '맞는' 정당, '맞는' 종교, '맞는' 피부색을 갖지 못했다고 해서 그에 대한 대가를 치러야 한다면 어떨까?

이 시나리오들은 비교적 쉽게 상상할 수 있는 것들이다. 하지만 내가 정말 하고자 하는 말은 이것이다. 즉, 우리가 '사회'라는 것을 가질 수 있는 것은 거의 이 설득의 힘 때문이다. 이 이론을 뒤엎기 위한 갖가지 도전이 여러 번 있었지만 늘 실패로 돌아갔다. 우리가 살아있는 것은 설득의 힘 덕분이고, 정말 실제로 그럴 때가 자주 있다.

이제 내 얘기를 좀 해 보겠다. 2003년 가을, 나는 회의에 참석하기 위해 샌프란시스코로 향했다. 시간에 쫓긴 나머지 정신이 없어 미리 호텔 예약을 해야 한다는 당연한 원칙을 지키지 못한 탓에 현지에 도착한 다음에 찾기로 했는데, 결국은 살인마들조차 겁이 나서 혼자서는 안 돌아다닐 위험한 동네의 어수선한 싸구려 숙소를 잡게 되었다. 그 주변에 있는 이들은 모두 불운과 불행을 남에게 지지 않을 만큼 겪은 사람들로, 바람에 날리고 비에 젖은 호소문들을 처량하게 내건 채 인도에 장사진을 치고 있었다. 그 사람들이라고 돈 없이 살 수 있는 건 아니었다. 물론 다 돈이 필요했다. 하지만 1주일 정도 그곳을 지나다니며 서서히 사람들을 파악하게 될 즈음에는 그 사람들과 내 처지가 완전히 뒤바뀌어 내가 오히려 돈을 구걸할 처지가 됐다. 그 사람들 대부분과 통성명하는 사이가 되고 처음 며칠 돈을 퍼주고 나자 그 사람들을 돕고 싶다는 생각은 금방 바닥이 나고 말았다.

아니, 적어도 그런 줄 알았다.

그런데 그곳 체류가 거의 끝나갈 무렵인 어느 날 밤, 전에 못 본 한 남자가 눈에 띄었다. 하지만 이제 나는 남들의 불행한 사연이라면 어느 정도 면역력을 기른 단계에 와 있었다. 그래서 그 남자가 내밀고 있는 가장자리가 너덜너덜한 호소문을 그냥 보고 지나치려고 했다. 그런데 호소문을 보는 순간 내 허락도 없이 손이 주머니를 뒤지기 시작했다. 그것도 잔돈푼이 아니라 꽤 큰돈을 주기 위해서였다. 몇 글자 안 되는 간단한 사연이 잠시도 주저 않고 지갑을 열게 만든 것이었다.

"거짓말해 뭐하겠습니까? 맥주가 마시고 싶어서요."

완전히 강도당한 기분이었다.

안전한, 아니 비교적 안전한 호텔 방으로 돌아오자 앉아서 그 남자가 내건 슬로건을 다시 생각해 봤다. 예수님도 분명 감탄하셨을 거다. 보통 나는 한심한 인간들에게 적선을 하지 않는 편이었다. 특히 바로 옆에 더 가치 있는 대의명분이 있을 때는 더욱더 그랬다. 그런데도 그런 짓을 하고 말았다. 도대체 그 말 중 무엇이 내게 그토록 큰 영향을 끼쳤을까? 아마 총을 들이댔어도 그보다 빨리 돈을 빼앗지는 못했을 것이다. 그 동네에 온 후 공들여 무장했던 자체 보안 시스템을 완전히, 그것도 나도 모르는 사이에 무력화시킨 게 대체 무엇이었을까?

그러다 웃음이 나왔다.

갑자기 오래 전 식당에서 아버지와 다투고 그곳을 뛰쳐나왔을 때가 떠올랐기 때문이었다. 당시 절대 식당으로 되돌아가지 않겠다고 작정했었기 때문에 황소도 나를 끌고 가지 못할 거라고 여겼다. 그런데 불과 30초도 안 되어 친구의 말 한마디에 마음을 돌리지 않았던가. 그런 류의 일에는 정상적 의사소통과 근본적으로 다른 뭔가가 있다는 사실을 깨닫기 시작했다. 모든 걸 변화시키는 초월적인, 거의 딴 세상 이치 같은 것이 있었다.

하지만 그게 정확히 뭐란 말인가?

설득의 초능력

호텔 방에 앉아 있자니, 이래 봬도 내가 심리학자인데, 저 질문에 대한 답 정도는 알고 있어야 할 것 아닌가 하는 생각이 들었다. 하지만 그럴수록 더 답을 찾기 힘들었다. 이는 설득과 태도 변화, 사회적 영향에 대한 문제였다. 사회심리학자들이 모이면 늘 주고받는 이야기였는데도, 뭔가 큰 블랙홀이 있는 것 같았다. 어떻게 생판 남이 간단한 몇 마디 말로 내 지갑을 다 털어갈 수가 있었을까? 또 내 제일 친한 친구는 어떻게 몇 마디 말로 내 머릿속을 완전히 털어갈 수가 있었을까? 위의 예처럼 남을 진정시키거나 돈을 받아내려면 대부분 오랜 시간을 들여 준비를 한다. 신중하게 작전을 짜는 데는 다 그럴 만한 이유가 있다. 영업하는 사람들에게 물어보면 알겠지만 사람들 마음은 쉽게 바뀌지 않기 때문이다. 십중팔구 설득의 성공 여부는 복합적 요소를 잘 결합하는 데 달려 있으며, 우리가 하는 말의 내용뿐 아니라 말하는 방식과도 관계가 있다. 또 말이 어떻게 해석되느냐가 중요하다. 거의 대부분의 경우, 사람들의 마음을 움직이는 것은 '말'이다. 타협, 적극성, 협상력을 적절히 배합해야 강력한 힘이 생겨나기 때문에 하고자 하는 말을 복잡하게 엮어 잘 포장해야 한다. 하지만 내 친구와 그 노숙자는 달랐다. 잘 포장해서 성공했다기보다는 오히려 포장이 전혀 없었던 점이 주효했다. 그들의 결정적인 힘은 있는 그대로의 순수함이었다. 심리를 순간적으로 절묘하게 움직인 것이 힘의 원천이었다.

아니, 정말 그랬던가?

하지만 케임브리지로 돌아오자마자 이 의문이 참 풀기 어려운 문제라는 생각이 들기 시작했다. 설득력 지층의 깊은 곳에 우리가 배울 수 있는 어떤 묘약, 반전의 비법 같은 것이 숨어 있는 것일까? 그래서 거래를 성사시키고, 남의 환심을 사고, 저울이 우리에게 약간 유리하게 기울어지게 할 수 있는 걸까? 현재 우리가 두뇌에 대해, 그 구조와 기능의 상관관계에 대해 알고 있는 것은 대부분 관례보다는 예외에 대한 연구에서 나온 것이다. 일상규범과 배치되는 극단행동을 통해 배운 것들이다. 그렇다면 설득 역시 마찬가지가 아닐까? 호머의 일리아드에 나오는 세이렌을 봐도 그렇다. 그 노래가 너무 매혹적이라 뱃사람들은 죽음의 고통에도 불구하고 어쩔 수 없이 끌려들어 간다. 큐피드의 화살도 마찬가지다. 레너드 코헨의 노래 '할렐루야'에 나오는 "하나님을 기쁘게 하는 비밀 코드"도 그런 예이다. 신화 바깥세상에도 그런 게 존재할 수 있을까?

연구가 진행되면서 이 의문에 대한 답이 형체를 드러냈다. 느리지만 확실하게 그런 사례들이 점점 쌓이고 게다가 냉철한 수학 이론으로 못까지 박을 수 있게 되자 나는 전혀 새로운 종류의 영향력 요소들을 취합하기 시작했다. 아직 확인되지 않은 채 수수께끼로 남아 있는 설득의 초능력에 대해 게놈 지도 작성에 나선 것이다. 다들 어떻게 설득해야 하는지 나름의 생각은 갖고 있지만 대개 그 결과는 실수나 요행수로 점철되어 있다. 틀릴 때가 반, 맞을 때가 반이란 말이다. 그런데 백이면 백 다 설득할 수 있는 사람이 나타난 것이다. 그것도 별 중요하지 않은 이야기를 할 때나 친구와 쇼핑 나갔을 때만 그런 게 아니라 막중한 이해관계가 걸려 있고 감정이 고조된 첨예한 대립 상황에서도 남들의 마음을 움직일 줄 아는 것이다. 그럼 이 설득의 달인은 어떤 사람들일까? 그들의 비결은 대체 무엇일까? 더 중요한 것은 그들이 우리 보통 사람들에게 한 수 가르쳐줄 수 있을까? 또 그럴 수 있다면 어떤 것일까?

또 다른 예를 들어보겠다. 비행기를 타고 있는데 이런 상황에 봉착한다면 어떻게 할지 생각해 보시라. 뉴욕행 비행기 안이었다(다행히 영화사 덕분에 비즈니스 클래스였다). 옆의 남자가 기내식이 마음에 들지 않는 듯했다. 몇 분 동안 깨작이더니 수석 승무원을 불러 이렇게 선언했다.

"이거 음식이 형편없네요."

그 승무원은 이해심 넓게 고개를 끄덕였다. 세상에, 그리고는 너스레를 떠는 것이었다.

"오, 이런 정말 죄송해서 어쩌죠! 다시는 저희 비행기 안 타실 거잖아요. 어쩌면 좋담? 이 일을 어떻게 보상해 드릴 수 있을까요?"

어떤 상황인지 감이 잡히시리라.

그런데 상황을 완전히 뒤집는 일이 벌어졌다. 그냥 테이블을 돌리는 정도가 아니라 완전히 뒤집어엎는 것이었다.

"이것 보세요."

그 남자가 말을 이었다(물고 늘어지는 데 이력이 난 사람 같아 보였다).

"그쪽 잘못이 아니라는 건 알아요. 정말 이 음식은 엉망진창이에요. 정말로요. 그리고요, 나는 겉으로만 상냥한 척, 착한 척하는 사람들이라면 지겨워요."

"아, 그러셔, 이 못된 작자야? 그럼 입 좀 닥치고 가만히 찌그러져 있으면 될 것 아냐?"

일시에 비행기 안이 잠잠해졌다(무슨 우연의 조화인지 바로 그때 "좌석 벨트를 매시오"라는 불까지 켜졌다). 도대체 어떤 정신 나간 사람이 그러는 걸까? 그런데 앞쪽 자리에 있던 남자(유명한 가수였다)가 뒤를 돌아보더니 불평하는 남자에게 윙크를 했다.

"이제 좀 나으세요? 아니면 좀 더 할까요?"

잠시, 아무도 입을 열지 않았다. 모두 다 말 그대로 얼어붙는 것 같았다. 그런데 갑자기 불만에 가득 차 있던 승객이 무슨 비밀 뇌관을 제거하기나 한 것처럼…… 미소를 짓는 것이었다. 그리고는 웃음을 터뜨리더니 걷잡지 못하고 웃어댔다. 그러니까 이번에는 승무원도 못 참고 웃음을 터뜨리고 결국은 거기 있던 사람 전부가 웃고 말았다. 간단한 몇 마디로 문제가 해결된 것이다. 옛날 영어 선생님이 해 주시던 말씀이 확실히 증명되는 순간이었다.

"공손하게만 하면 얼마든지 무례하게 굴어도 괜찮단다."

아무튼 다시 원래 질문으로 돌아가겠다. 본인이라면 그런 상황에 어떻게 반응할 거라고 생각하는가? 어떻게 대처할 것인가? 내 경우라면? 아마 그다지 잘 못했을 것 같다. 그 일에 대해 생각하면 할수록 그런 상황들이 왜 그리 특별하게 느껴지는지 좀 더 정확히 깨닫게 됐다.

그것도 참 대단할 때가 있기는 하지만 인간 심리의 정곡을 찌른 것 때문만은 아니었다. 그 이상의 무엇이 있었다. 그럴 줄 아는 사람들이 정말 중요한 것이다. 그 가수는 잠시 제쳐두고 한번 생각해 보라. 그런 진상 승객이 등장하지 않더라도 비행기 승무원들은 늘 비슷한 어려움을 겪게 된다(물론 경찰, 군인, 협상전문가, 의료진, 자선단체 종사자들은 한층 더 험한 상황을 겪는다). 이들은 설득기술 훈련을 받은 사람들이다. 평정 유지를 위해 실험을 통해 검증된 기술을 사용할 줄 아는 사람들이다. 남과 인간적 관계를 맺고, 대화를 트며 동시에 대인관계에서 침착하고 참을성 있으며 공감 있는 태도를 풍겨야 한다. 사회화 과정을 바탕으로 쌓은 기술들이다. 그냥 '타고난' 사람들도 분명 있다. 훈련이 필요 없는 사람들이다. 실제로 너무 솜씨가 좋고 남달라서 사람들의 마음을 돌리는 재능을 가진 사람들이다. 협상과 대화, 타협을 통해 그렇게 하는 게 아니라 간단한 몇 마디로 그럴 수 있는 사람들이다.

말도 안 되는 것 같은가? 물론 그럴 것이다. 나도 이 문제에 대해 처음 생각하기 시작할 때는 마찬가지였다. 하지만 그 생각은 오래가지 않았다. 곧 나는 여러 상황과 일화, 우화를 통해 정말 사람들 중에는 설득의 마술사가 있음을 알려주는 흥미로운 증거들을 발견하기 시작했기 때문이다. 게다가 그런 사람들이 다 좋은 사람들은 아니라는 사실도 알게 됐다.

설득의 비밀코드 풀기

이 책은 물론 설득에 대한 책이지만 특별한 종류의 설득 즉, 반전 기술(Flipnosis)에 대한 것이다. 반전 기술은 몇 초 안에 이루어져야 하고, 별로 진화할 시간도 없다. 당연히 의외성(Incongruity)이 그 핵심 요소이지만 그것으로 다 되는 것은 아니다. 눈앞의 것을 얻느냐 잃느냐는 단순성(Simplicity), 본인에게 이익이 된다는 인식(Perceived self-interest)*, 자신감(Confidence), 공감 능력(Empathy)이라는 네 가지 추가 요소에 달려 있다. 이는 동식물계나 세계에서 가장 뛰어난 사기꾼에게도 반드시 필요한 설득의 불가결한 요소이다. 이 '다섯 가지 영향력(SPICE)'을 잘 배합하면 치명적인 무기가 되는 것이다. 또 거창한 말이나 논조를 내세우지 않을 때 더욱 효과적이다. 윈스턴 처칠은 확실히 이를 잘 아는 사람이었다. 또한 챔피언에게 제대로 한방을 먹인 승무원 역시 그렇다. 아마 모하메드 알리는 평생 그렇게 정통으로 당한 적이 없을 것이다.

설득은 할 능력만 되면 예약이나 계약, 거래 등 원하는 것이라면 무엇이든 얻을 수 있는 기술이다. 물론 임자를 제대로 만날 경우에 그렇다. 만약 그 기술이 나쁜 사람 손에 들어가게 되면 가장 잔인하고 치

* 상대방의 이익을 위하는 것처럼 보이는 것을 말한다. 물론 설득이 늘 정말 상대방의 이익을 위한 것은 아니다. 하지만 상대가 그렇게 느끼게 만들면 훨씬 효과적이다.

명적인 무기가 되어 재앙을 불러올 수도 있다.

간단한 논리로 이야기를 시작하겠다. 세상에는 남들보다 설득기술이 좋은 사람들이 있다. 그리고 세상만사가 그렇듯이 우리들의 능력은 각양각색이다. 한쪽 끝에는 늘 '틀리는' 사람이 있는가 하면 다른 쪽 끝에는 거의 초능력이라 할 정도로 늘 '제대로 맞추는' 뒤집기 명수들이 있다. 이제 이 불가사의한 설득기술의 좌표를 찾아보기로 하자. 우리가 실증적 질문이라는 그물을 점점 더 멀리 펼쳐 사회적 영향이라는 익숙한 영역을 지나 신생아 발달, 인지 신경학, 수학, 정신 병리학 등 다소 생소한 영역으로 점점 더 깊이 들어가며 설득술의 예술성에 대해서 탐구하고 그 이론의 바다를 항해하다 보면 이제 겨우 그 형체가 드러나기 시작한다. 거기서 우리는 점차 한 가지 확실한 공식을 추출하게 될 것이다. 그리고 항해 중에 우리는 다음 질문의 답을 찾게 될 것이다.

- 신생아와 사이코패스의 공통점은 무엇인가?
- 마음을 움직이는 능력도 마음 자체와 마찬가지로 진화했을까?
- 설득 도사와 무술 도사가 공통으로 갖고 있는 비결은 무엇일까?
- 두뇌에는 '설득경로'라는 것이 있을까?

그 해답들은 경이적일 것이며, 언젠가 당신이 자신의 능력 향상을 꾀하고자 할 때 분명 도움이 될 것이다.

1

설득본능

The Persuasion Instinct

판사: 피고에 대한 유죄 판결과 함께 72시간 사회봉사 명령과 150파운드 벌금을 선고한다. 피고는 3주 이내에 전액을 내든지 아니면 즉시 납부해 50파운드를 면제받을 수 있다. 어느 쪽을 선택하겠나?

소매치기: 재판장님, 제가 지금은 56파운드밖에 없습니다. 하지만 배심원들과 잠시만 있게 해 주시면 즉시 납부할 수 있을 것 같습니다.

♦♦♦

가짜 치료?

1938년 조지아 주 남부 셀마의 드레이트 도허티라는 의사가 밴스 밴더스라는 환자의 왕진을 갔다. 밴더스는 6개월 전 어느 야밤에 공동묘지에서 어떤 주술사와 우연히 마주쳤는데 그 못된 인간이 저주를 걸었다는 것이었다. 그리고 1주일 정도 지난 다음부터 배가 아파오기 시작했는데, 죽을병이라며 몸져눕고 말았고 그 이후 자리에서 일어나지를 않아 가족들을 애태우고 있었다.

의사는 밴더스를 여기저기 다 진찰한 다음 무겁게 머리를 저었다. 무슨 병인지 도대체 알 수가 없다는 것이었다. 하지만 의사는 다음날 다시 찾아와 이렇게 선언했다.

"내가 그 주술사를 공동묘지로 유인했어요. 그리고 오자마자 달려들어 바닥에 넘어뜨려 올라타고 당신한테 건 저주가 뭔지 정확히 말하고 해독제를 주지 않으면 그 자리에서 죽여 버린다고 위협했지요."

밴더스는 눈이 휘둥그레져 물었다.

"그랬더니 뭐래요?"

"한참 빠져나가려고 버둥대더니 결국 항복하더군요. 지금까지 의사 노릇하면서 그런 소리는 정말 들어본 적이 없는데요. 글쎄 그 사람 말이, 당신 뱃속에 도마뱀 알을 집어넣고 알이 까게 만들었다는 거예요. 지난 6개월 동안 배가 아팠던 게 그 도마뱀 때문이었어요. 속에서 산 사람을 파먹고 있었다니까요."

밴더스는 놀라서 눈이 튀어나올 지경이었다. 그래서 사정을 했다.

"절 어떻게 해 주실 수 없습니까, 의사 선생님?"

의사는 안심하라는 듯이 미소를 지었다.

"다행히도 사람 몸의 회복력이 대단해서 지금까지 도마뱀이 끼친

해가 그리 깊지는 않아요. 그러니 그 주술사가 준 이 해독제를 먹고 결과가 어떤지 좀 지켜봅시다."

밴더스는 열심히 고개를 끄덕였다.

의사가 준 구토제를 먹은 환자는 10분 후 정신없이 토했다. 의사는 왕진 가방을 열었다. 거기에는 동네 애완동물 가게에서 산 도마뱀이 들어 있었다.

"아하, 이놈이 범인이구나!"

의사는 도마뱀 꼬리를 잡아 거꾸로 흔들어대며 말했다.

이를 올려다본 밴더스는 또 한 차례 거칠게 토했다. 의사는 자기 물건들을 챙기며 말했다.

"이제 걱정 말아요. 최악의 상태는 지났으니 곧 좋아질 거예요."

그리고 가버렸다.

물론 그날 밤, 밴더스는 오랜만에 숙면에 들 수 있었다. 그리고 다음 날 아침에는 계란과 오트밀로 아침식사까지 잘했다.

설득. 그 말을 듣기가 무섭게 중고차 장사, 말 잘하는 정치가, 수다쟁이, 남을 이용하고 해를 끼치는 온갖 종류의 사람들이 떠오를 것이다. 그런 인상을 주는 말이기 때문이다. 설득술은 사회심리학에서 제일 인기 있고 유행하는 분야이면서도 뭔가 석연치 않고 그늘진 평판을 갖고 있다. 뭔가 천박스럽고 권위 없고 허약한 싸구려 분야처럼 보이는 것이다. 또 사실이 그렇다. 하지만 설득이 무조건 다 싸구려 말과 야한 겉치레라고만 할 수는 없다.

앞에서 예로 든 환자의 경우 주술사와 의사가 그의 병세를 놓고 한 판 승부를 벌인다. 주술사가 치명타를 가하는가 하면 상대방 의사는 그를 이용해 힘 안 들이고 판도를 바꿔놓는다. 이 주술사와 반전 도사 이야기는 설득기술을 가장 단순하고 순수한 형태, 즉 두뇌 싸움으로 요약해놓고 있다. 그러면 그런 설득의 힘은 어디서 올까? 왜 통할까? 내 마음속 생각을 말로 옮겨 상대방 마음을 변화시킬 수 있는 이유는 어디에 있을까?

고대 그리스인들은 세상만물에 신이 있다고 믿었고 그중에는 설득의 신도 당연히 있었다. 페이토 여신(로마 신화에서는 수아델라)은 아프로디테의 수행 여신으로 그리스로마 신화에서 남들을 엮어주기 위한 실타래를 갖고 있는 것으로 그려졌다. 물론 다윈이나 게임 이론의 등장, 뇌 영상의 발달 등으로 요즈음은 세상을 보는 눈이 달라졌다. 그리스 사람들조차도 신보다는 농구에 더 관심이 있는 세상이니 이제 다른 곳, 예를 들자면 과학 같은 데서 증거를 찾으려 한다. 아니면 오프라 윈프리든지.

이 장에서는 그러므로 진화생물학으로 눈을 돌려 설득의 역사가 우리나 고대 신들이 아는 것보다 더 길다는 사실을 밝혀보도록 하겠다. 언어나 의식, 인류가 등장하기 이전에 등장한 설득의 가장 초기 형태를 찾아보면 설득은 인류만의 전유물이 아니라 생명과 자연 질서의 엄연한 일부라는 놀라운 결론에 도달하게 될 것이다.

고양이의 설득력

나무가 무성한 지역에 번쩍이는 통유리 건물을 설계 중인 건축가들에게 충고하겠다.

그 동네 새들을 보호할 수 있는 방안을 생각하라.

2005년 케임브리지 의학연구센터(MRC)의 인지 및 뇌과학부는 가미카제 비둘기들 때문에 골치를 앓고 있었다. 새로 증축한 건물의 안마당이 새들의 단골 자살장소가 되어, 많게는 하루에 열 마리까지 최신식 강의건물 유리벽으로 돌진해 죽어갔다.

얼마 안 가 그 이유가 밝혀졌다. 주변의 나무와 숲이 유리에 반사되어 새들이 착각했던 것이다.

이제 어찌해야 할까? 원인 규명은 간단했지만 해결은 쉽지가 않았다. 커튼도 쳐보고, 그림이나 허수아비도 걸어 봤지만 다 소용이 없었다. 그러던 어느 날 번디 매킨토시가 한 가지 안을 내놓았다. 새들의 언어를 사용해 보자는 것이었다. 두꺼운 종이로 독수리의 옆모습을 만들어 창에 붙였다. 마치 새의 뇌 깊은 곳에 자기들을 잡아먹는 새들의 모습을 한 경고등이 설치되어 있는 듯했다. 독수리의 모습이 시야에 들어오면 곧바로 빨간불이 켜지며 위험지역임을 알려 새들이 거기서 벗어나도록 하는 것이었다.

문제는 바로 해결됐다.

동물의 언어를 쓰기 위해서는 (번디 매킨토시 경우 간단히 마분지와 가위를 사용했다) 생물학적 언어체계를 배워야 한다. 혹시라도 말은 사람만이 할 수 있다고 생각한다면 다시 고민해 봐야 할 것이다. 서식스 대학 생물학자인 카렌 맥콤은 고양이에 대해 흥미로운 사실을 발견했다. 고양이들은 밥 먹을 때가 되면 주인에게 밥그릇을 채워달라고 재촉하는 특별한 '애원조로 가르랑' 소리를 낸다고 한다.

맥콤과 동료들은 고양이가 내는 여러 종류의 가르랑 소리에 대한 주인들의 반응을 비교한 결과,[1] 고양이가 밥 달라고 할 때 내는 소리는 볼륨이 똑같더라도 다른 때 내는 소리보다 더 거슬리고 못 들은 척하기 힘들다는 사실을 알게 됐다. 음조에 차이가 났는데, 밥 달라고 할 때는 만족한 듯한 저음의 가르랑거림에 다급한 고음의 우는 소리를 섞어 전형적인 '복합 메시지'를 보낸다는 것이었다. 맥콤에 따르면 그렇게 함으로써 고음의 우는 소리만 냈다가 당장 밖으로 쫓겨나는 위험을 방지할 뿐 아니라 포유류 특유의 뿌리 깊은 모성본능을 자극한다는 것이다(이에 대해서는 뒤에 더 이야기하겠다).

"보통 만족감을 나타내는 소리에 울음소리를 섞어 넣는 것은 아주 은근히 반응을 이끌어내는 방식"이고 "대놓고 야옹대기보다는 가르랑거리며 애원하는 것이 사람들에게 더 호소력이 있다"고 맥콤은 설명한다. 다르게 표현하자면 고양이는 4만 개의 단어(영어권 성인이 사용하는 어휘 평균 추산치)를 모르더라도 좀 더 빠르고 간단하고 효과적으로 목적달성을 할 수 있는 설득수단을 갖고 있다는 것이다. 케임브리지의 번디 매킨토시가 비둘기와 통하기 위해 생각해낸 전략도 완전히 똑같다. 이를 동물행동학에서는 관건자극(關鍵刺戟, Key Stimulus)이라고 한다.

말보다 강한 소통법

관건자극은 가장 순수한 형태의 영향력으로, 간단하고 어떤 언어나 의식적 사고가 섞여 들어가지 않은, 총알처럼 곧장 뚫고 들어가는 마인드컨트롤 수단이다. 관건자극은 단순하고, 명확하고, 쉽게 설득한다. 물론 관건자극의 공식적 정의는 약간 다르다. 어떤 정해진 행동양식을 유발하는 환경적 자극을 의미하며 일단 유발된 본능적 행동은 중단되는 법이 없이 끝까지 나아가게 된다.

하지만 이것도 결국은 같은 이야기다.

자연세계에는 관건자극의 예들이 무수히 많이 있는데 그중 중요한 것이 짝짓기 경우다. 어떤 것은 시각적이고(번디 매킨토시의 독수리 윤곽처럼) 어떤 것은 청각적이며(고양이의 애원조 그르렁거림) 운동성인 것도 있다(꿀벌들은 먹이 위치를 알리기 위해 춤을 춘다). 또 그 세 가지를 다 결합한 것도 있다. 아마존의 깊은 밀림에 사는 콩알만 한 두뇌를 가진 카이로시피아 파레올라라는 새는 코발트색 털과 아름다운 노래 소리, 그리고 상당히 특이한 짝짓기 의식으로(의식을 행하는 존재 외에 다섯 마리로 구성된 밴드까지 가지고 있다) 유명하다.

카이로시피아 파레올라는 카사노바 클럽의 정회원은 아니지만 암놈 유혹 기술이라면 누구에게도 지지 않는다. 수놈은 마음에 드는 짝을 만나면 절대 시간을 끌며 머뭇대지 않는다. 당장 춤을 추며 날아가 자기 것으로 만들고 만다.

어떤 개구리들은 사랑의 언어로 대개 소리를 사용한다.[2] 루이지애나 주에서 제일 먼저 듣는 소리가 청개구리 소리인데, 피곤해 잠을 청하려 애쓸 때는 그 소음이 더 심하다. 짝 찾는 소리가 방울소리를 닮아 보통 방울청개구리로 더 알려져 있는 이 개구리는 연못, 도랑, 강, 늪지 등 다양한 환경에서 서식하고 있다. 또 불 밝힌 베란다까지 와서 남의 수면을 방해하기도 한다.

방울청개구리의 음향 레퍼토리는 생각보다 복잡하다. 일제히 합창을 할 경우 대개 어느 정도 우는 소리를 조정해 불협화음임에도 불구하고 종종 개골-꽥 개골-꽥 하는 식으로 화음을 맞추는 것처럼 들린다. 또 조사에 따르면 수개구리들은 상황에 따라 소리를 바꾸는 것으로 나타났다. 땅거미가 질 무렵 짝짓기 장소인 저수지로 가기 전에는 미리 자기 자리를 맡아놓기 위해 다른 수놈들에게 '내가 나가니 물러나라'는 울음소리로 신호를 보낸다. 그리고 저수지로 가는 길에는 더 날카로운 신호를 보내며 굼뜨고 투박하게 서로에게 몸을 부딪는다. 그러나 정말 목청 높여 시끄럽게 합창을 해대며 피날레를 장식하는 것은 짝짓기 현장인 저수지에 도착해서다. 실제로 짝을 부르는 소리가 어찌나 요란한지 300미터나 떨어진 곳에 사는 주민들에게도 그 소리가 들린다고 한다. 물론 암개구리에게는 말할 것도 없다.

사기꾼 개구리

지금까지 본 새와 개구리의 설득 노력은 인간 사회에서도 늘 목격하게 되는 정직하고 꾸밈없는 설득 행위다. 짝 찾기에서부터 중요한 계약을 성사시키는 것까지 성공 여부는 서로 말이 통하느냐에도 달려 있지만 그중에서도 관건자극이 가장 효과적이다. 하지만 자기 이익을 위해 완전히 다른 존재인 척하는 '사칭행위'라는 분야로 옮겨가면 공동언어와 상호이해, 공감의 중요성은 더욱 분명해진다.

개구리를 다시 예로 들어보겠다.

거의 모든 개구리들에게 짝 찾기 요령은 뻔히 정해져 있다. 기껏할 수 있는 게 개골대는 것뿐이라면 별달리 부릴 재주가 없는 건 당연하지 않은가. 그러니 수놈들은 그냥 주저앉아 하염없이 개골대는 수밖에 없고, 그러다가 운이 좋으면 어디선가 암놈이 찾아오는 것이다. 이보다 더 단순한 과정은 없다. 그런데 어떤 개구리들은 한 단계 더 나아갔다. 일종의 속임수를 도입한 것이다. 그래서 저음의 크고 깊은 목소리를 가진 개구리는 본인은 전혀 모르는 가운데 소리 없는 개구리 떼에게 미행당하는 경우가 흔히 있다.

사실 이는 자연선택이라는 철칙을 증명하는 것이기도 하다. 밤새 힘들게 개골대다가 에너지를 다 소진해갈 때쯤이면 두 가지 중 하나의 결론에 다다른다. 하나는 밤새 개골거렸는데도 허탕을 쳐 지친 몸을 이끌고 가 버리는 것이고, 다른 하나는 운이 좋아 결국은 암캐구리와 함께 저수지로 뛰어드는 것이다. 하지만 중요한 것은 열심히 일한 개구리의 저녁이 어떻게 마무리되느냐가 아니다. 열심히 일한 개구리가 사라진 다음 어떤 일이 벌어지는지가 중요한 것이다. 어느 쪽으로든 결론이 나면, 목청 좋은 개구리가 있던 자리가 시장에 나오게 되는데, 이 자리는 바로 여태껏 입 다물고 기다리던 신분도용범들이 재빨리 들어앉을 금싸라기 땅이 되는 것이다. 목이 터져라 울던 개구리가 떠난 다음 찾아온 영문 모르는 암놈 앞에 능청맞게 앉아 있는 것은 입도 벙긋하지 않았던 사기꾼 개구리다. 하지만 암놈이 그걸 어떻게 알 수 있겠는가? 도저히 알 수 없다.

자연세계의 위장범들

위장은 효과적인 설득 수단이다.[3] 관건자극이 당장 영향력을 행사하는 것이라면 위장은 당장 공감을 얻어내는 것이다. 관건자극과 마찬가지로 위장에도 여러 종류와 적용 방식이 있고 앞에서 본 바와 같이 꼭 좋게만 쓰이는 것은 아니다.

우선 가장 쉽게 알고 있는 형태의 위장은 시각적 위장으로 앞에서 말한 우는 수고를 않는 개구리들이 써먹는다. 하지만 해당 생물의 사기술 정도와 수준에 따라 시각적 효과뿐 아니라 청각적, 후각적 요소도 혼합한 좀 더 교묘한 방법들도 있다. 사기꾼 바람둥이들은 남의 자리를 차지하고 그 사람인 척하는 신분도용 범죄만 저지르는 것이 아니다. 사이코패스 개구리들은 안 보이는 데서 숨죽이고 기회를 노리다가 막판에 뛰어들어 개골대느라 지친 개구리를 습격하고는 그 개구리가 밤새 기운이 다 빠질 때까지 세레나데를 불러준 바로 그 암놈을 유유히 꼬여 가곤 한다.

복합 위장의 좋은 예는 식물에서 찾을 수 있다(설득을 자연질서의 불가결한 요소라고 한 내 말은 정말로 사실이었다). 블루베리에는 잎사귀를 감염시키는 진균이 있어 잎사귀들이 포도당, 과당 등 달콤한 당분을 분비하게 만든다.[4] 그러면 재미있는 일이 일어난다. 잎사귀가 가짜로 꽃 흉내를 내며 꿀물을 분비하게 되면 냄새 외에는 꽃과 닮은 점이라고는 없음에도 불구하고 정말 꽃처럼 꽃가루를 옮기는 곤충들을 꼬여 들이게 되고 나머지는 자연선택 법칙이 알아서 처리한다. 벌은 잎사귀가 분비하는 당분이 꿀물이라고 믿고 찾아온다. 그리고 잎사귀의 꿀물을 빨아들이고는 (거기 있던 진균은 이때 벌의 배에 달라붙는다) 다음에는 진짜 블루베리 꽃으로 옮겨가 진균을 꽃의 씨방에 전염시키게 된다. 그리고 그 씨방에서 번식해 속이 빈, 먹을 수 없는 열매를 맺게 되고, 그 열매들은 겨울 동안 동면해 있다가 봄이 되면 새싹들을 감염시킨다. 참 교묘하지 않은가?

하지만 진균의 사기행각은 블루베리 잎사귀에서 꿀 냄새를 풍기는 데서 그치는 것이 아니라 완전히 다른 차원의 속임수도 쓴다. 감염된 잎사귀들을 분석해 보면 (정상 상태에서는 흡수하게 되어 있는) 자외선을 반사하는데, 그렇게 자외선을 은근히 방사해 곤충들을 유인한다. 잎사귀들이 꽃의 냄새뿐 아니라 모양까지 갈취하는 것이다. 별볼일 없는 진균치고는 대단한 실력이다.

거짓의 거미줄

자연세계 위장의 예로 든 진균의 속임수는 사실은 특수한 경우다. 보통의 경우, 진균처럼 자신의 사기행각에 잎사귀라는 제삼자를 끌어들이기보다는 본인이 직접 행동에 나선다. 예를 들어, 참새 올빼미는 자

그림 1-1 독특하며 복잡하게 만들어진 부엉이나비 날개 뒤의 안점.

기를 잡아먹으려는 포식동물들에게 뒤도 볼 수 있는 척하기 위해 머리 뒤쪽에 그야말로 무늬뿐인 '가짜 눈'을 갖고 있다. 부엉이 나비는 날개 아래쪽에 부엉이 눈 무늬가 있어 갑자기 몸을 뒤집으면 부엉이 얼굴처럼 보인다. (그림 1-1)[5]

부전나비는 한술 더 떠 날개 끝에 필라멘트 같은 꼬리가 달려 있다. 이 꼬리는 날개의 다른 색조와 결합되면 완전히 머리처럼 보여 자기를 잡아먹으려는 동물들이 공격 방향을 잘못 잡도록 만든다.

무당거미의 위장술은 그저 자기방어에 그치지 않는다. 무당거미는 밝고 눈에 잘 띄는 곳에 눈부신 황금거미줄을 치는데 그물을 쳐놓고 먹이를 기다려야 하는 거미세계에서는 별로 좋은 방법이 아닌 것처럼 보일 수 있다.[6] 하지만 얼핏 정신 나간 짓처럼 보이는 이 작전은 사실 아주 대단한 것이다. 연구 결과에 따르면 벌들은 우리의 상식과는 달리 잘 안 보이는 거미줄을 더 잘 피해 간다고 한다. 빛이 안 들고 거미줄이 희미하고 노랑 색채가 거의 없을 때 더 잘 본다는 것이다. 그건 왜일까? 한번 생각해 보라. 꿀물을 내는 꽃들 중 제일 흔한 색조가 무엇인가?

다양한 색깔의 거미줄로 실험해 본 결과, 벌들은 빨강이나 파랑, 초록 등의 색깔에서는 금방 위험을 감지하고 피하는 법을 배우는데 반해 노랑에서는 늘 걸린다고 한다.

'미인계'는 할리우드의 유명 첩보원들만 쓰는 수법이 아니다. 곤충 세계에서도 비슷한 위장 행각이 벌어진다. 사실 미인계를 먼저 생각해낸 것은 곤충인 반딧불이다. 연구조사에 따르면 포투리스 속(屬) 반딧불이 암놈은 짝을 찾는 신호로 쓰는 빛을 내고는 그걸 보고 찾아오는 수놈을 잡아먹는다.[7]

지금까지 우리는 굳이 언어가 없어도 자기들 이익을 취하고 영향력을 행사하는 동식물 세계의 설득법을 살펴봤다. 인간 세계에서의 영향력도 그와 똑같으며 단지 더 빠르고 덜 지저분하며 더 집중적일 뿐이다. 아니면 대체 어떻게 설명할 것인가? 무당거미는 미대 졸업장 따위 없지만 금색 거미줄을 칠 줄 안다. 왜일까? 이유는 딱 한 가지다. 벌들이 스스로 거미줄에 찾아드는 멍청한 짓을 하도록 하기 위해서다. 금색이 아니라면 벌들이 절대 꿈도 안 꿀 행동을 하게 만드는 것이다.

진균도 마찬가지다. 식물에 대한 윤리의식이 부족하고 무척 대담한 사이코패스인 진균은 정상적인 경우에는 벌이나 다른 꽃가루 운반 곤충들이 절대 자기를 건드리지 않을 거라는 사실을 너무나 잘 알고 있다. 그러니 어쩔 것인가? 출세에 눈먼 양심 없는 인간들이 하는 짓을 그대로 따라한다. 죄 없는 제삼자를 자기 목적의 도구로 가차 없이 이용하는 것이다. 그러니 언어가 개입되지 않았다고 해서 설득 행위 자체도 없다고 할 수는 없다. 결혼하자마자 금방 알게 되는 사실이지만 눈빛이 말보다 훨씬 많은 것을 이야기하지 않던가?

사람들이 본능에 따라 움직이는 경우가 얼마나 많은지를 생각하면 설득에 있어 동물과 인간 사이의 차이는 더욱 애매해진다. 효과적으로 광고하려면 이성적인 인식 기능에 호소하기보다는 우리 뇌의 감정 센터로 직접 파고들어야 한다. 태곳적부터 내려온 이 원초적 구조는 동물과 같은 정도가 아니라 실제로 동물에게서 물려받은 것이다.

어릴 때 살던 동네에 복잡하기는 하지만 별로 위험하지 않던 교차로에서 어느 날부터 갑자기 교통사고가 늘어 모두를 어리둥절하게 한 일이 있었다. 그런데 1주일쯤 지난 다음 신문 1면에 조사위원회 사람들이 멋진 몸매를 과감하게 노출하고 있는 금발 여자 사진이 들어 있는 6미터 높이의 간판을 제거하고 있는 사진이 실렸다. 성(性)은 정말 잘 팔리는 물건이었으며 여전히 그러하다. '성(Sex)'이라는 단어만 들어가도 팔린다. 한 조사에 따르면 〈코스모폴리탄〉과 〈글래머〉의 표지 중 45퍼센트에 섹스라는 단어가 들어가 있는 것으로 밝혀졌다.[8] 성이라는 글자가 사람들의 시선을 빼앗고 정신을 팔리게 하고 돈이 날리게 하는 관건자극 역할을 하는 것이다. 마케팅 도사나 업계 전문가들은 우리에게 줄기차게 드러나지 않는 은근한 관건자극을 가하고 있다. 우리의 관심과 눈길을 끌기 위한 집요한 노력과 관건자극 세례는 심리적 신경가스라고도 할 수 있다.

아래 마릴린 먼로의 사진을 한 번 보라.

뭐 좀 이상한 게 없는가? 허리를 보라. 모래시계 같지 않은가? 원래 그렇게 타고났건 아니면 포토샵을 이용해 여기저기 손을 댔건 아무튼 지나치게 자극적인 그림들이 사방에 널려 있다. (여기서 좀 해명을 해야겠는데 이런 것 때문에 여자들만 스트레스 받는 게 아니다. 남자들도 참 괴롭다.) 그 이유는 무엇일까? 그런 게 팔리기 때문이다.

하지만 '왜'보다는 '어떻게'가 더 적절한 질문일 듯하다. 그런 게 어떻게 팔리는 걸까? 사진에 나오는 마릴린 먼로의 허리는 도대체 정확히 무엇 때문에 우리를 그렇게 흥분시키는 것일까? 그 답은 아주 간단하다. 이는 확성기 달린 방울청개구리처럼 자연의 왜곡이라고 할 수 있다. 아니면 다른 말로 '합성' 관건자극이라고 할 수도 있겠다.

그림 1-2 멋진 기타.

잠시 재갈매기에 대해 생각해 보자. 재갈매기 새끼들은 어미 재갈매기의 부리 아래에 있는 빨간색 작은 점에 본능적으로 반응한다. 거기를 쪼면 어미 새가 먹이를 게워내 주니 그 빨간 점이 관건자극인 셈이다. 그런데 정확히 어떤 요소들이 이를 가장 중요한 '관건' 자극으로 만드는 것일까? 조사 결과 다섯 가지 주요 요인이 있는 것으로 밝혀졌다. 여러 종류의 부리로 재갈매기 새끼들을 실험한 결과 머리와 부리의 색깔은 별로 중요하지 않은 것으로 나타났다. 반면 빨간색 점과 가는 부리, 부리의 움직임, 밑으로 내린 머리 위치, 아래를 향한 부리의 방향 등은 모두 중요했다. 실제로 새끼 새가 반응하게 하기 위해서는 그 다섯 가지 핵심 요소들이 꼭 필요했고 그 조건에 더 잘 들어맞게 연출하면(이를 초과자극이라고 한다) 더 효과적인 것으로 나타났다. 예를 들어 가는 갈색 막대기 끝부분에 빨간색 줄을 세 개 그린 다음 밑으로 내려 움직였더니 긍정적 반응이 나올 뿐 아니라 반응도가 더 올라갔다. 재갈매기의 쪼는 반응을 더 강화시킨 것이다.[9]

여기서 중요한 점은 재갈매기에게 통한 바로 그 작용이 인간에게도 효과적이라는 점이다. 그 이유도 똑같고, 메커니즘도 똑같다. 완벽하게 다듬은 가슴과 엉덩이, 유전자조작으로 만든 입술, 대리석으로 조각한 듯한 왕(王)자 복근, 끝없이 긴 다리. 사람들의 성적 자극에서는 그것들이 가는 갈색 막대기 끝의 세 줄과 똑같은 작용을 한다. 이 과장된 모습, 성적 자극의 빨간 점들이 어느 순간 우리의 눈길을 빼앗는 바람에 그것들을 보면 반응이 고조되는 것이다.

손 안 대고 코 풀기

관건자극을 상업적으로 이용하는 것이 인간에게 한정되어 있다는 것은 재갈매기들에게는 다행이다. 그러나 기업들만 우리에게 그런 영향을 주는 것은 아니다. 설득이 심리보다는 생물적 차원에 머물렀던 먼 옛날의 현상이 현대의 일상사에서도 눈부시게 드러날 때가 있다.

어떤 파티에서 친구의 친구가 한때 실직자 담당 부서에서 함께 일했다는 마르코 맨시니라는 남자에 대해 이야기해 준 적이 있다. 그 말을 해줬던 친구는 그곳에서 제정신을 유지하는 것마저도 힘겨워하다가 몇 달 만에 그만뒀는데 그런 직원들이 꽤 많았다고 했다. 1주일에 네 번은 벽에 붙어 있는 소화기가 날아다니곤 했는데, 주로 사무실과 실직자 대기실 사이의 보안 철책에 메다꽂히곤 했다고 하니 소화기보다는 발화기라고 하는 게 맞겠다. 그다음에는 총을 빼 드는 사람까지 나왔다니 말 다 했다.

그런데 마르코만은 달랐다. 정확히는 사람들에게 말하는 방식이 달랐다. 다른 사람들은 다 유리벽 뒤로 몸을 숨기고 있는 반면 마르코는 뭐든 다 내놓고 했고 늘 커피를 끼고 살았다. 책상도 누구에게나 빤히 다 보이는 한가운데에 있었는데 내 친구에게는 그게 극히 무모해 보였다고 했다. 좀 정신 나간 짓처럼 보이기도 했다고 한다. 나도 동감일 수밖에 없었다. 그런데 이상한 일은 그렇게 말썽이 많은 곳인데도 마르코는 그곳에서 일한 2년 반 동안 한 번도 화를 입지 않았다는 것이다. 정말 단 한 차례도 없었다. 그리고 또 특별한 점이 있었다. 사람들한테 말하는 방식이랄까…… 내 친구는 딱 집어 말할 수 없다는 듯이 고개를 저었다. 그런데 일단 마르코를 접하는 사람들은 그냥 진정되는 것 같았다는 것이다. 스위치가 꺼지기라도 하는 것처럼 말이다. 도대체 왜 그러는지 그 이유는 아무도 모르지만 아무튼 그렇다는 사실은 다들 알고 있었다. 사람들은 아마 그가 그냥 좀 돈 모양이라고 했다. 그래서 똑같이 미친 다른 사람들과 통한다는 것이었다. 마르코를 처음 만났을 때는 정말 놀랐다. 〈히트〉에 나오는 로버트 드니로나 〈여인의 향기〉에 등장하는 알 파치노 같은 인물을 기대했는데 막상 만나보니 마르코는 주스 바에서 일하는 멋쟁이 도시 청년이나 현대판 예수처럼 보였다. 그래서 물어봤다.

"마르코, 거기서 일하면서 2년 반 동안 전혀 봉변당한 일이 없다던데, 비결이 뭡니까?"

그 비결이란 놀라울 정도로 간단한 것이었다. 그냥 자기 손을 깔고 앉는다는 것이었다. 또 앉는 의자도 한몫을 했다. 맞은편 의자를 자기 것보다 약간 높게 하여 앞에 앉는 사람이 마르코를 내려다보며 이야기하게 하고 자기는 올려다보며 듣는다는 것이다. 아, 한 가지가 더 있었다. 일단 최악의 상태가 지나가고 사태가 어느 정도 진정되고 나면 앞에 앉은 사람들의 눈을 정면으로 바라보는 것이었다. 화가 잔뜩 나서 거의 제정신이 아닌 사람들을 똑바로 바라보면서 미소를 짓고는 한 차례 팔을 만져줬다고 한다.

"열 살 때 일을 절대 잊지 못할 거예요."

마르코는 이렇게 말했다.

"학교에 어떤 애가 있었는데 선생님한테 뭐라고 내 얘기를 해서

화가 났어요. 정말 화가 났지요. 그래서 운동장에 있던 아이를 찾으러 나갔어요. 만나면 두들겨 패주려고요. 그런데 막상 찾고서는 기껏 소리나 지르게 되더라고요. 그것도 그러다가 멈출 수밖에 없었어요. 그 애가 앉아 있는 모습 때문이었지요. 벽에 기대 손을 깔고 내려다보이게 앉아 있었어요. 손을 깔고 앉아 있는 애를 어떻게 칠 수가 있겠어요? 힘없는 사람에게 총질을 하는 거나 마찬가지로 무자비하잖아요. 총 앞에서 어떻게 자기를 방어하겠어요? 게다가 내가 소리를 지르고 있는 동안 내내 고개를 숙이고 있더니 나중에 손을 계속 깔고 앉은 채 고개를 들고 나를 똑바로 바라보는 거였어요. '그래, 네 마음대로 해. 때리고 싶으면 때려'라는 듯한 표정이었어요. 그러니까 못 때리겠더군요. 도저히 그럴 수가 없었어요. 그래서 그냥 돌아서 와버렸지요."

이런 탁월한 설득력의 예를 주목해야 한다. 마르코 맨시니처럼 반전 기술자가 되려면 적절한 제스처뿐 아니라 적절한 태도를 보여야 하는데, 그중 가장 중요한 것은 자신감과 상대방에 대한 공감 능력이다. 이에 대해서는 서문에서 간단히 소개했고 동물들의 예를 통해서도 다시 한번 다룬 바 있다.

그러나 제스처의 중요성도 절대 무시할 수가 없다. 재미있는 점은 더 자세히 관찰해 보면 마르코의 접근방법은 동물들의 유화 원칙과 놀라울 정도로 흡사하다는 것이다. 도저히 피할 길이 없을 경우, 갈등을 해소하고 곤경에서 벗어나는 데는 상징적이고 의식적인 제스처가 개입되어 있다. 다른 한쪽이 조금 높은 위치에 있는 의자를 예로 들어 보자. 위장술이 공감원리를 직접적으로 적용한 것이라면 유화적 관건자극의 근본적인 힘은 전혀 의외인 행동을 통해 상대를 놀라게 하는 능력에 있다. 아니면 다윈이 『인간과 동물의 감정표현』에서 말한 '안티테제 원리(Principle of antithesis)'다. 개코원숭이는 암수를 막론하고 스스로 열세에 취할 경우 공격자에게 뒤를 내밀며 교접 자세를 취한다. 물론 운이 나쁘면 우세한 상대가 올라타는 수도 있지만 대부분 경우 상대는 공격의 정반대(안티테제)인 이 제스처를 복종의 표현으로 받아들여 관용을 베푼다.

자, 이제 손을 깔고 앉는 것에 대해 이야기해 보자. 최근에 이루어진 가재 연구는 유화 제스처가 상대를 제압하려는 것보다 더 우월한 전략일 수 있음을 개코원숭이 때보다 더 잘 보여줬다.[10] 수놈 가재들은 암놈을 차지하기 위해 경쟁할 때 경쟁상대를 뒤로 자빠뜨린 다음 교접 자세를 취하도록 해 자신의 우위를 증명한다. 이때 열세인 가재는 둘 중 한 가지를 선택할 수 있으니 저항하거나 아니면 정반대로 센 가재에 복종하여 수컷을 받아들이는 암놈의 자세를 취하는 것이다. 조지아 주립대학의 파디 이사와 도널드 에드워즈 연구원은 이때 센 상대에 발길질을 하며 맞서 싸우는 측들은 대가를 치른다는 사실을 알게 됐다. 24시간 동안 맞붙여 놓았더니 저항한 가재들은 반이 죽은 반면 항복한 가재들은 전원 살아남았다.

누워서 받아들이거나 마르코 경우처럼 손을 깔고 앉아 받아들인 경우가 확실히 유리했던 것이다.

정복자에 항복하기

이제 우리는 지금까지 관찰을 통해 배운 관건자극에 대한 지식과 그것이 어떻게 작용하며 동물세계에서 얼마나 막강한 영향력을 행사하는지에 대한 지식을 우리의 목적에 맞게 활용할 수 있다. 크고 높은 빌딩들에 화약을 잘 설치하면 제 무게 때문에 더 쉽게 무너져 내리듯이 어려운 문제들도 간단한 몇 마디 말과 적절한 제스처로 해결할 수가 있다. 설득의 대가들은 이 사실을 알고 있었고 또한 언제, 어떻게 그것들을 써야 하는지도 알고 있었다.

요한복음을 보면 예수가 곤경에 처하는 이야기가 나온다. 바리새인들이 간음 현장에서 잡힌 여인을 끌고 와 조언을 구하는 내용이다.

"선생이여, 이 여자가 간음하다가 현장에서 잡혔나이다. 모세는 율법을 통해 이러한 여자를 돌로 치라 명하였습니다. 선생은 어떻게 생각하시옵니까?"

물론 바리새인들은 예수님의 도덕적 가르침에는 관심이 없었다. 예수 역시 그걸 알고 있었다. 그들은 예수를 법적 논쟁에 끌어들이고 싶어 했을 뿐이다. 모세의 율법에 따르면 서기관들이 지적한 바와 같이 그 여자를 돌로 쳐야 했고, 정상적인 상황이라면 아무 문제될 게 없었다. 하지만 당시 팔레스타인은 로마의 지배하에 있었으므로 상황이 달랐다. 모세의 율법보다 로마의 법이 우위에 있었으므로 만일 예수가 모세의 율법을 지키라고 하면 선동죄에 걸리게 되고, 그 여자를 돌로 치지 말라고 하면 정반대의 죄, 즉 대대로 내려오는 조상들의 율법에 등을 돌리는 죄를 범하게 되니 어느 쪽도 간단한 문제가 아니었다.

구경꾼이 몰려들었고 긴장이 고조되었다. 그 곤경에서 벗어난다는 것은 아무리 말 잘하는 사람이라도 힘든 일일 터였다. 그러니 수사학이라고는 배운 적도 없는 떠돌이 목수에게는 더욱 불가능해 보였다. 그리고 그다음 벌어지는 일은 이렇게 기술되어 있다.

> 저희가 이렇게 말함은 고소할 조건을 얻고자 하여 예수를 시험함이라. 예수께서 몸을 굽히사 손가락으로 땅에 쓰시니 저희가 묻기를 마지 아니하는지라 이에 일어나 가라사대 너희 중에 죄 없는 자가 먼저 돌로 치라 하시고 다시 몸을 굽히사 손가락으로 땅에 쓰시니 저희가 이 말씀을 듣고 양심의 가책을 받아 어른으로 시작하여 젊은이까지 하나씩 하나씩 나가고 오직 예수와 그 가운데 서 있는 여자만 남았더라.
>
> (요한복음 8장 6-9절)

이 요한복음 구절은 독특하다. 신약성서 전체에서 예수가 뭔가를 쓰는 것이 기록된 경우는 이때뿐이다. 예수가 무엇을 썼는지에 대해서는 온갖 추측이 무성하다. 여인을 고소하는 사람들의 죄목? 그들의 이름? 물론 이는 영원한 수수께끼로 남게 될 것이다. 하지만 심리학적 관점에서 보면 예수가 그런 순간 뭔가를 쓸 필요성을 느낀 이유야말로 더욱더 풀기 힘든 수수께끼다.

만일 뭔가 숨은 의도가 있는 게 아니라면 도저히 이치에 맞지 않는다. 쓴 내용 자체는 그냥 연막이었을까? 진짜 중요한 것은 쓴 내용이 아니라 뭔가를 쓰는 그 행동 자체에 있는 것이 아닐까?

바리새인들과 맞서는 동안 예수의 보디랭귀지를 다시 한번 살펴보자. 그들을 대하는 자세에는 세 가지 뚜렷한 단계가 있다. 첫 번째는 도전을 받는 것으로 예수는 처음에 어떻게 반응했나? 성경 구절을 보면 즉시 "몸을 굽히사(안티테제 의외성 유화 제스처)"라고 되어 있다. 그다음 바리새인들이 계속 추궁하자 예수는 다시 "일어나" 그 유명한 반론을 펼치고는 (자신감 공격성) 다시 몸을 굽혀 유화적 자세로 되돌아간다.

상황을 반전시키고 김이 빠지게 만드는 용의주도한 행동이다.

물론 예수의 "제일 먼저 돌을 던지라"는 말씀은 참 대단하다. 그보다 더 대단한 것은 예수는 그 말씀이 역사상 가장 훌륭한 반전 기술의 예가 될 것을 거의 확실히 알고 있었다는 사실이다. 하지만 결국은 그게 문제가 됐다. 예수의 말씀이 아무리 훌륭하고, 논리가 아무리 통찰력이 있다 해도 그게 결국은 바리새인들에게 도전한 결과가 됐고 천재적인 상황 처리에도 불구하고 그들의 분노를 산 것이다.

당연히 예수는 그 결과가 어떤 것일지도 잘 알고 있었다.

그리고 신학적 억측과는 반대로 바로 그것이 예수가 들어도 의미가 모호한 진짜 말과 소리 없이 심오한 뜻을 전하는 고대로부터 내려오는 몸짓 언어 양쪽을 다 사용한 이유를 설명해 준다.

불끄기와 구조하기

마르코 맨시니와 예수는 별 공통점이 없다. 마르코를 만났을 때 약간 예수처럼 보인 것은 사실이지만 아마 비슷한 점이라고는 그게 다였을 것이다. 마르코는 반전 비결을 학교 운동장에서 처음 배웠다. 그렇다면 예수는 어디서 배웠을까? 그건 아무도 모르지만 중요한 사실은 그런 훌륭한 설득 능력을 갖추기 위해 꼭 초자연적 능력이 필요한 것은 아니라는 점이다. 우리 모두가 그렇게 될 수 있는 것이다. 하지만 동물과 달리 우리 인간은 그렇게 되기 위해서 노력을 해야 한다. 또 그런 능력이 꼭 일촉즉발의 위기 상황에만 필요한 것은 아니다. 그 덕분에 벌금 딱지나 다른 사람의 주먹을 피할 수 있는 것도 사실이지만, 또 다른 면에서도 도움이 된다. 굳이 입 밖으로 내어 말하지 않고도 내 뜻을 관철할 수 있다면 어떤 상황에서든 큰 이점이 될 것 아닌가.

사업을 예로 들어보자.

연구조사에 따르면 최고의 세일즈맨들은 상담할 때 고객 쪽으로 몸을 약간 기울이는 경우가 많은 것으로 나타났는데 이는 두 가지로 해석할 수 있다. 상대방에게 더 가까이 다가감으로써 공감 의식을 나타낼 뿐 아니라 교묘하게 자신을 낮추는 모습을 보이는 것이다.

자녀 교육에도 이를 활용할 수가 있다. 다음 번에 말 안 듣는 여섯 살짜리 아이한테 주의를 줄 때는 내려다보며 가르치지 말고 올려다보며 하라. 위에서 내려다보는 대신 아이를 가까이 오게 한 다음 바로 앞에 굽히고 앉아 가능한 한 차분한 어조로 (말만큼 쉽지 않다는 것은 안다) 할 말을 하는 것이다. 스스로가 상대방 수준으로 내려가는 것은 마음을 움직이는 데 큰 몫을 한다. 처음 나왔던 만찬장에서의 처칠과 은제 소금통 도둑 이야기를 기억하는가? 실제로 그렇게 말하지는 않는다 해도 사실은 '이봐, 당신만 큰일 난 게 아니야. 우리 둘 다 같은 처지라고. 그러니 지금부터 한 편이 돼 함께 해결책을 찾는 게 어때? 그렇게 하는 거야?'라는 뜻이다.

처칠은 그 수법을 또 써먹었다.

1941년 여름, 제임스 앨런 워드 상사는 네덜란드 조이데르 해 4천 미터 상공에서 비행 중인 폭격기의 날개에 기어올라가 우측 엔진에 붙은 불을 끈 공로로 빅토리아 십자훈장을 받게 됐다. 당시 안전장치라고는 허리에 묶은 밧줄 한 가닥이 다였다.[11] 얼마 후 처칠 수상이 이 수줍으면서도 대담한 뉴질랜드 출신 군인의 위업을 축하하기 위해 그를 수상 관저로 초청했다.

그런데 시작이 어색했다. 물불 안 가리고 용감무쌍하던 공군 용사가 거물 정치인 앞에 서자 입이 얼어붙어 간단한 질문에도 전혀 대답을 못 하는 것이었다. 그것을 본 처칠은 다른 방법을 쓰기 위해 이렇게 말을 시작했다.

"나와 있으니 귀관이 초라하고 어색하게 느껴지나 봅니다."

"네, 총리님. 그렇습니다."

"그러면 내가 귀관 앞에서 얼마나 초라하고 어색하게 느껴지는지 쉽게 알겠네요."

—♦—

이 장에서 우리는 언어가 등장하기 전부터 존재했던 고대의 설득법을 살펴봤다. 또 요즘도 동물왕국에서는 그 방식이 아직 통용되고 있다는 것도 보았다. 이제 결론은 분명하다. 언어의 등장과 대뇌 신피질의 상승세로 설득기술이 더 효과적이 되기보다는 오히려 실제로 더 악화됐다는 점이다. 동물들의 설득기술이 인간보다 훨씬 우수하다. 동물세계에서 설득의 비결은 낭비를 않는 것이다. 동물들에게는 한 방 쏘면 본능적이고 오차 없이 미리 정해진 반응을 불러내는 특효약이 있는데, 생물행동학자들은 이 근본적 설득무기를 '관건자극'이라고 불렀다. 이 본질적이고 결정적인 특효약은 사태를 즉각적으로 신속하게 해결한다. 하지만 인간은 다르다. 인간과 편리한 본능 사이에는 의식이라는 오존층이 끼어 있어 우리의 설득도구인 언어가 파고들기 힘들 때가 자주 있다. 정말 특별한 말들만 그 층을 뚫고 들어갈 수 있다.

그럼, 이제 문제는 어떻게 그렇게 마음을 움직이는 기술을 개발할 것인가 하는 것이다. 우리 모두에게 그 설득의 과녁을 명중시킬 능력이 있을까? 아니면 이는 일부 능력 있는 엘리트들만의 전유물일까?

의외라고 생각할지도 모르겠지만, 우리는 모두 설득 재능을 타고 난다. 하지만 나이가 들수록 그 빛이 서서히 바래가는 것이 문제다.

2

아기의 힘

Foetal Attraction

휴스턴에 있는 한 여성에게서 방금 들은 이야기다.[1] 자기 친구가 며칠 전에 현관문 밖에서 아기 울음소리를 들었는데 늦은 시간이라 이상해서 경찰에 전화를 했더니 이렇게 말했다고 했다.

“절대로 문을 열지 마세요.”

그 아기가 창문 근처에서 기어다니는 것 같아 차도로 나가 차에 칠까 봐 걱정된다고 했더니 경찰이 이미 출동했으니 절대 문을 열지 말라고 재차 당부했다. 그러면서 아마 연쇄살인범이 아기 우는 소리를 녹음해 집에 있는 여자들로 하여금 누가 아기를 버리고 간 것으로 생각하게 만들어 밖으로 나오게 꾀려는 것 같다는 것이었다. 그러면서 아직 확인된 건 아니지만 밤에 혼자 있는데 문 밖에서 아기 우는 소리가 들린다며 전화한 여자들이 여럿 있는 것으로 안다고 했다.

> "가련하다고 해서 아기의 울음소리가 절대 약하거나 효과가 없다고 할 수는 없다. 이는 자연세계에서 가장 깊고 강력한 힘이다. 처음 아기 울음소리를 들을 때까지 부모들의 어버이 본능은 잠복 상태에 있다. 갓난아이의 울음소리는 공기 중으로 퍼져나가는 것이 아니라 인간의 가장 심오한 사랑과 동정심 속으로 파고든다."
>
> - 조나단 해너건, 『사회, 진화 그리고 새로운 발견』

♦♦♦

설득 천재

나는 어떤 남자와 만나려고 런던 남부의 한 카페에 앉아 있었다. 몇 년 전이라면 죽어도 그런 곳에 나타나지 않을 사람이었다. 다른 데라면 피치못할 사정이 있을 경우 갈지 모르겠다. 하지만 셔츠를 입은 사람들이 모카커피를 마시고 아로마테라피 광고지가 붙어 있는 이런 곳에는 절대 올 리가 없었다.

그런데 지금 등장한 것이었다. 한 번도 만나본 적은 없지만 확실히 그 남자인 것 같았다. 키가 거의 190센티미터가 될 정도로 크고 20대 후반에 얼굴이 그을려 있었다. 그리스 같은 곳에 가서 태운 그런 게 아니라 장기간 홈리스로 돌아다닌 술꾼들의 탄 얼굴이었다. 그의 이름은 대릴이었다.

그쪽에서 나를 알아보는 것을 보니 틀림없는 대릴이었다. 처음 눈에 띈 것은 다가오는 그의 몸이 떨리고 있다는 것이었다. 험한 날씨에 끊긴 전깃줄처럼 그의 머리 속도 그런 형국인 것 같았다. 흉터가 여기저기 보였고 무허가 업소에서 한 듯한 지저분한 문신도 있었다. 내 옆에 던져놓은 그의 스포츠 백 안에는 도대체 무엇이 들었을까 싶었다.

몇 년 전 대릴은 그 지역에서 활동하는 하급 범죄조직의 일원이었다. 당시 거의 늘 마약에 절어 살았고, 가택 무단침입에서부터 강도, 위조여권 취득 등 안 한 짓이라고는 없었다.

그러다 어느 날 바른길로 돌아서게 되었다.

어느 토요일 오후, 주차장을 지나가다가 쇼핑한 물건을 차에 싣고 있는 여자를 보게 됐다. 그래서 칼을 빼 들고 여자 등 뒤로 다가갔다. 그런데 그 여자가 몸을 돌리는 순간 대릴은 소스라치게 놀랐다. 그 여자가 갓난아기를 안고 있었던 것이다. 순간 온몸이 그 자리에서 얼어붙는 것 같았다. 대릴은 자기를 빤히 바라보는 아기를 마주 보고 있었다. 그러다가 여자가 비명을 질렀고 대릴은 칼을 떨어뜨린 채 그 자리에서 도망쳤다. 그리고는 곧바로 약물중독 재활센터에 입원했다.

"어떻게 된 건지 모르겠어요. 하지만 분명 무슨 일인가 일어났지요. 그 아기의 얼굴을 보는 순간 정말 충격을 받았어요. 저를 바라보는 모습에서요. 와, 완전히 뭐랄까 도저히 대적할 수가 없더라고요. 남을 해치고 싶은 생각은 애당초 없었어요. 그냥 돈이 필요했을 뿐이지요. 왜, 마약이랑 그런 것 때문에요. 나도 한때는 그 아기 같았을 거라는 생각이 들더군요. 어쩌다 이 꼴이 됐을까, 순진한 아이일 때가 있었는데 어떻게 이렇게 됐을까 싶더라고요."

미션 임파서블

갓난아기는 완벽한 설득기계다. 그 외에는 달리 표현할 길이 없다. 남들을 제멋대로, 자기가 원하는 대로 부리고 고사리 같은 손가락으로 요리하는 갓난아기의 능력은 그 누구도 따라갈 수가 없다. 사람을 조종하는 아기들의 능력은 거의 예술 수준이다.

유아에 대한 사람들의 반응은 어딜 가나 한결같아서 문화나 나이, 성을 막론하고 사람들의 반응은 거의 똑같다. 한번 나이에 따라 생각해 보자. 연구조사에 따르면 4개월밖에 안 된 아기들조차도 큰 아이나 어른들보다는 아기 얼굴이 나오는 사진을 더 오래 바라보는 것으로 나타났다.[2] 그리고 18개월 정도가 되면 그냥 웃는 얼굴로만 아기 얼굴에 대한 선호를 나타내는 게 아니라 좋다면서 몸짓에 탄성까지 지른다. 더 놀라운 사실은 인간들만 그런 게 아니라는 점이다. 고립상태에서 자란 붉은털 원숭이들조차 2개월만 되면 아기들과 마찬가지로 어른 원숭이 사진보다 아기 원숭이 사진을 선호하는 모습을 보인다.[3]

이러한 인지편향은 두뇌 깊은 곳에서 작용한다. 옥스퍼드 대학 신경학자 몰튼 크링엘바크가 뇌자도(腦磁道, MEG, Magnetoencephalography 0.001초 간격으로 두뇌활동을 관찰하는 화상기술)를 통해 실시한 조사에 따르면 신생아 사진을 볼 경우 보상자극(쾌감) 담당 뇌 부위인 내측안와전두부 피질(Medial orbitofrontal Cortex)이 거의 즉각적으로, 그러니까 사진을 본 후 7분의 1초 안에 반응하는 것으로 나타났다.[4]

우리 두뇌에는 아기들의 얼굴을 특별 취급하는 성향이 깊숙이 박혀 있다고 클링엘바크는 말한다.

갓난아기들이 사람의 마음을 움직이는 이유는 사실 그다지 이해하기 힘든 문제가 아니다. 인생의 많은 일들이 그렇듯이 따지고 보면 근본적으로는 마케팅 수법이다. 침팬지 새끼는 수선을 떨고, 갈매기 새끼는 짹짹대고, 송장벌레 유충은 아비어미 다리에 몸을 부딪는다. 동물의 왕국 어디를 가나 갓난 새끼들은 어른들의 공격을 피하고 보살펴주고 싶은 마음을 이끌어내기 위해 온갖 교묘한 관건자극을 동원하고, 부모의 관심을 끄는 데 있어 최고의 기술들을 발휘하는 것이다. 이때는 광고 기술이 가장 중요하다. 잘 기억은 안 나겠지만 우리 모두 완전히 혼자 세상에 등장한 순간이 있었다.

참 위험한 모험이었다.

우리가 처음 맞닥뜨린 엄청난 도전들을 생각해 보라. 이 세상에 발을 들여놓은 첫 순간부터, 아직 생각이나 말, 심지어 가장 기본적인 신체 기능도 뜻대로 할 수 없는 가운데서도 우리는 어떻게든 주위 사람들의 마음을 움직여 우리를 돌보게 해야 했다. 어떤 방법을 써서라도 그렇게 해 줄 만한 가치가 있다고 그들을 설득해야 했다.

요즘 우리는 그 모든 것을 당연히 여긴다. 그렇게 길들여졌기 때문이다. 하지만 우리 스스로의 힘으로 그렇게 한 게 아니라 자연선택의 오묘한 법칙을 통해 그렇게 된 것이다. 자연선택은 생물학을 통해 우리의 길을 잡아줬고 뜻대로 할 수 있는 핵심 능력을 하나도 아닌 세 가지나 갖춰주었다.

주위를 뜻대로 움직이는 다음의 세 가지 관건자극은 이제 표준으로 자리 잡아 우리가 도저히 거역할 수 없게 됐다.

- 탁월한 음향효과를 갖고 있는 우는 능력.
- 대단한 귀염성, 그 귀염성을 계속 유지할 수 있는 행운아들은 나중까지 두고두고 그 덕을 보게 됨.
- 빤히 바라보며 사람을 최면에 걸리게 만드는 그 눈동자.

어떤 형태, 어떤 식이든 이보다 더 확실한 설득능력은 없다.

이 장에서 우리는 신생아들의 그 세 가지 관건자극 위력을 좀 더 관찰함으로써 사회적 영향력의 기원, 상대의 마음을 움직이는 태곳적부터 내려오는 기술에 대한 탐구를 계속하겠다. 아기 울음소리가 그렇게 특별한 이유는 무엇일까? 아기 얼굴이 우리를 그렇게 사로잡는 것은 또 왜일까?

거기서 드러나는 사실은 아주 놀랍다. 물론 복잡할 때도 있지만 가장 강력한 힘을 가진 설득력은 우리가 동물의 왕국에서 본 것과 똑같이 가장 단순한 것일 때가 많다. 또 공감과 의외성의 마술도 경이롭다.

소리에 대한 반응

즉각적인 영향력은 인간관계에서는 그다지 흔히 일어나는 일이 아니다. 앞장에서도 살펴봤지만 동물과 달리 인간사회에서는 뭐든 대개 시간이 걸린다. 주된 이유는 우리가 거대한 두뇌를 갖고 있기 때문이다. 인간은 학습능력이 있다. 또 심사숙고하고, 결정하고, 나중에 그에 대해 토론하는 능력도 있다. 하지만 오래전부터 사용하지 않아 드문 드문 파묻혀 있던 먼 과거의 흔적이 때때로 모습을 드러낸다. 그래서 지금도 아무 생각 없이 반응을 보이거나 특정한 의사소통 방식을 사용할 때가 있다. 또 살다 보면 우리 두뇌가 이성을 밀어낼 때도 있다.

1998년 미 국방부는 필라델피아 소재 모넬 화학감각센터의 팸 달튼이라는 심리학자에게 특별한 임무를 맡겼다.[5] 질서유지 수단으로 냄새를 써보자는 다소 우스꽝스러운 제안을 흥미롭게 여긴 정부는 달튼에게 세계에서 가장 위험한 화학실험을 맡겼는데, 그것은 바로 역사상 최초로 누구나 역겨워할 냄새를 만들라는 것이었다. 국방부 고위 관리들은 아무리 사나운 폭도들이라도 한 번 맡으면 너무 고약해 금방 달아날 그런 냄새가 있는지 알고 싶어 했다.

달튼은 그런 게 있음을 알게 됐다.

사실은 그런 악취가 한 가지가 아니라 두 가지인 것으로 나타났는데, 모든 개인차와 문화적 차이를 뛰어넘는 최악의 악취는 그 특성과 잘 어울리게도 '미 정부 표준화장실악취(구체적으로 설명하면 농축인분 악취였다)'로 명명됐다. 또 다른 하나는 다소 애매하지만 역시 적절하게 '아니, 나라고(Who Me)?'로 명명됐는데 유황분자를 조합해 사체 썩는 냄새와 상한 음식 냄새가 섞인 것과 흡사한 것이었다. 결과는 아무도 맡고 싶어 하지 않는 냄새였다.

과학의 발달은 종종 사람들에게 영감을 불러일으킨다. 바로 근처에서 이웃집 자동차의 경보장치가 발동하는 바람에 밤새 뒤척이느라 잠을 설쳤거나 배우자의 괴상한 전화 벨소리 때문에 신경이 거슬리는 경험을 해본 사람들은 이런 소리에 대한 연구는 없을까 궁금해 할 것이다. 사실은 있다. 코고는 소리, 말다툼하는 소리, 기침 소리, 방귀 소리들이 막강한 후보들이었다. 하지만 놀랍게도 1980년 한 연구에 따르면, 날 세 개짜리 쇠갈퀴로 돌판 긁는 소리가 제일 듣기 싫은 것으로 나타났다.[6] 그에 비하면 앞에서 말한 소리들은 '자연미'를 풍기는 그다지 나쁘지 않은 소리 같기 때문이라고 한다. 하지만 샐포드 대학 음향연구센터의 트레버 콕스 연구원이 지적하는 것처럼 음파에서 느끼는 짜증은 처음 생각하는 것처럼 그렇게 간단하지는 않다. 거기에는 심리적 요소도 섞여 있다.

콕스는 "이웃집의 쿵쿵대는 파티 음악소리의 경우, 나중에 그런 파티에 갈 사람이라면 그다지 거슬려하지 않는다"고 말했다. 사실이긴 하다. 간단히 말하자면 많은 스트레스 요인들이 그렇듯이 스트레스 정도는 그 당사자가 자신의 주변 환경을 얼마나 조절할 수 있는지, 아니면 조절할 수 있다고 느끼는지에 달려 있다. 스스로 소음을 조절할 수 있을 경우 덜 거슬리지만, 어떻게 할 도리가 없어 소음을 겁내게 되면 더 심하게 느껴진다는 것이다.

영국 발명가인 하워드 스테이플튼은 최근 콕스의 이론을 시장에서 직접 시험해 봤다.[7] 그가 만든 '모기(Mosquito)' 장치는 달튼이 개발한 역겨운 냄새처럼 사람들의 반사회적 행동을 막기 위한 해산 도구로 쇳소리 톤의 진동음을 발산해 신경을 거슬리게 하는 것이었는데 30세 이상 사람들에게는 들리지 않도록 주파수를 맞췄다. "전자 청소년 퇴치기"로 명명된 이 장치는 현재 영국 전역의 명품쇼핑가와 주요 거리에서 사용되고 있으며 적어도 전쟁 때의 바그너 음악만큼의 효과는 내고 있다.* 기침이나 방귀 소리보다는 세지만(8.5데시벨로 잔디 깎는 기계와 비슷한 수준이다) 그래도 실제로 신체적 해를 가할 정도로 강하지는 않은 이 '모기' 장치의 주요 기능은 그저 신경을 거슬리게 하는 것으로, 최근 보고에 따르면 꽤 효과적이라고 한다.

울기 시합

성인의 정상적 청각 범위는 약 40헤르츠에서 15킬로헤르츠까지다.[8] 사람의 목소리는 보통 100헤르츠에서 7킬로헤르츠 범위인데, 사람들에게 가장 잘 들리는 소리는 약 3.5킬로헤르츠라는 사실은 자연선택 관점에서 보면 아주 흥미로운 사실이다. 3.5킬로헤르츠 주파수 대 소리를 이용하는 기구들이 여럿 있는데(예를 들자면 잠수함의 음파탐지기 등) 주의를 기울여야 하는 상황에 맞춰 특별히 개발된 것들이다.

또 200에서 600헤르츠 수준의 좀 더 역사가 긴 소리가 있다. 인간에게 알려진 모든 청각자극 중 가장 주의를 잘 끄는 소리로 바로 아기의 울음소리다. 아기 울음소리는 소리의 천재라 할 수 있고 공기 입자로 퍼져나가는 것들 중 가장 의미심장한 소리다. 이는 서로 무관하지 않은 두 가지 기본적인 힘과 생리적, 심리적 영향력을 바탕으로 작용한다. 아기 울음소리와 경보기나 위기 신호 사이의 공통점은 보호자

* 히틀러가 바그너 음악에 심취하여 유대인 수용소에 바그너 음악을 집중적으로 틀게 하였고, 독일부대 행진 시에 자주 사용하였다고 한다.

의 주의를 환기시키고 자기 위치를 알리는 동시에 공격하려는 측에게 위치 정보를 최소한으로 전달하는 방식으로 은밀하게 작용한다는 점이다(갓난아기의 고음 주파수는 저음 주파수만큼 퍼져나가지 않아 멀리서 노리는 킬러들보다는 근처에 있는 동종에게 더 잘 들린다). 하지만 갓난아기의 울음소리는 근처 사람에게 신호를 보내는 것 외에도 또 다른 특징이 있다. 단계별 음색 신호를 보내 보호자의 본능적, 생리적 반응을 불러일으키는 것이다. 당장 조처를 취하거나 가서 봐줘야 한다는 강박감 때문에 보호자의 심장박동이 빨라지며 유방의 온도가 올라가고 젖 분비가 고조돼 가슴이 무거워지며 수유를 재촉하게 된다. 하지만 마음이 바빠지면서도 아기의 울음소리는 신경에 거슬린다. 극도로 불쾌한 음역 수준에는 못 미치지만 갓난아기의 울음소리는 모두가 싫어하는 청각자극이다. 남녀, 부모, 아이 할 것 없이 누구에게나 불안과 근심을 불러일으켜 도와주고 싶은 충동이 들게 한다. 묘한 것은 그 음색이 무시할 수 없을 정도로 높으면서도 듣는 사람들이 공격충동을 느낄 만큼 높지는 않다는 사실이다.

소리의 공감유발 부분의 효과 면에서 본다면 '미국정부표준 화장실 악취'의 효과와 동급이라 할 수 있겠다.

2007년 독일 라이프니츠 신경생물학 연구소의 케르스틴 잔더는 유아의 울음소리가 사람들에게 얼마나 깊이 파고드는지를 정확히 보여줬다.[9] 잔더 연구원은 울음소리 네 가지를 녹음해 남녀 각각 아홉 명에게 들려주며 이들의 뇌를 기능성자기공명영상(fMRI)으로 관찰했다. 그런 다음에는 울음소리의 주파수를 바꾼 다음 다시 연결해 들려주고 양쪽에 대한 반응을 비교했다. 주파수를 바꿀 경우 차이가 나는지 아니면 양 조건 모두에서 뇌 활동 패턴이 일정한지 알기 위해서였다.

이 조사에서 자연선택의 탁월한 조합기술이 밝혀졌다. 조사 결과, 진짜 울음소리를 들려줬을 때는 인위적으로 주파수를 바꾼 울음소리 때보다 감정처리 뇌 부위인 편도체(Amygdala)와 이상 감지 뇌 부위인 전두대피질(ACC) 활동이 극적으로 증가한다는 사실이 드러났다. 특히 남자보다 여자의 경우 더 심했는데 잔더 연구원은 그것이 언어발달 이전 유아에 대한 여자들의 각별한 관심 성향을 반영하는 것으로 추측했다. (그림 2-1 참조) 한편 조사 참가자 중 소그룹을 뽑아 실제 아기 울음소리와 실제 성인 울음소리를 들려주고 편도체 활동을 비교하자 정말 놀라운 결과가 나왔다. 아기 울음소리를 들었을 때의 뇌 활동이 900퍼센트나 높게 나타난 것이다. 아기 울음소리가 단순하게 들릴지 모르지만 사실 전혀 단순하지가 않다.

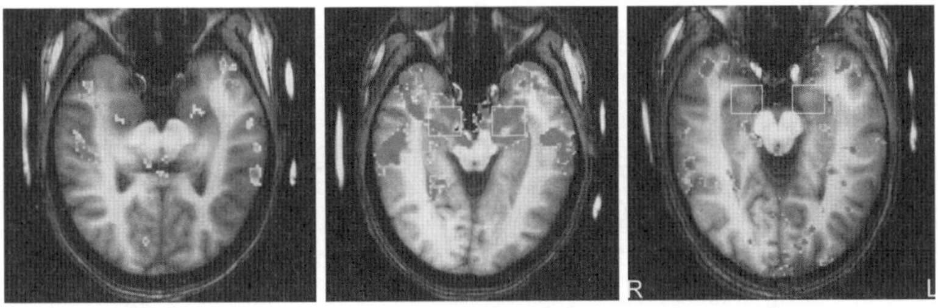

그림 2-1a　　그림 2-1b　　그림 2-1c

그림 2-1a: 여성이 성인 울음소리를 들었을 때 활동하는 뇌 부위. 진한 부분이 뇌 활동 증가 표시.

그림 2-1b: 여성이 아기 울음소리를 들었을 때 활동하는 뇌 부위.

그림 2-1c: 남성이 아기 울음소리를 들었을 때 활동하는 뇌 부위.

변화의 효과

또 우리에게 들리는 것처럼 울음소리가 다 같은 것도 아니다. 아기 울음소리를 좀 더 깊이 조사한 추가 연구에 따르면 언어발달 이전 아기들의 울음소리가 늘 편도체 활동을 증가시키는 것은 사실이지만 가장 감정을 자극하고 보호자로 하여금 가장 진한 애정을 이끌어내는 것은 울음소리의 갑작스럽고 극적인 음조변화인 것으로 나타났다. 음악에서도 등골이 오싹할 정도로 우리의 마음을 가장 강렬하게 움직이는 것은 바로 곡조가 갑작스럽게 변할 때다. 우리 감정의 뚜껑이 열리게 하는 것은 예상대로 진행되는 가락이 아닌 것이다. 코미디도 우리가 예상한 대로 진행된다면 웃을 일이 없다. 우리 생각과는 전혀 다르게 전개되는 엉뚱하고 황당한 상황이 웃게 만드는 것이다.

펜실베이니아 대학 폴 로진 연구원과 동료들은 유머에 공통된 패턴이 있다는 점을 지적하며 이를 AAB 패턴으로 불렀다. 우리 모두가 익숙한 공식이다.[10]

(A1) 세 남자가 막 처형되기 직전이다. 간수가 첫 번째 사형수를 끌고 나오자 사형 집행관이 마지막 부탁이 있느냐고 묻는다. 사형수가 없다고 하자 집행관은 목소리를 높여 외친다.

"준비! 조준!"

이때 갑자기 사형수가 소리를 지른다.

"지진이다!"

사람들이 다 놀라 두리번댄다. 어지러운 틈을 타 첫 번째 사형수는 도망간다.

(A2) 간수가 두 번째 사형수를 끌고 나오자 사형 집행관이 마지막 부탁이 있느냐고 묻는다. 사형수가 없다고 하자 집행관은 목소리를 높여 외친다.

"준비! 조준!"

이때 갑자기 사형수가 소리를 지른다.

"토네이도다!"

사람들이 다 놀라 두리번댄다. 어지러운 틈을 타 두 번째 사형수도 도망간다.

(B) 마지막 남자는 어떻게 하면 되는지 이미 다 알고 있다. 간수가 그를 끌고 나오자 사형 집행관이 마지막 부탁이 있느냐고 묻는다. 사형수가 없다고 하자 집행관은 목소리를 높여 외친다.

"준비! 조준!"

그러자 마지막 남자가 소리를 지른다.

"발사(Fire)!"

이 유머에서 빗나간 이야기 B는 마지막 "Fire"라는 단어가 두 가지로 해석되는 점을 이용한다. 사람들은 지진, 토네이도에 이어 또 다른 재해로 화재를 예상하지만 실제로는 상황에 적절하게 맞아떨어지는

"발사"로 해석되며 전혀 다른 결과를 가져오는 것이다. 그 정도는 아니지만 음악에도 AAB 패턴이 있다. (그림 2-2 참조)

그림 2-2 모차르트 피아노 소나타 A장조 (쾨헬 331번) 첫 번째 주제의 AAB 구조.

여기서 첫 5개음 모티브(A1)는 낮은 음으로 반복되고(A2) 더 낮게 다시 반복된다(B). 하지만 세 번째 반복에서는 곡조가 완전히 바뀌어 반복된다. 이런 '각본에 따른 반전'은 고전음악에서 현대음악, 브로드웨이 뮤지컬에서 재즈에 이르기까지 다양한 음악장르에서 흔히 사용된다. 이런 명백한 모순, 기대에 대한 배신이 보편적 설득법칙일까?

얼마든지 그럴 수 있다.

동물들에 있어 반전이 화해 제스처에 불가결하다는 안티테제 원리에서 다윈이 생각한 것도 분명 이 요소였다. 그리고 1장에서 보았듯이 이는 인간에게도 마찬가지다.

캘리포니아 대학 뇌 인식 센터의 V. S. 라마찬드란은 "음악은 이별의 비명 같은 영장류의 격렬한 원초적 목소리를 통해 극적 변화를 나타낼 수 있으며 그런 소리에 대한 감정적 반응은 우리 두뇌에 어느 정도 깔려 있을 수 있다"고 했다.[11]

데이비드 후론은 자신의 저서 『달콤한 기대 : 음악과 기대심리학』에서 한 걸음 더 나아가 이렇게 주장한다.[12]

"기대는 인간과 다른 동물들의 생존을 위한 필요조건이다. 우리는 미래에 대해 예측해야만 그에 대비할 수가 있다. 그리고 두뇌가 정확한 예측에 대한 보상을 보장해 주기 때문에 우리는 자신의 예측이 맞으면 기분이 좋아진다. 예측과 보상과의 연관관계 때문에 우리는 끊임없이 정해진 구조를 찾으려 하고 사태가 어떤 식으로 전개될지를 예측하려 든다. 음악은 시간을 바탕으로 전개되는 구조이기 때문에 그런 예측을 위한 최고자극이 된다."

다른 말로 하면 기대가 배반당할 때 우리 두뇌(더 정확히 하면 전부대피질이나 측두정엽 같은 부위)는 기대 배반으로 인한 불쾌감을 누르기 위해 항상성(恒常性) 회복을 꾀하게 된다. 그런데 예술이나 음악, 코미디 등에서는 모두 그 불쾌감을 활용한다. 편안한 자기 집 안락의자나 안전한 극장에 앉아 있을 때는 그런 코미디나 작곡가들의 손에 기꺼이 자신을 내맡기는 것이다.

하지만 삶의 다른 영역에서 우리의 심성은 그렇게 너그럽지 않다. 우리의 예상에 반한 사태나 자극이 발생하면 어떤 조치를 취하지 않고 못 배겨, 무시하거나 원인을 제거하거나 아니면 생각을 바꾸는 등의 행동을 해야 한다. 특히 양육 책임자일 때 아기 울음소리를 무시할 수 없는 이유도 바로 그 때문이다. 소리 자체가 듣기 싫을 뿐 아니라 거기에 깔려 있는 깊고 본질적 요소가 불편한 기분을 야기한다.

예쁜 것이 최고

자기를 귀찮게 할 것 같은 사람은 아무리 멀리서도 금방 알아볼 수 있다. 쇼핑센터 같은 곳에서 어떤 사람이 설문지를 들고 응해 줄 사람을 찾고 있다고 하자.

"몇 분만 시간 내서 설문에 답 좀 해 주시면……."

묘하게 그럴 때마다 그렇게 바쁠 수가 없다.

많은 이들은 그런 난처한 처지가 될 때 써먹을 좋은 전략을 미리 준비해놓고 있다. 계속 기침을 하든지, 갑자기 걸려오는 전화를 받든지, 아니면 저쪽에 갑자기 아는 사람이 나타나든지 하는 것이다. 그런데 그 설문지를 안고 있는 사람이 날씬하고 아름다운 아가씨라면 물론 문제가 완전히 달라진다. 그러면 그 사람 눈길을 피하느라 애를 쓰기는커녕 대부분 줄을 서서라도 기다릴 것이기 때문이다.

대인관계에서의 다양한 매력 요소에 정통한 사회심리학자에게는 그런 현상이 별로 놀라운 게 아니다. 진정서 서명을 받을 때에도 잘생긴 사람들이 못생긴 사람들보다 더 많이 받는다는 것 정도는 잘 알려진 사실이다. 또 자선모금 행사장에서도 예쁜 자원봉사자가 있는 책상에 기부금 내는 사람들이 더 몰린다. 법정에서조차 매력 있는 용모가 한몫을 한다. 잘생긴 피고는 보통 사람들보다 유죄판결을 받을 확률이 낮을 뿐 아니라 받는다 해도 가벼운 형량이 선고된다. 잘생긴 사람들이 늘 유리한 것이다.*

대중심리를 다루는 잡지들을 뒤적여보면 잘생긴 사람들은 이래서 유리한데 평범하게 생긴 사람들은 저래서 불리하다는 둥 똑같은 소리가 수도 없이 나온다. 하지만 정말 그렇다는 증거가 있긴 한 걸까? 그래서 미국 미네소타 대학의 마크 스나이더는 남학생들을 상대로 실험을 했다.[14] 연구진이 미리 매력적, 비 매력적으로 분류해 고른 가짜 사진 등을 포함하여 실제로는 실험 관계자인 동료 여학생에 대한 신상명세를 담은 자료를 준 다음 코스 이수를 위해 필요한 과제를 의논한다는 핑계로 전화통화를 하게 하고 남학생들의 반응을 관찰하는 것이었다(사진만 다르지 여학생 역할은 한 사람이 했다). 사진의 매력 요소가 남학생의 전화 응답 태도에 영향을 미치는지 알아보기 위해서였다. 결과에 따르면 영향을 미쳤다. 그것도 심하게 영향을 미쳤다. 통화 상대가 예쁜 여학생이라고 믿은 남학생들은 상대가 못생겼다고 믿은 남학생들보다 더 다정하고 적극적인 태도로 임했던 것이다. 그뿐이 아니다. 남학생들은 통화 전부터 상대 여학생에 대한 인상이 자기들이 받은 사진의 매력도에 따라 명백히 달라지는 것으로 나타났다. 상대가 어떨 것으로 예상하냐는 질문에 대해 예쁜 사진을 받은 남학생들은 활발하고, 침착하고, 유머감각이 있고, 사교성이 있는 여학생일 것 같

* 이런 현상을 후광효과로 설명하는데, 매력적 용모 등 한두 가지 장점을 갖추고 있으면 그 덕분에 선량함, 실력, 정직성 등 다른면에서도 나은 것 같은 인상을 준다는 것이다.[13] 재미있는 사실은 잘생긴 피고가 모든 범죄에서 다 무죄판결을 더 잘받지는 않는다는 점이다. 오히려 유죄판결을 더 받는 죄목이 딱 한 가지 있다. 그게 어떤 것일지 한번 생각해 보라. 그 답은 이 장 말미에 나와 있다.

다고 답한 반면 못생긴 사진을 받은 남학생들은 그렇지 않았다.

혹시 궁금할까 봐 덧붙이는데, 이 현상은 남녀 역할을 바꿔도 마찬가지였다.[15] 뉴욕 대학의 수잔 앤더슨과 코넬 대학의 샌드라 벰이 남녀 역할을 바꿔 여학생들을 상대로 남학생 사진을 가지고 시험했을 때도 결과는 전혀 다르지 않았다. 반면 우리 모두가 반하는 매력 포인트가 있다. 의식한 상태이든 그렇지 않은 상태이든 모두 통하며, 마크 스나이더 실험에서의 예쁜 여학생처럼 본능적으로 더 끌리는 얼굴. 그것은 바로 아기 같은 얼굴이다.

세상에서 가장 귀여운 아기 얼굴

1943년 오스트리아 동물행동학자 콘라트 로렌츠는 고전이 된 논문 『가상 경험의 본질적 형태』에서 과격한 개념을 제시했다.[16] 인간에게는 어른 얼굴보다는 아기 얼굴을 선호하는 경향이 뿌리 깊게 박혀 있다는 것이다. 그 주된 원인은 보살핌에 있다고 주장했는데, 신생아에 대한 본능적 인지편향은 자기 종족 중 약한 구성원에 대한 보호 및 양육 동기를 강화시킨다는 것이다. 로렌츠는 자신의 주장을 설명하기 위해 자신이 정리한 뚜렷한 특징을 가진 일련의 유아 및 동물 새끼 옆얼굴을 제시하고 사람과 동물에 공통적으로 나타나는 특징을 유아도식(乳兒圖式)으로 명명했다. 부드럽고 둥근 모습으로 크고 둥근 이마, 크고 동그란 눈, 볼록하게 솟은 뺨 등이다. (그림 2-3 참조) 그는 이런 모습들이 본능적으로 흡인력을 강화시키고 동정심을 유발한다고 주

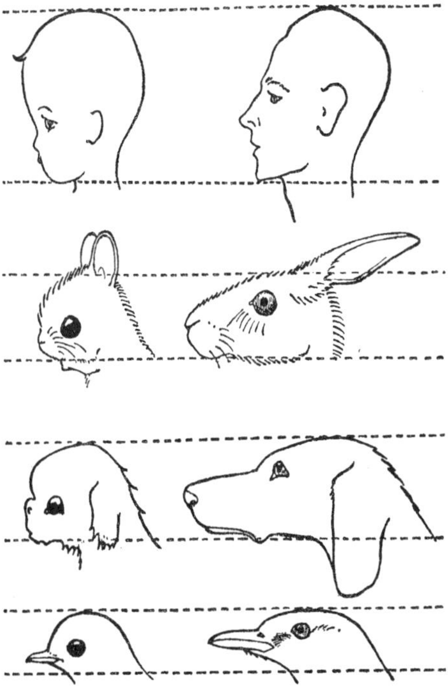

그림 2-3 모든 종족에서 유사한 유아 및 성인 얼굴 특징 (콘라트 로렌츠, 1943).[17]

장했다. 인간에게 있어 양육 관건자극 역할을 하는 것이다.

매력적인 얼굴의 특징에 대한 후속 연구는 더 많은 유아도식 특징들을 찾아냈다. 작은 턱, 작고 짧은 코, 그리고 얼굴에서 눈, 코, 입의 비교적 '낮은' 위치 등이다. 아기의 얼굴이야말로 이 모든 '귀여움' 요소를 집대성한 것으로 그 자극이 너무 강렬하여 전혀 관계없는 물체에까지 적용됐다.

그 예로 다음 그림 2-4의 두개안면 모습을 생각해보라.

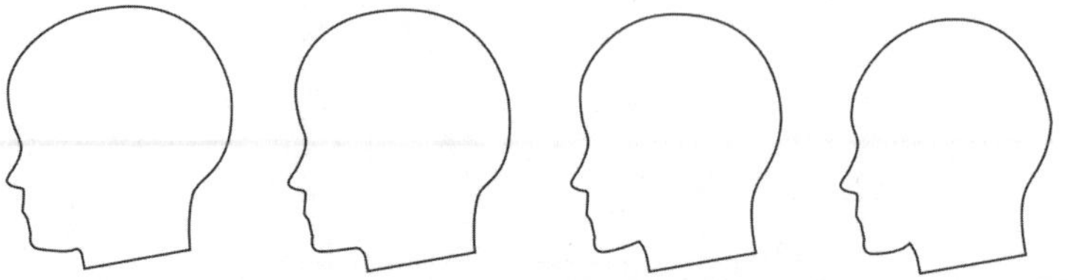

그림 2-4 성숙에 따른 두개안면의 변화 추이.[18]

머리 모양은 성숙에 따른 영향을 수학적으로 계산하여 단계적 변화를 모사했다. 이 그림을 보고 성숙 과정이 왼쪽에서 오른쪽으로 진행된다는 것을 알아보지 못하는 사람은 거의 없을 것이다. 그런데 신기한 것은 성인과 유아 사이의 차이뿐 아니라 자동차 모델에서도 유아 단계와 성숙 단계를 금방 알아볼 수 있다는 점이다.

아래 그림 2-5을 보라.[19] 인간 두개골 성숙 과정을 모사한 바로 그 수학 공식을 폭스바겐 비틀 모델에 적용한 것이다.

성장 단계로 보아 어느 것이 '초기' 모델이고 어느 것이 '후기' 모델이라고 보는가? 어떤 비틀 모델이 더 귀여운가?

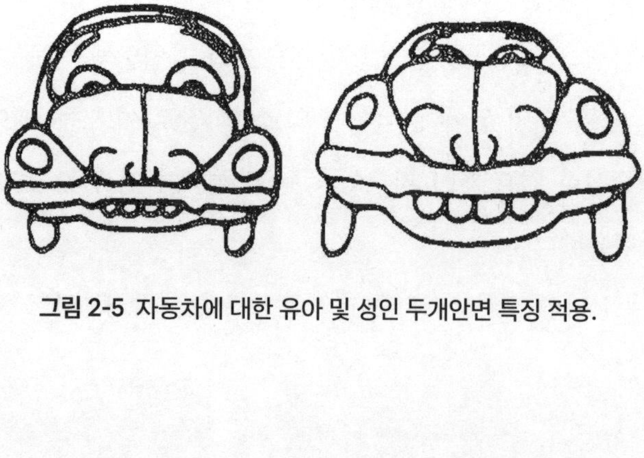

그림 2-5 자동차에 대한 유아 및 성인 두개안면 특징 적용.

아기에 대한 책임감

2009년 뮌스터 대학 신경행동생물학 연구소의 멜라니 글로커는 로렌츠 이론을 확인하기 위한 실험을 실시했다.[20] 유아도식이 정말 더 매력이 있을까? 만일 그렇다면 그에 대한 우리 뇌의 반응은 어떨까? 글로커는 몰텐 크링엘바흐와 비슷한 기법을 사용하여 실험 참가자들에게 신생아 사진을 주고 그들의 뇌를 fMRI로 관찰했다. 단 크링엘바흐 조사 때 사진은 현실에 충실했던 반면 글로커는 특별 영상편집 프로그램을 사용하여 일부 사진들은 더 '아기처럼' 보이도록 조작했다. (그림 2-6 참조) 결과는 정확히 로렌츠가 예측한 대로 나왔다. 분석 결과,

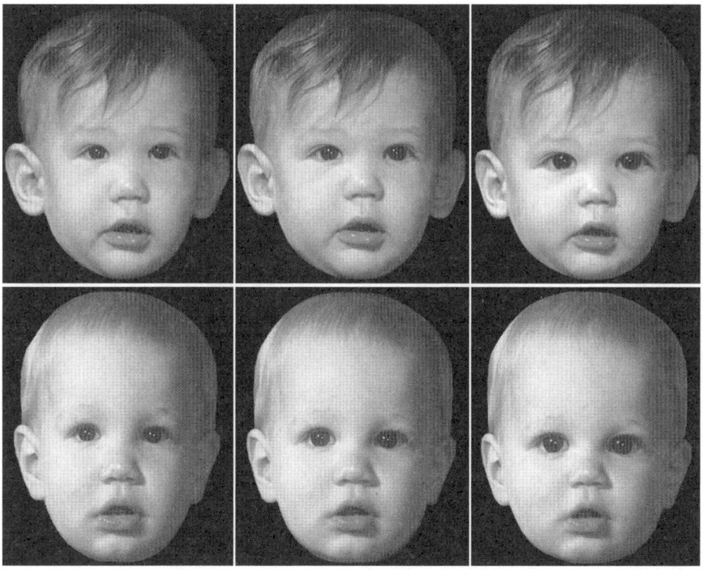

그림 2-6 조작된 어린아이의 윤곽과 조작되지 않은 어린아이의 윤곽.

눈을 더 크게 하고, 얼굴을 더 동그랗고 통통하게 하는 등으로 유아도식 지수를 더 높이고 실험 대상자들의 뇌를 관찰한 경과 동물의 뇌에서 쾌락중추로 알려진 측중격핵(Nucleus Accumbens) 활동이 더 증가하는 것으로 나타났다. 글로커는 유아도식뿐 아니라 초(超) 유아도식도 있다는 사실을 밝혀낸 것이다.

두뇌 심층에 대한 글로커의 탐구 결과는 일상생활에서도 나타난다. 길에서 지갑을 주웠다고 상상해 보라. 어떻게 할 것인가? 경찰에 신고할 것인가? 주인에게 돌려보낼 것인가? 아니면 어…… 그냥 가질까? 영국 하트퍼드셔 대학 심리학자 리처드 와이즈맨은 스코틀랜드 에든버러 시 주민들에게 질문지가 아닌 직접적인 행동으로 물었다.[21] 행복한 가족, 귀여운 강아지, 노부부, 웃고 있는 아기 등 네 가지 사진 중 하나를 넣은 지갑들을 도시 곳곳 길거리에 뿌려놓은 것이다.

그중 주인에게 가장 많이 돌아오는 지갑은 어떤 사진을 넣은 것인지 알기 위해서였다. 그리고 확실한 답을 얻었다. 각 사진마다 40개씩 지갑을 흘린 결과 노부부 사진이 있는 지갑은 28퍼센트가 돌아왔고, 가족사진은 48퍼센트, 귀여운 강아지 사진은 53퍼센트가 돌아온 반면 웃는 아기 얼굴 사진은 무려 88퍼센트나 되돌아왔다.

와이즈맨은 "아기가 사람들의 보호 본능을 자극했다"고 말한다. 약한 아기에 대한 보호본능이 후세 보존 수단으로 진화한 것이다. 아기 얼굴 사진을 붙인 다트 판을 이용한 연구도 비슷한 결과를 얻어냈다.[22] 연구 참가자들에게 다트 여섯 개를 주고 과녁을 맞힐 때마다 25센트를 줬다. 그런데 얼굴 모양 동그라미에 여섯 개를 미리 던져보도록 연습 기회까지 줬음에도 불구하고 아기 얼굴에 던지게 하자 전보다 정확도가 떨어졌다. 와이즈맨의 주장에 신빙성을 부여하는 것은 아기 얼굴을 사용한 연구 조사 말고도 또 있다. '아기 얼굴'을 가진 성인들에 대한 조사 역시 아기들의 특별한 매력을 보여줬다. 미국 브랜다이스 대학의 쉴라 브라운로우와 레슬리 지브로위츠는 TV 광고 150개에 대한 체계적 분석을 했다.[23] 광고 내용과 출연자 이미지가 얼마나 부합하는지 살펴보기 위해서였다. 연구진은 이를 위해 대학생들을 동원하여 두 그룹으로 나눴다. 그리고 한쪽 그룹에게는 광고 문구를 읽고 각 메시지의 신뢰도와 전문성에 대해 점수를 매기도록 했다. 다른 그룹에게는 광고 비디오를 보게 하고 메시지 전달자 얼굴의 성숙도를 기준으로 점수로 매기도록 했다. 점수 범위는 (신뢰성은 높지만 전문성이 약한) 아기 얼굴에서 (전문성이 높은) 성인 얼굴 사이에 분포되어 있었다. 단, 여기서 중요한 것은 이때 광고의 영상만 보게 하고 내용은 알지 못하게 한 것이다. 양 그룹에 '이중 분리' 방식을 사용해 첫 번째 그룹은 얼굴 없이 메시지만 전달받았고 두 번째 그룹은 메시지 없이 얼굴만 본 것이다. 양 그룹이 어떻게 차이가 났을까? 그 결과는 뚜렷한 양상으로 드러났다. 전문성(객관적이고 타당한 사실의 정확한 전달)보다는 신뢰성(제품 사용자의 진지하고 솔직한 추천)에 근거한 설득력이 필요할 때는 동안 배우들을 광고전달자로 꼽았다. 반대로 좀 더 '사실적'인 것에 호소할수록 광고전달자의 얼굴이 성숙한 쪽으로 옮겨갔다.

이러한 설득력 등고선은 광고에만 있는 것은 아니다. 정치에서도 아주 뚜렷하게 잘 드러난다.[24] 유권자들이 후보가 자기 이익에 따라 움직이는지 여부를 따질 경우 '불가사의한' 성숙한 얼굴의 후보보다는 '정직해 보이는' 동안 정치가가 더 설득력이 있는 것으로 조사 결과 나타났다. 정치가들의 얼굴이 정직성에서 어떤 점수를 받는지 살펴보는 것은 꽤 흥미롭다.

2008년 영국 켄트 대학의 연구진은 일반인 100명을 불러 일련의 얼굴들에 대해 1에서 5까지 신뢰도 점수를 매기게 했다.[25] 그리고 그 데이터에서 우리가 보통 정직성과 연관해 생각하는 몇 가지 특징들을 조합해 봤다. 통통하고 좀 둥근 얼굴형, 부드러운 턱선, 크고 동그란 눈, 연한 눈썹. 누구 얼굴인지 감이 잡히는가? 수염은 깊은 의심을 불러일으켰다. 하지만 섬세한 코, 크고 얇은 입술은 긍정적인 평가를 받았다. 연구진은 여러 정치가들의 얼굴을 입력한 다음 디지털 화질향상 프로그램을 사용해 신뢰와 비 신뢰 아바타를 만들고는 그들의 정상 얼굴과 비교 관찰했다. 사람들을 놀라게 한 것은 이 프로그램만이 아니었다.

다음 그림 2-7의 고든 브라운(영국의 전 수상 - 편집자 주)의 정상 얼굴과 신뢰도를 높이도록 조작한 클론과의 차이점을 살펴보라. 다음에는 데이비드 캐머런 사진을 갖고 같은 방식으로 관찰해 보라. 브라운은 짙은 눈썹, 넓적한 코, 입 크기 때문에 더 안 좋게 보인다. 반면 캐머런은 얼굴이 더 신선해 보이고 피부가 매끄러우며 입이 크고, 눈이 더 동그랗다. 이제 더 신뢰 가는 얼굴을 만들기 위해 성형수술을 하는 것도 시간문제일지 모른다.

이런 연구조사들은 빙산의 일각일 뿐이다. 연구진들은 실제로 아

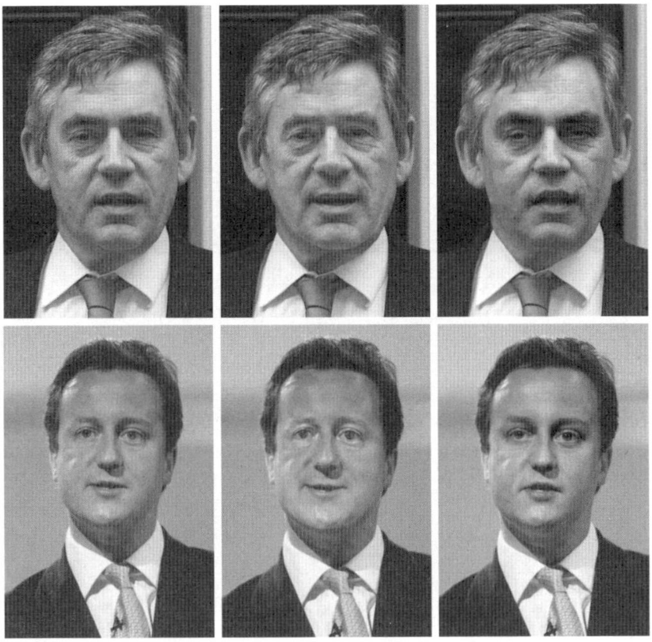

그림 2-7 디지털 조작된 고든 브라운(위)과 데이비드 캐머런(아래)의 얼굴. 왼쪽부터 원래 모습, 신뢰 아바타, 비 신뢰 아바타.

기 얼굴과 어른 얼굴을 가진 사람들이 겪는 온갖 차이점들, 더 정확히 말하자면 그들이 받는 대접을 밝혀냈다. 인간관계에서 여자들은 어른 얼굴보다는 아기 얼굴을 가진 친구에게 자신의 비밀 이야기를 더 많이 하는 것으로 나타났다.[26] 법정에서 동안인 피고들은 고의적 범죄보다는 과실 사건으로 유죄판결을 받는 비율이 높았다. 직장에서는 동안인 직원들이 나이 든 얼굴의 동료들보다 승진하거나 높은 자리에 앉을 가능성이 낮다.

다음 사관학교 생도 네 명의 사진을 보라.[27]

A B C D

그림 2-8a 호위쩌의 인물사진들(1950).

사진만 갖고 이들이 각자 군 생활에서 얼마나 성공했을지 예측할 수 있을까? 군 복무 초기 모습을 보고 그들의 최종 계급을 맞출 수 있을 것 같은가? 한번 시험해 보라. 가장 성공적일 것으로 보이는 사람을 첫째로 해서 각 사진에 순위를 매겨보라.

어떤 결과가 나왔는가? 만일 ACBD로 나왔다면 80퍼센트의 사람들과 같은 선택을 한 것이다. 아기 얼굴 순서대로 그들의 순위를 매긴 것이다. 사진 A는 전형적인 성인 얼굴(작은 눈, 낮게 내려온 눈썹, 긴 코, 딱딱하고 각진 뺨, 강인한 턱)로 지배하는 측을 연상시킨다. 반면 사진 D는 전형적 아기 얼굴(큰 눈, 치켜 올라간 눈썹*, 짧은 코, 부드러운 뺨, 작은 턱)로 복종하는 측을 연상시킨다.

사실은 위의 생도 네 명 모두가 군 고위층까지 올라갔다. 아래 각 사람의 이름과 최종 직위가 나와 있다.

---

* 여자들이 왜 눈썹을 원래보다 올려 그리는지 궁금한 적이 있었는가? 이제 그 이유를 알 것이다.

A 링컨 포러 육군중장 (미 국가안보청장) B 윌리스 홀 너팅 장군 (미 준비태세사령부 사령관) C 존 애덤스 위컴 장군 (미 육군 참모총장) D 찰스 앨빈 가브리엘 장군 (미 공군 참모총장)

그림 2-8b 미 육군역사연구소 및 공군역사센터 자료의 인물사진들.

위기의 삶

2004년 3월 영국 남부 해안의 절벽, 비치 헤드에서 키스 레인의 아내 매기가 뛰어내려 자살했다. 이들 부부가 결혼한 지 8년 되는 해였다. 비치 헤드는 악명 높은 자살 장소로 2004년 한 해 동안만도 자살 사건이 30건에 달했다. 매기가 죽던 날에도 이스트본의 빌딩 창문 청소 일을 했던 키스는 그녀와 통화를 하면서도 아무런 이상한 기미를 알아채지 못했다. 그리고 나중에야 매기의 자살 소식을 들었다.

며칠이 지나 최초의 충격이 가시고 어느 정도 현실을 받아들인 후 키스는 차를 몰고 그 절벽으로 갔다. 아내가 마지막 순간을 보낸 곳에 가봐야 할 것 같아서였다. 아내가 죽기 전에 보았던 것들을 자기 눈으로 보고 싶었다. 단장의 고통 속에 그곳을 둘러보고 있는데 한 여자가 눈에 들어왔다. 한 스무 살 정도 된 티셔츠 차림의 젊은 여자였는데 손에 종이와 펜을 들고 벤치에 앉아 바다를 바라보고 있었다.

처음에는 별 생각이 없었다. 아마 작가거나 화가려니 싶었다. 그러다가 갑자기 가슴이 뛰기 시작했다. 도대체 정확히 뭘 쓰고 있는 것일까? 매기 같은 일을 저지르려는 사람은 아닐까? 마음이 진정되지 않자 키스는 가서 말을 시켜보기로 했다. 그리고 자기 육감이 맞았음을 알게 됐다. 아직 아내의 죽음에 대한 충격이 가시지 않은 상태였다. 기껏해야 며칠이 지났을 뿐 아닌가. 그럼에도, 아니 어쩌면 바로 그 때문에 그는 여자를 만류하기 위해 모든 방법을 동원했다. 아내 이야기까지 했다. 하지만 애원할수록 그녀의 결심은 더 굳어지는 듯했다.

"우리 가족은 나한테 관심도 없어요. 정말 계속 살아서 뭐해요?"

여자는 더 이상 할 말이 없다는 듯 자기가 쓴 것을 벤치 나무판자 사이로 밀어 넣더니 절벽을 향해 달려가기 시작했다. 키스도 따라 달려갔다. 절벽 끝까지 15미터나 20미터 정도밖에 남지 않았다.

"어떻게 잘 되기만을 바라면서 그녀 다리를 잡느라 몸을 날렸는데 학교 때 럭비 훈련한 게 도움이 됐지요."

정말 말 그대로 럭비 훈련 덕분에 겨우 그녀를 잡아 목숨을 구할 수 있었다. 그녀가 감사해했다고 말한다면 감사의 의미를 심하게 왜곡하는 게 될 것이다. 좀 더 진실을 말하자면 그녀는 엄청 화냈다. 며칠 후, 키스가 병원으로 문병을 갔을 때 면전에서 병실 문을 쾅 소리 나게 닫아 버리기도 했지만 결국은 고맙다고 했다. 그러자 한 가지 생각이 떠올랐다. 자기가 자살할 사람을 하나 구했다면 나머지 사람들도 구할 수 있지 않을까 싶었다. 이를 위해 아예 비치 헤드에서 망을 보면 될 것 아닌가? 그래서 정말 그렇게 했다.

아내가 목숨을 끊은 지 5년 반 정도가 지난 2009년 11월, 이스트본에서 키스를 만나 이야기를 나눴다. 이제 위기의 삶도, 29명의 목숨을 구한 망보기도 끝나 있었다. 당국과의 마찰과 사람들의 비난에 점차 타격을 입었던 것이다.*

나는 그에게 물었다.

"자살하려는 사람을 보면 어떻게 합니까? 뭐라고 말해요?"

그의 답이 흥미로웠다.

자살을 막을 수 있을지는 상대와 눈길이 마주치느냐 여부에 달려 있었다는 것이었다.

"내가 바라볼 때 그 사람들도 나를 마주 보면 알 수 있었지요."

그런데 그것을 아는 사람들이 그렇게 많지는 않다.

잔뜩 밀려 있는 차 사이로 끼어들기를 해 본 사람이라면 키스 레인의 말이 별로 놀라울 게 없을 것이다. 누구나 알다시피 그 비결은 상대방 운전자와 눈길을 주고받는 것이다. 일단 눈이 마주치고 나면 그 사람이 양보할 확률이 훨씬 커진다. 비 오는 날보다 화창한 날 도로 진입이 훨씬 더 힘든 이유도 바로 그 때문이다. 합리적으로 따진다면 해가 나면 운전자들 기분이 더 좋아야 한다. 문제는 열 명 중 아홉은 선글라스를 낀다는 점이다. 마찬가지 이유로 밤보다는 낮이 끼어들기가 더

* 해안경비대와 비치 헤드 사제단은 키스는 인명구조에 대한 전문지식이 없어 그 자신의 목숨은 물론이고 그가 구하려는 사람의 목숨마저 위험하게 만든다고 주장한다. 이에 대한 키스의 답은 상당히 실용적이었다. "촌각을 다투는 일이에요. 사람의 목숨을 구한다는 건 말입니다. 때로는 도움을 요청할 시간조차 없어요. 그냥 움직여야 한답니다."

쉽다. 다른 식으로 설명해 보자. 실수로 다른 운전자의 길을 막은 다음 그 사람과 눈이 마주치지 않으려고 애를 쓴 적이 얼마나 많은가? 이제 무슨 뜻인지 알겠는가? 귀여운 모습과 마찬가지로 시선이 마주치는 것도 인간의 설득력에 관건자극 역할을 하는 것이다.*

영국 배우 마이클 케인은 배우생활 초기부터 눈의 호소력을 직관적으로 알고 있었다. 할리우드에 자신을 알리기 위해 필사적으로 노력하던 케인은 눈을 깜박이지 않는 연습을 시작했다. 화면에 눈이 확대되어 보이는 클로즈업 촬영 시 최대한 강렬한 인상을 줘 편집되지 않기 위해서였다. 관객들은 자기들에게 관심을 가져주는 것을 좋아한다고 케인은 설명했다. 그리고 관객들에게 시선을 고정함으로써 케인이 관객에게 매력을 느끼고 있다는 관객들의 환상을 강화시킬 수 있다는 것이다. 덤으로 관객들도 그에게서 더 매력을 느꼈다. 실제 연구조사를 해 본 결과, 케인의 전략은 상당히 효과적임이 밝혀졌다. 일상생활에서 흔히 사용되는 간단한 설득법을 생각해 보면 확실히 그렇다. 내가 여러분이 동의할 수 없는 주장을 편다고 상상해 보자. 나는 좋은 점과 나쁜 점을 하나하나 열거하면서 여러분을 내 편으로 만들려 할 것이다. 그때 여러분의 환심을 살 수 있는 방법에는 무엇이 있을까? 그중 한 가지 방법은 시선 접촉을 늘리는 것이라고 한다. 두 사람이 대화하고 있을 때 서로 바라보는 정도가 다르다는 것이 여러 조사를 통

* 이는 또 남들과 친근감을 키우고, 공감대를 형성하기 위해서 불가결한 요소다. 한 가지 예를 군인들에게서 들 수 있다. 예를 들어 이라크의 평화 유지군 중 선글라스를 쓰는 군인들은 쓰지 않은 군인들보다 소요사태 보고가 더 많고 사고도 더 많이 당하는 것으로 나타났다.

해 드러났다. 말을 듣는 쪽이 말하는 사람을 바라보는 시간은 전체 대화 중 평균 75퍼센트인 데 반해 말하는 사람이 듣는 사람을 바라보는 시간은 40퍼센트에 불과했다. 그런데 말하는 사람이 그 비율을 50퍼센트로 높이면 하는 말에 대한 권위가 금세 올라간다고 한다(그 이상이 되면 상대는 불편해지기 시작한다).

우리 대부분이 말을 듣는 처지가 되면 알 수 있음에도 불구하고 많은 사람들이 이런 통계치를 예상 밖이라는 듯 받아들이곤 한다.[28] 시선을 맞추는 것을 그 정도 약간 늘리는 것이 정말 그렇게 차이가 날까? 그 답은 거의 언제나 '그렇다'다. 대화 중 정보전달의 55퍼센트는 시선을 맞추는 것에 달려 있다는 연구도 있다. 이 연구에 따르면 '언어 외적 소리(억양 등)'가 38퍼센트였으며 정작 말 내용의 전달 비율은 7퍼센트에 지나지 않았다. 바로 이 점이 아무도 부인할 수 없는 설득왕인 사이코패스들이 명성을 누리는 이유 중 하나이기도 하다.

평균적으로 사이코패스들은 보통 사람들보다 눈을 덜 깜박거리는 편이며 이 생리적 이상행동이 상대를 꼼짝 못하게 홀리는 분위기를 조성한다. 영국 작가 G. K. 체스터튼은 눈에는 우리의 지능을 거치지 않고 직접 감정으로 가는 통로가 있다고 했다.

눈이 말한다

신생아들은 사이코패스와 공통점이 아주 많다. 아기들은 남에 대한 동정심이 없고, 겉모습만으로 사람들의 마음을 뺏고, 자기들 행동의 결과에 대해 전혀 개의치 않으며 순전히 자기들밖에 모른다. 그런데 이 외에도 뛰어나게 노련하고 쿨해 보이는 사기꾼들과 공통점이 한 가지 더 있으니 남을 사로잡는 눈의 힘이다. 아기와의 눈싸움에서 이겨보려고 한 사람이라면 무슨 말인지 잘 알 것이다. 유리 겔러*가 아니라면 이기는 것은 꿈도 꾸지 말아야 한다.

하지만 아기들이 그냥 우리 눈을 끄는 것은 아니다. 연구조사는 그와 같은 인식본능이 사실은 우리와 아기 모두에게 깔려 있음을 밝혀냈다. 2007년 제네바 대학 연구팀은 어른과 아기 얼굴을 이용한 컴퓨터 반응 시간 실험을 통해 '주의력 집중' 수준을 비교해 봤다.[29] 결과는 아기 얼굴을 보여주면 반응 시간이 더 느린 것으로 나타났는데, 사진에 끌려 주의가 더 산만해진다는 것을 의미한다. 역으로 런던 대학 심리학자 테레사 패로니는 2일에서 5일 된 신생아들에게 한 쌍의 얼굴 사진을 보여줬다.[30] 한쪽은 눈길이 앞을 보는 것이고 다른 쪽은 눈길이 옆으로 향하고 있었는데 아주 신기한 결과가 나왔다. 아기들은 시선 접촉을 할 수 있는 얼굴을 그렇지 않은 것보다 더 오래 바라봤다. 후속 연구에서는 4개월 된 아기가 앞을 똑바로 보고 있는 얼굴을 바라볼 때 두뇌 전기활동이 증가한다는 사실이 밝혀졌다. 눈에 이끌리는 이러한 성향은 성장 후에도 지속되는데, 미술관에서 실험해 본 결과,

* 1946년 12월 20일 출생. 숟가락 구부리기나 다른 물리적인 현상을 초능력이라고 주장하면서 주목을 받아 40년 동안 전 세계 텔레비전 프로그램에 출연하였다. 비판론자들은 그가 주장하는 초능력이 단순한 마술 속임수라고 반론했다. 이후 제임스 랜디가 그가 주장한 초능력적 물리현상이 모두 속임수를 이용한 거짓임을 밝혔다.

사람들이 초상화를 볼 때면 주로 눈 부위에 관심을 집중하는 것으로 나타났다. 도대체 왜일까? 여기서 무엇을 알 수 있는 것일까? 왜 입이나 코가 아니라 눈인가?

이런 현상은 생존법칙으로 설명할 수 있다. 눈이 특별해서 우리 주의를 끄는 것이 아니라 그 눈이 바라보는 곳이 더 중요하다는 것이다. 진화 역사 과정에서 눈길이 갑자기 특정 지역을 향하는 것은 그곳에 어떤 위협이 도사리고 있다는 강력한 신호 역할을 했다. 또 그런 신호를 이해하는 능력은 위험을 피하는 데 큰 도움이 됐다. 이를 증명하기 위해 노스다코타 주립대학의 크리스 프리슨과 브리티시컬럼비아 대학의 앨런 킹스턴은 신호 효과를 정확히 알기 위한 실험을 고안했다.[31] 실험은 세 단계로 이루어졌다. 첫 단계에서는 아무 특징도 없고 속이 텅 빈 눈을 가진 얼굴들을 컴퓨터 화면 한가운데에 0.5초 정도 비쳐줬다. 두 번째 단계에서는 눈에 눈동자가 생기며 정면, 왼쪽, 오른쪽 등 세 방향 중 하나를 향하게 했다. 마지막 세 번째 단계에서는 화면 왼쪽 혹은 오른쪽에 F 혹은 T (거짓 혹은 진실) 글자가 나타나게 했다. 눈길이

그림 2-9 프리슨, 킹스턴이 사용한 것과 비슷한 시선 방향이 다른 얼굴 도형.

가리키고 있는 방향과 같은지 반대인지를 나타내는 것이었다. (그림 2-9 참조) 프리슨과 킹스턴이 알고자 한 것은 눈초리 방향이 다를 경우 주의력에 끼치는 영향력, 구체적으로는 주어진 정보 처리 방식이었다. 눈길이 방향을 알려줄 경우 목표 지점을 찾는 속도가 빨라질까? 아니면 전혀 영향이 없을까?

그에 대한 답은 아주 간단했다. 처리 속도가 빨라졌다. 시험 결과는 눈길이 가리키는 방향과 글자가 일치할 때는 양쪽이 반대일 때보다 사람들이 목표 지점을 더 빨리 알아본다는 사실을 보여줬다. 눈이 말을 한 것이다.

시선 따라가기

프리슨과 킹스턴의 신호 패러다임은 눈에 대한 우리의 본능적 인지 편향에 대해 설득력 있게 설명한다. 하지만 다 이미 우리가 알고 있던 것 아닌가?[32] 지난 60년대에 사회심리학자 스탠리 밀그램은 한 무리의 사람들을 길거리로 불러내 위를 바라보도록 시켰다. 그 결과가 어땠을까? 다른 사람들도 따라 했다.*

하지만 그렇다고 눈에 대해 다 알게 된 것은 아니다. 눈의 신호 기

* 밀그램은 위를 바라보는 사람이 얼마나 많으냐에 따라 지나가는 사람들이 따라 하는 정도가 달라진다는 것도 발견했다. 하늘을 바라보는 사람이 한 명밖에 없을 때에는 지나가는 사람 중 따라 하는 사람 비율이 40퍼센트였다. 그러다 세 명이 위를 바라보고 있자 그 비율이 60퍼센트로 올라갔고, 열 명이 바라보자 75퍼센트, 열다섯 명일 때는 80퍼센트로 늘어났다.[33]

능 가설이 눈에 대해 완전히 설명해 줄 수 있는지는 의문의 여지가 있다. 예를 들어 자폐아의 주의력 결핍 같은 문제를 생각해 볼 수 있다. 자폐아동은 예외적으로 아기일 때 얼굴에서 눈보다는 입 주위에 관심을 집중한다. 자폐증인 사람은 성장해도 인지와 감정 양면 모두에서 다른 사람들을 헤아리지 못하며, 남의 마음을 읽는 능력이 없어 마음이론 결여 증세*를 보인다고 알려져 있다. 이제 고전이 된 샐리 앤 과제 평가에 따르면 대부분 아이들은 네 살 정도가 되면 기본적인 마음이론이 생긴다.[34] 네 살이 될 때까지 아이들은 이 문제에 대해 늘 상자를 본다고 틀린 답을 말한다. 자기들은 구슬이 어디 있는지 알고 있지만 남들이 그에 대해 모를 수 있다는 걸 생각하지 못하는 것이다. 하지만 네 살이 지나면서부터는 자각신경이 우리의 마음과 남들의 마음을 분리하게 되면서 점차 맞는 답이 나오기 시작한다.

그런데 자폐아의 경우는 예외다. 임상학적 관점에서 보면 이는 흥미롭다. 미국 정신의학협회가 출판한 정신질환 진단 및 통계편람(DSM-IV)에서 마음이론 결여 증세를 가진 정신질환은 자폐증밖에 없다.[35] 또 시선을 맞추지 못하는 것을 주요 진단 기준으로 삼는 질환도 자폐증이 유일하다. 눈에 대한 본능적 인지편향과 눈을 통한 위협감지 성향은 남들의 정신상태를 추측하게 만드는 마음을 '읽는' 능력

* 마음이론(Theory of mind)은 타인이 어떻게 생각하고 느끼는지에 대하여 이해하는 능력으로, 만4세 이후에 획득되는 인지기능인데, 자폐아동은 마음이론이 발달되지 못했거나 손상되어 있다. 즉, 자폐아동은 자신이나 타인의 마음을 읽지 못하기 때문에 사회적 인지결함을 가지며 이로 인해 사회적 기능 및 의사소통면에서 비정상성이 나타난다는 것이다.

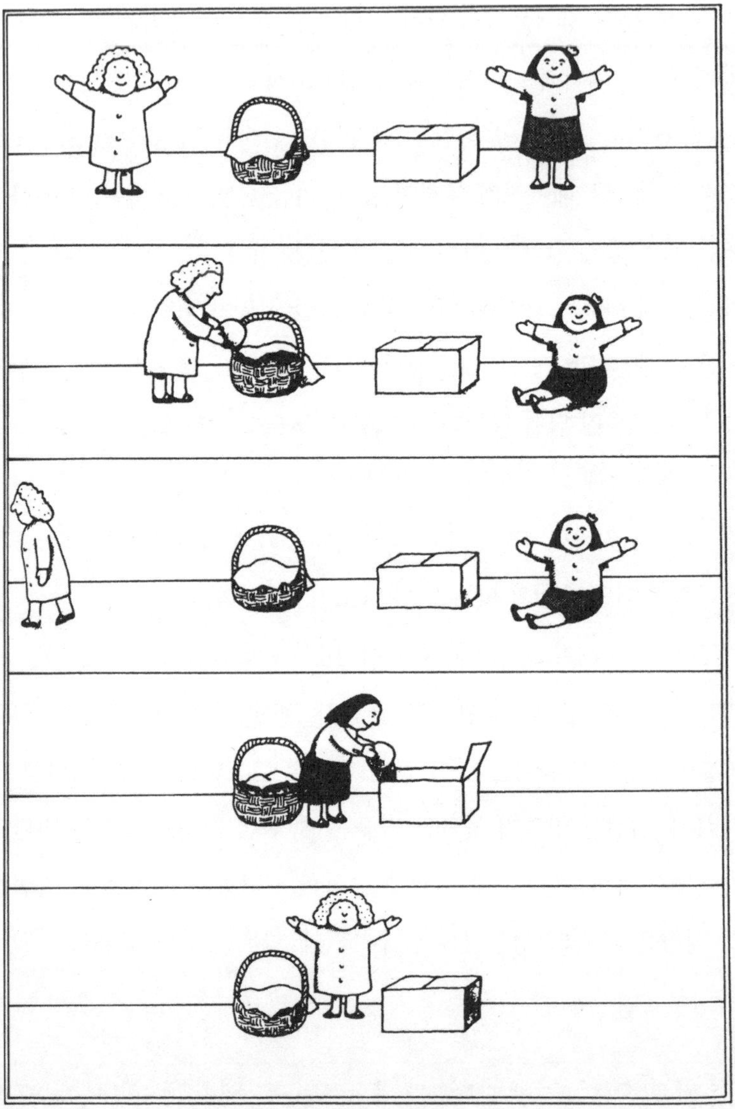

그림 2-10 샐리 앤 과제.

의 전조라고 할 수 있을까? 남과 시선을 맞추지 못하는 증세가 수반하는 장기적 영향을 잠시 생각해 보라. 우리가 남들의 눈길이 향하는 곳을 볼 수 없어, 그들이 뭘 보고 있는지에 대해 가장 기본적 정보도 얻을 수 없다면 남들이 우리와 다른 견해를 갖고 있을 수 있다는 사실을 무슨 수로 이해할 수 있을 것인가? 또 우리가 각 개인의 가장 근본적 차이도 생각할 줄 모른다면 남들의 소망이나 두려움, 의도, 동기 등 그 마음을 헤아리는 것을 어떻게 바랄 수 있겠는가?

눈의 영향력

일반적으로 주의 신호와 정신상태 전달 기능이 있다고 해서 우리는 눈에 대해서 각별히 관심을 둔다. 그렇다고 그게 눈에 대한 모든 의문을 풀어주는 것은 아니다. 가령 왜 시선을 맞추고 이야기하면 더 설득력이 있는 것일까? 흰자위에 작은 갈색 홍채가 있는 인간의 눈은 왜 동물세계에서 유례가 없을 정도로 그렇게 특별한 역할을 하는 것처럼 보일까? 그건 인간이 완전한 의존상태로 태어나기 때문이라고 추측할 수 있다. 알다시피 신생아들은 눈에 대한 선천적 인지 편향을 갖고 있다. 하지만 그 편향은 보기보다 더 복잡한 것이 아닐까? 눈 자체보다 더 근본적인 무엇이 있는 것은 아닐까? 빛과 어둠에 대한 반대 지각이 있는 것일까? 실제로는 눈의 영향력 행사가 단일 과정이 아니라 2단계 모델이지는 않을까? 신생아가 반대 지각에 주의를 기울이게 하는 것은 무엇일까? 우리를 꼼짝 못하게 사로잡는 신생아의 매력은 어디

그림 2-11
이 동그랗고 큰 눈과
점보 사이즈 홍채, 동공을 보라.

에 있을까?

두 번째 문제, 즉 매력 요소를 보려면 갓난아기 눈만 보면 된다. 신생아는 얼굴에 비해 눈만 큰 것이 아니라 (얼굴은 눈과 달리 계속 커진다) 동공도 흰자위에 비해 크다. (그림 2-11 참조) 이는 미성숙 망막이 빛을 포착하는 데 비교적 비효율적임을 반영하는 것으로 보인다. 하지만 동시에 끌리는 마음이 들게 한다는 완전히 점도 이 조사를 통해 밝혀냈다.

"인체 중 자극받으면 정상의 두 배로 늘어나는 부분은 어딜까요?"

교수가 예과 1학년 학생들에게 질문을 던지자 침묵이 흐른다.

"좀 생각나는 게 있을 텐데, 그냥 추측이라도 해 봐요."

그래도 여전히 불안한 침묵이 흐른다. 드디어 한 남학생이 손을 들지만 교수님은 손을 저어 내리라고 하고는 대신 답을 말한다.

"됐어요. 동공입니다!"

의대 학생들 사이에서 늘 도는 일화다. 특히 여학생들 사이에 더 잘 알려진 이야기인데 별 놀라운 일도 아닌 것이 만약 그 교수가 16세기 이탈리아의 여자들에게 같은 질문을 던졌다면 기대 이상의 답변을 들었을 것이다. 당시 이탈리아의 여성들은 동공을 넓혀 구혼자들에게 더 매력적으로 보이기 위해 벨라도나라는 유독식물에서 추출한 색소 몇 방울을 눈에 넣는 게 보통이었다. 자기들의 목적은 분명히 알고 있었겠지만 그게 어떻게 작용하는지도 알고 있었을 것 같지는 않다.

똑같은 얼굴인데 한쪽은 동공이 크고 다른 한쪽은 상대적으로 작은 한 쌍의 사진을 보여주고 더 예쁜 얼굴을 고르라고 하면 우리 대부분은 동공이 큰 쪽 사진을 고를 것이다. (그림 2-12 참조) 하지만 왜 그 쪽을 골랐는지 구체적인 이유를 말하라고 하면 대답할 길이 없어 보

그림 2-12 굳이 하나를 고르라고 하면 두 얼굴 중 어느 쪽이 더 마음에 드는가? 대부분 사람들은 오른쪽 얼굴이라고 생각한다. 하지만 이유를 밝히라고 하면 전혀 설명하지 못한다. 이제 눈을 들여다보라.

인다. 그냥 직관적으로 그 얼굴이 다른 쪽보다 더 예뻐 보이기 때문이다. 더 매력적이고 더 다정해 보이기는 하지만 그 정확한 이유는 정말 아무도 모른다.

사실은 굳이 따지고 들어가자면 우리가 동공이 큰 눈에 더 매력을 느끼는 이유는 서로에 대한 호의 때문이다. 동공은 보기 좋거나 더 관심 있는 것을 보면 확대된다. 정말로 가능한 한 많이 그것들을 눈으로 빨아들이려 하는 것이다. 하지만 동공 반응만 의식 외의 영역에서 일어나는 것이 아니다. 다른 사람의 눈에 대한 수용반응 역시 무의식적이다. 그렇기 때문에 동공이 확대된 얼굴 사진을 보게 되면 무의식적으로 그 상대가 우리를 마음에 들어 한다고 해석하게 되고 상호호감 법칙이 발동해 우리도 그쪽에 더 끌리게 된다.

맥도널드보다는 촛불을 밝히고 함께 하는 저녁식사가 더 로맨틱한 이유도 이것으로 설명할 수 있다. 불빛이 희미하면 낮은 조명을 보충하기 위해 동공이 확대된다. 빛을 조금이라도 더 망막에 담기 위해서다. 혹시라도 모르고 있었다면 패스트푸드 식당들이 왜 선글라스를 끼고 밥을 먹어야 될 정도로 환한지 이제 알 수 있을 것이다. 식사를 빨리 끝내는 게 중요하기 때문이다. 그윽한 눈초리로 프렌치프라이를 내려다보며 시간 끌지 않도록 하기 위해서다.

검은 등자와 흰자위

신생아의 눈은 남들을 무장해제시키기 위한 맞춤형이다. 눈이 얼굴에 비해 터무니없이 크고 짐짓 동정하는 듯한 호수 같은 눈망울은 자석처럼 우리를 이끌어 그 맑고 순진한 깊은 눈 속으로 빠져들게 한다. 그런데 우리 시선을 그냥 마주하는 것이 아니라 힘 하나 안 들이고 옭아매는 것은 또 무엇인가? 그 증거 또한 신기하다. 연구조사에 따르면 신생아에게 두 가지 그림, 타원형 안에 검은 동그라미가 있는 그림(눈의 상징)과 정사각형 안에 검은 동그라미가 있는 그림을 나란히 보여줄 경우 특별히 어느 한쪽에 대한 선호를 나타내지 않는 것으로 나타났다.[36] 그런데 그 두 그림 곁에 각각 가운데 검은 동그라미가 없는 빈 타원형과 정사각형을 놓고 보여주면 이야기가 달라진다. 그러면 좀 더 눈길을 끄는 자극이 있는 검은 동그라미가 있는 쪽을 강하게 선호하게 되는 것이다. (그림 2-13 참조) 이 결과는 신생아들의 주의를 끄는 것

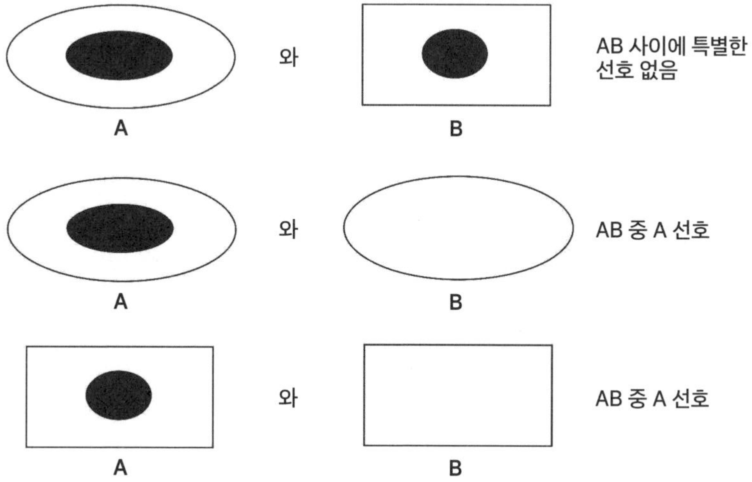

그림 2-13 신생아가 선호하는 모양과 흑백.

이 특별히 눈 자체는 아니라는 점을 의미하는 것 같다. 오히려 눈 고유의 흰자위와 검은자위 대비가 특별히 드러나는 신기한 자극제인 것이다. 미국 동물행동학자 데일 거드리는 "우리는 방 저쪽에 있는 사람이라도 눈동자의 홍채 위치만 가지고 그 사람이 바라보는 곳을 정확히 알 수 있는 기막힌 능력이 있다"며 눈 흰자위가 큰 도움이 되며 눈의 방향을 꽤 정확하게 알려준다고 말한다.[37]

그러면 갓난아기들이 상대의 눈을 빤히 바라보는 것이 우는 소리, 귀엽기 짝이 없는 모습과 똑같은 역할을 한다는 설명이 가능할까? 아기들이야말로 가장 순수한 형태의 설득력을 갖고 있는 것이 아닐까?

아기들은 본질적인 의사전달 능력을 갖고 있다.

"나는 약해요. 아무것도 할 수 없어요. 그러니 당신이 해 줘야 해요. 네, 당신이요! 어떻게든 해 줘야 한다고요."

이 장에서 우리가 살펴본 바에 따르면 얼마든지 그렇게 주장할 수 있다. 신생아의 행동은 소리, 그림 양쪽 모두가 자연선택의 감독에 따라 절묘하게 조화를 이루어 지금까지 알려진 모든 자유의지 박테리아를 단번에 날려 버린다. 동물세계 설득력의 필수적 관건자극인 단순성과 공감유발 능력은 아기들에게도 있다. 신생아의 울음소리는 생긴 모습과 함께 순도 100퍼센트 설득력의 원형을 이룬다. 게다가 지각모순을 활용한 기습 능력에도 주목해야 한다. 다른 곳에 비해 터무니없이 큰 눈도 그렇고, 갑자기 극적으로 터져 나오고 제멋대로 변하는 울음소리도 그렇다. 인간은 태어나는 순간 가장 취약한 상태에 있다. 하지만 각종 조건들이 절묘하게 조합되면서 설득력은 최고 수준에 달해 있다. 이 장 초반에 다뤘던 대릴이라면 즉각 이 말에 동의할 것이다. 세상에서 가장 위대한 설득가 중 한 명을 만나지 않았더라면 분명 철창에 갇혀 있는 신세가 되었을 것이기 때문이다.

—♦—

이 장에서 우리는 갓난아기들의 특별한 설득력에 대한 관찰을 통해 영향력의 생물학적 근거를 조사했다. 신생아들은 자신의 안전과 양육이라는 두 가지 단순한 목표와 무슨 수를 써서라도 그 목표를 성취해야 할 강력한 동기를 지니고 태어난다. 하지만 아기들은 빈손으로 온다. 노련한 의사소통 기술이 없으니 앞에 놓여 있는 도전에 응할 준비가 전혀 안 되어 있는 것처럼 보인다. 도대체 말도 못 하면서 어떻게 살아남기를 바랄 수 있단 말인가?

동물과 마찬가지로 관건자극에 그 답이 있다.

아무도 거역할 수 없는 울음소리, 눈을 뚫어져라 바라보는 선천적 성향, 힘 하나 안 들이고 귀엽게 보일 수 있는 능력들이 모여 레이저 광선 같은 영향력을 발휘한다. 그리고 그 레이저 광선을 우리 두뇌의 쾌락 부위에 직통으로 쏘아대는 것이다. 의사전달에 있어 아기보다 나은 경쟁 상대는 역사상 없었다.

즉, 우리의 설득능력은 이 세상에 온 첫날보다 절대 나아질 수가 없는 것이다. 다음 장에서는 방향을 약간 바꿔보기로 한다. 즉각적이고 결정적인 영향력이라는 주제에서는 벗어나지 않으면서 다른 종류의 관건자극, 원시적 감각기관이 아니라 인지과정, 즉 우리 뇌의 사물 판단 방식에 영향을 주는 자극으로 주의를 돌려보자. 이미 본 바와 같이 설득력에 있어서 동물과 아기들은 우리에 비해 두 가지 뚜렷한 이점을 갖고 있다. 첫째는 생각하지 못하는 것이고 둘째는 말을 못하는 것이다. 하지만 생각과 언어도 이에 못지않게 신속히 영향력을 행사할 수 있다.

이제 보겠지만, 설득당하는 것도 '배울' 수 있다. 앞에서 나왔던 문제에 대한 답을 알아보자.

문제: 어떤 종류의 범죄에서 잘생긴 사람들이 유죄판결을 받는 비율이 더 높을까?

답: 사기나 협잡 관련 범죄. 바로 잘생긴 용모 덕에 덤으로 얻는 후광효과와 그로 인한 자신감이 사기꾼들의 가장 강력한 무기라는 것이 잘 알려져 있기 때문이다.

3

마음 훔치기 기계

Mind Theft Auto

어떤 남자가 한 손에는 낚싯대, 다른 손에는 여행 가방을 들고 낚시 여행에 나섰다. 막 비행기에 오르려는데 남자 승무원이 길을 막으며 물었다.

"낚싯대 길이가 얼마입니까?"

"5피트요."

남자가 그렇게 대답하자 승무원이 말했다.

"죄송합니다. 손님, 하지만 4피트보다 긴 물건은 비행기에 실을 수가 없습니다. 그거 접을 수 있나요?"

"아니요."

"그럼 죄송하지만 낚싯대는 놓고 타셔야겠는데요."

그 남자는 화가 치솟았다. 낚싯대가 없이 무슨 낚시 여행을 간다는 말인가? 하지만 여행을 포기하려는 찰나에 마침 좋은 생각이 떠올랐다.

몇 분 후 그 남자와 낚싯대 둘 다 비행기에 오를 수 있었다. 도대체 어떻게 문제를 해결했을까?

♦♦♦

인간을 낚는 어부

닳고 닳은 사이코패스 사기꾼이 남들보다 뛰어난 것은 자신감이나 매력, 잘생긴 용모만이 아니다. (물론 저런 것들이 다 도움이 되기는 한다.) 내 말이 믿기지 않는다면 키스 배릿을 소개해 주고 싶다.

80년대 대부분과 90년대 초반 배릿은 연쇄 사기범으로 살았다. 그 솜씨가 정말 대단했는데, '대형 사기'의 도사로서 주로 기업을 상대로 거액을 노리는 교묘하고 복잡한 사기행각을 벌였다. 그러다 어느 날 수백만 달러, 아니 어쩌면 그보다 더 큰 돈이 걸린 복잡한 사기행각을 벌이다 잡혀 '강제 휴업'을 당하게 됐다. 그리고 감옥에서 담당 심리학자와 연애도 좀 하면서 5년을 보내고 출소할 때가 되었을 때쯤의 그는 세상을 보는 눈이 완전히 달라져 있었다.

하나님을 만난 것이다!

학교 다닐 때부터 배릿은 늘 남들을 자기 뜻대로 조종하는 재주가 있었다. 그는 자신을 과학자로 여겼고 인간 심리 자체를 자기의 실험 대상으로 생각했다. 그리고 심리학 교과서에 나오는 공식 대부분을 스스로 고안해냈다. 제1원칙들부터 말이다.

설득의 천재라고 해도 과언이 아닐 것 같다.

어쨌든 출소한 배릿은 근처 교회에 다니기 시작했다. 그가 다니기 시작한 지 6개월 만에 신도 수가 유례없이 늘어나자 약간 어리둥절하면서도 황홀해진 젊은 목사는 교회를 옮길 새 장소를 물색하기 시작했다. 배릿 덕분에 교회 금고에는 자금도 충분히 쌓여 있었다. 당시 목사는 배릿이 하나님을 찾았다기보다는 오히려 하나님이 배릿을 찾은 거라며 매우 감탄했다. 그러나 현실은 좀 달랐다. 배릿에게 있어 교회는 새로운 삶의 시작이 아니라 단지 새로운 기회였을 뿐이었다. 옛날 기술을 다시 시험해 볼 수 있는 새로운 실험 대상이었던 것이다.

배릿은 이렇게 말했다.

"저한테 설득은 일종의 중독이에요. 굳이 얘기하자면 사기 장애가 있는 셈이죠. 사람들이 평소라면 절대 하지 않을 짓을 하게 만드는 것이 그렇게 좋을 수가 없어요. 넘어야 할 산은 높으면 높을수록 좋고 말이에요. 보통 전도한다고 찾아가면 사람들은 백이면 백 다 문도 열어 주지 않잖아요? 그래서 곰곰 생각해 봤지요. '내가 사기를 좀 잘 쳐. 사실 이 바닥에서 제일 잘나갔지. 재능이 넘쳐흘렀어. 이게 하나님이 주신 건지 누가 알아? 과거에는 그 재주를 내 이익만을 위해 쓴 게 문제였어. 한 번이라도 그 재주를 좋은 일에 써 볼 수도 있는 거 아냐?'"

그리고 미소를 지었다.

"아무튼 목사님한테는 그렇게 말했어요. 허영심 덩어리인 목사라 신도들 앞에서 훌륭해 보이기만 하면 뭐든 다 좋다고 했을 거예요."

배릿이 구사한 기술은 아무리 좋게 말해도 정통과 거리가 멀었고,

완전히 불법적인 것이었다. 실크 넥타이와 구찌 구두, 아르마니 셔츠, 2천 달러짜리 고급 맞춤양복 등 과거 전성기 때의 의상을 모두 팽개쳐 버리고 대신 청바지와 운동화, 스포츠 셔츠 등으로 옷차림을 간소화했다. 그중 셔츠는 늘 핑크색을 입었는데, 그것이 바로 배럿의 남다른 세심함을 보여주는 것이며 동시에 설득의 최고 대가다운 솜씨를 돋보이게 하는 점이다. 여기서 내가 만난 다른 사기꾼 빅 슬로언을 소개할까 한다. 스타일만큼이나 색깔도 적절한 의복에 영향을 미친다고 생각하는 이 남자는 핑크색 셔츠가 작업복으로서 숨은 가치를 지니고 있다고 믿는 사람이다.

"뇌는 핑크색에 잘 반응해요."

그는 이렇게 설명했다.

"그건 과학적인 사실입니다. 다른 색들과 전혀 다른 독특한 뇌파 패턴을 유발하지요. 진화과정에서 온 겁니다. 고대인들은 해가 뜨고 질 때 하늘에서 핑크색을 보곤 했다고 합니다. 그런데 그때 부드럽게 에워싸는 듯한 빛과 24시간 생활주기 리듬 때문에 그것이 잠과 휴식을 연상시키게 되었다는 것이지요. 그러니까 뭔가 안전하게 일을 추진하려면 핑크가 가장 좋은 색이에요."

이 슬로언이라는 사람은 정말 뭔가 제대로 알고 있는 셈이다. 핑크 중에서도 특별히 베이커-밀러 핑크라고 주객을 가두는 경찰서 유치장 색으로 더 유명한 심홍색이 폭력범들의 기분을 안정시키는 데 효과적이라는 사실이 여러 과학 연구조사에서 이미 증명되었다.[1] 민간 및 군 구치소 모두에서 이 핑크색으로 칠한 방에 있는 수감자들은 모두 불안증과 혈압이 내려간 것으로 보고되었다.* 실제로 스포츠 경기 때 원정팀의 라커룸을 이 핑크색으로 칠하게 되면 그 팀의 경쟁력이 훨씬 더 떨어진다는 아이오와 대학 실험 결과에 따라 미국 대학 운동 경기협의회인 웨스턴 애슬레틱 컨퍼런스(WAC)는 라커룸을 그런 식으로 칠하는 것을 금지하는 법을 통과시켰다. 그 법령의 내용은 더할 나위 없이 깔끔했는데, 앞으로는 무슨 개똥같은 색깔을 써도 상관없지만 홈팀과 원정팀의 라커룸 색깔은 똑같아야 한다는 것이었다.

잠시 이야기가 딴 데로 흘렀다. 아무튼 적절한 복장으로 옷장을 정비한 배릿은 바로 일에 착수했다. 그리고 자신의 말에 의하면 사교력을 발휘하는 3As, 즉 주의집중(Attention), 접근법(Approach), 관계설정(Affiliation) 기술을 활용했다. 배릿에 따르면 이 세 가지 요소를 혼합하면 뇌의 혈류에 엄청난 심리적 효과를 끼쳐 당하는 사람으로 하여금 모든 저항력을 잃게 만든다고 한다. 사람을 고분고분 따르게 만드는 데 있어 힘도 안 들이고 로히피놀**만큼의 효과를 발하는 것이다. 부유한 동네에서 미리 뽑은 사람들을 약 6주 이상 조직적으로 연구한 결과, 배릿은 그 사람들의 차문을 따고 들어갈 수가 있었다. 그다음에

* 생물사회 연구소의 알렉산더 스차우스의 연구에 따르면, 바닥은 암갈색이나 중간색 계열의 회색이 제일 좋으며, 최적 조도는 붉은 오렌지색이 최고조인 연색성 왜곡 상태와 함께 조도 불량형태보다 부드러운 색조인 100와트 정도라고 한다. 과학을 바탕으로 한 이런 추측은 세라토닌과 노르에피네프린과 같은 신경전달물질이나 시상하부(감정조절을 관장하는 뇌의 한 부분)에서 분비되는 호르몬의 물질대사 변화에 중점을 둔 연구와 함께 최근 계속 진행 중이다. 그러니까 말하자면 핑크색은 자연계의 우울증 치료제인 셈이다.

** 강력한 성흥분제, 데이트강간약으로 알려져있다.

는 전조등을 켜놓고 친절한 이웃인 척 연극을 시작했다. 그 집 문을 두드리고 자동차 라이트를 안 껐다고 '실수'를 알려주는 것이었다. 먹잇감들을 일단 대화로 끌어들이고 나면 (그런 부류 사람들 대부분이 그렇듯이 배릿은 탈레반한테 면도 크림도 팔 수 있는 인물이었다) 어떻게 해서든지 자기가 '왜 우연히 그곳을 지나가게 되었는지'를 설명할 기회를 만들어 내고 기부금을 조금 낼 수 있는지 물었다. 그런데 열 중 아홉은 성공이었다. 그 집을 막 떠나려는 순간 가볍게 이야기를 던지는 식으로 기부금 요청 시기를 완벽하게 설정했다. 그리고 몸을 돌려 떠나는 것이었다. 아주 작은 것도 소홀히 하지 않았다.

"그 사람들이 가고 있는 나를 다시 부른다면 적극적이고, 뭔가 목적이 있어 불러 세우는 겁니다. 본인들은 모르지만 내가 그냥 서서 기부금 달라고 기다릴 때보다 훨씬 더 줄 준비가 되어 있는 거지요."

그리고 얼마 있다가 그 주민들은 광고를 보게 된다. 교회 광고다. 배릿이 사람을 낚는 낚시꾼 노릇을 시작하기 전에 미리 목사를 설득해 그 지역 신문에 낸 것이다. 나머지는 심리학 법칙이 알아서 처리했다. 이전에 기부금을 냈기 때문에 주민들은 교회에 대해 뭔가 책임감 같은 것을 느꼈다. 그리고 일부는 정말 직접 가 보기로 했다. 물론 다는 아니지만 일부는 그렇게 했다. 기부금을 안 내고 광고를 보는 것보다는 그럴 확률이 더 높았다.

그게 다였다. 아기에게서 사탕 뺏는 것처럼 간단했다. 교회는 꽉 찼고 배릿은 자기 몫을 챙겼다.

하나님이 하시는 일은 우리 인간들이 알 수 없다고 하는데, 정말 키스 배릿 경우보다 더 알 수 없는 일은 없을 것 같다.

줄 하나의 효력

키스 배릿은 악하고 속을 헤아릴 수 없는 천재이며 사이코패스다. 자유의지의 심리적 DNA에 파고들어 암호를 해독하는 일을 평생 업으로 삼은 인간심리 해커다. 그의 두뇌 스위치는 우리들과는 다르게 설정되어 있고 그의 신경 계통이 어떻게 움직일지는 그야말로 예측 불허다. 그럼에도 불구하고 분명히 키스 배릿에게는 뭔가 특별한 것이 있다. 그는 무자비하고 냉혹한 사기꾼이지만 그 업계에서는 최고 수준의 설득가라는 것이다. 그리고 사이코패스 사기꾼한테 효과적인 방법이라면 우리들에게도 통할 수 있다는 것이다.

나는 지난 15년 이상 사회적 영향 원리를 연구해왔다. 설득 과학을 티셔츠에 박아 넣을 슬로건으로 압축시킬 수 있는 심리학 '끈 이론(String Theory)' 등 여러 종류의 분류법도 접했다. 그중에는 꽤 괜찮은 것들도 있었다. 그런데 세심한 주의, 접근법, 관계설정을 의미하는 배릿의 3As가 그중 가장 혁신적인 것으로 앞으로 우리가 좀 더 논하게 될 영향모델의 경험적 배경이 됐다.

배릿은 이렇게 말했다.

"이렇게 생각해 보세요. 신문에서 유명인사의 캐리커처를 보면 그것이 전혀 상세한 묘사가 아니라 줄 몇 개만 사용한 것이라도 모두들 누군지 금방 알아볼 수 있잖아요. 중요한 줄 몇 개를 그려 넣기만 하면

그림 3-1
예술의 경제학 : 몇 줄 안되는 선이지만 엄청나게 많은 표현을 하고 있다.

되는 거지요. 정말 중요한 것은 그 줄을 적절한 장소에 잘 그려 넣는 거죠. 그러면 사람들이 아, 그 사람이구나! 하고 알 수 있잖아요. 그러니까 두뇌의 압점(Pressure point)이 어디인지, 사람들의 심리적 맹점이 어디인지를 알아야 한다는 겁니다."

캐리커처에 대한 배릿의 말은 당연히 옳다.

그림 3-1을 예로 보자.

이 사람이 누구인지 다 알아보지 않는가? 그런데 얼마 안 되는 줄로 얼마나 많은 정보를 전달하고 있는지를 보라. 꼬불꼬불한 줄 몇 개에 그 사람의 관상 전체를 압축시켜 놓은 것이다.

배릿이 말한 것처럼 얼마나 상세하게 그리느냐가 아니라 어떻게 그리느냐가 더 중요하다. 압점에 대한 배릿의 말도 맞는 소리다. 앞으로 그에 대해 한두 가지 예를 보도록 하겠다. 배릿의 그늘진 길바닥 심리학을 고찰하고 그의 3As 원칙을 지침으로 삼아 사기꾼들의 관점에서 두뇌를 굴복시키는 방법을 보기로 하자.

주의력

어느 순간이든 외부로부터 수천 가지의 자극들이 우리의 뇌로 밀려들어온다. 하지만 우리가 의식하고 관심을 갖는 것은 그중 몇 가지에 지나지 않는다. 예를 들어 지금 당장 여러분이 하고 있는 일을 생각해 보라. 이 책을 읽고 있다. 눈으로 내용을 읽고 인쇄되어 있는 단어와 책 페이지 수는 인식하겠지만 손으로 느끼는 책의 감각은 내가 이야기할 때까지는 의식하지 않고 있었을 것이다. 그 이유는 간단하다. 우리 뇌에는 정보의 우선순위를 담당하는 정보처리국이 있다. 그래서 우리가 하는 일 중 중요한 것만이 눈에 띄고 의식되며 나머지는 쓰레기통으로 들어가게 되어 있는 것이다. 그런데 두뇌의 정보처리국에 들어가 원하는 정보를 끄집어낼 수 있는 길이 있다는 사실은 오래 전부터 알려져 있었다. 최면술을 예로 들자면 의식의 손잡이를 주물러 어떤 방향을 설정함으로써 최면상태로 유도할 수 있다.

마술도 우리의 주의력을 쉽게 다른 곳으로 돌릴 수 있다. 그 인식 전환 작업은 설득의 한 부분이기도 하다. 동작 대신 말을 사용할 뿐 마술과 마찬가지로 우리의 주의를 다른 곳으로 돌리는 힘이 있는 것이다. 노련한 설득가는 노련한 마술사처럼 '우리가 보는 방향'을 능숙하게 조종한다. 더 중요한 것은 우리 생각도 조종한다. 실제로 '드레이튼 도허티와 도마뱀(1장 참조)'의 예처럼 마술과 설득의 경계선이 아주 모호할 때도 있다.

바보의 돈 계산

세 명의 룸메이트가 거실에 놓을 값싼 중고 TV를 사기 위해 전자제품 가게에 갔다. 마음에 드는 게 있어 값을 물어봤더니 가게 주인이 25파운드라고 해 세 사람은 똑같이 나눠 내기로 했다. 그래서 모두 10파운드씩을 내자 주인은 거스름돈을 가져오기 위해 안쪽에 있는 금전출납기로 갔다. 그런데 가다가 좋은 생각이 들었다. 내가 값을 잘못 말했다고 사실은 27파운드라고 하면 그 사람들 모르게 이익을 더 낼 수 있을 것 아닌가. 그래서 그는 10파운드짜리 세 장을 출납기에 넣고 1파운드짜리 다섯 장을 꺼내 두 장은 자기 주머니에 넣었다. 그리고 룸메이트들에게 TV 값이 27파운드인데 실수로 잘못 말했다며 한 사람당 1파운드씩 거스름돈을 나눠줬다. 세 사람은 기분이 좋아 가게를 나갔다. 그래도 싼 가격이었기 때문이다. 가게 주인은 몇 파운드나마 더 벌어 좋으니, 모든 사람이 다 만족이었다.

그런데 잠깐. 뭐가 잘못된 것 같은데? 계산을 다시 해 보자.

룸메이트 세 사람이 30파운드를 냈고 가게 주인은 금전출납기에서 1파운드짜리 다섯 장을 꺼내왔다. 그리고 각 사람에게 1파운드씩을 거슬러줬으니 각자 9파운드씩을 낸 게 되고 본인은 2파운드를 챙겼다.

3×£9=£27+£2=£29.

1파운드가 어디로 갔지?

그렇게 간단히 보였던 것이 말도 안 되게 까다로운 문제가 된 것이다. 나도 마찬가지고 많은 사람들은 이 암산에 빠져들어 어리둥절해진다. 그런데 그 이유가 무엇일까? 왜 많은 이들이 가장 간단한 문제에 걸려 넘어질까? 그 답에 정신이 번쩍 든다. 우리가 자주 이런 문제에 걸려드는 이유는 바로 속을 준비가 되어 있다.

진화역사의 진행과정에서 우리의 뇌는 수백만의 조각 정보들을 반복해 받아들이다 보니 지름길을 택하는 법을 배우게 됐다. 모든 문제를 처음부터 푸는 대신 경험을 활용하는 것이다. 이미 '다 보고 겪은 것'들이기 때문이다. 우리는 세상에 대해 나름대로 유추하고, 예상한다. 프랑스 수학자 라플라스의 유명한 말을 빌자면 미적분학을 상식으로 대치하는 것이다. 그리고 자신의 예상에 의지하기 때문에 속임수에 쉽게 넘어가는 것이다. "인생은 너무 빨리 지나가 그에 대해 생각해 볼 시간이 없다"고 한 미국 작가 커트 보네거트의 말은 일견 맞아 보인다.

자연선택의 법칙 역시 그의 말과 일치한다.

1파운드가 모자란다는 계산이 나오는 이유를 키스 배릿이라면 주의력 바이러스라고 부를 것이다. 우리 두뇌가 속아서 안 볼 곳을 보게 되면 당장 최면에 걸린 것처럼 바로 눈앞에서 믿을 수 없는 일이 벌어지는 것이다. 또 그런 경우는 수도 없이 많다.

예를 들어 그림 3-2의 마가렛 대처의 두 사진을 보라.

어떤 사진이 더 대처를 닮아 보이는가? 왼쪽, 아니면 오른쪽?[2]

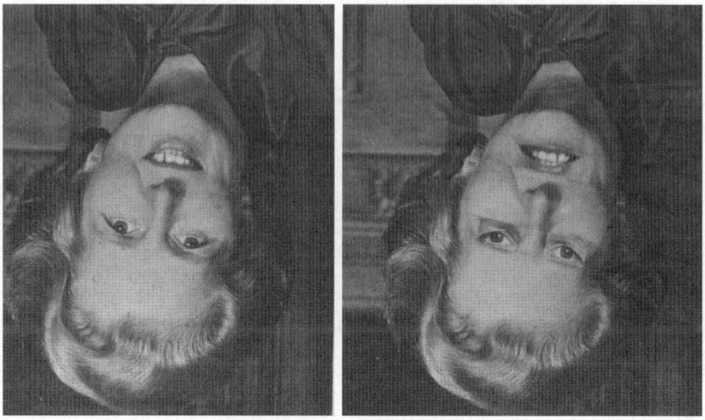

그림 3-2 대처 착시현상.

다음 문제를 보자.

1에서 100 사이에 9가 몇 개나 있을까?

자, 하나씩 세보라. 9, 19, 29 …….

마지막으로 다음 문장을 보통 속도로 한 번 읽고 F자가 몇 번 나오는지 세어 보라.

꼭 한 번만 읽어야 한다.

> FINAL FOLIOS SEEM TO RESULT FROM YEARS OF DUTIFUL STUDY OF TEXTS ALONG WITH YEARS OF SCIENTIFIC EXPERIENCE

F가 몇 번 나왔는가? 다섯 번? 여섯 번? 일곱 번? 정확한 답은 여

덟 번이다.

많은 사람들이 비슷한 상황이니 틀렸다고 걱정할 필요 없다. 다시 한 번 더 읽더라도 답이 틀릴 수가 있다. 실제로 대부분 사람들이 최소한 세 번은 읽어야 제대로 맞춘다.

9에 대한 문제도 마찬가지다. 9를 몇 개나 찾았는가? 열 개? 열한 개? 내가 스무 개라고 하면 아마 안 믿을 것이다. 다시 한번 보자, 이것들도 셌는가? 90, 91, 92, 93 ……?

소위 '대처 착시현상'도 이상하기는 마찬가지다. 아직 안 해 봤으면 이제 '철의 여인'의 사진을 거꾸로 뒤집어 보라.

또 낚시꾼 문제는 어떨까? 여기서는 피타고라스의 정리로는 해결 못할 문제가 없는 것 같다. 공식대로 생각하는 것이다.

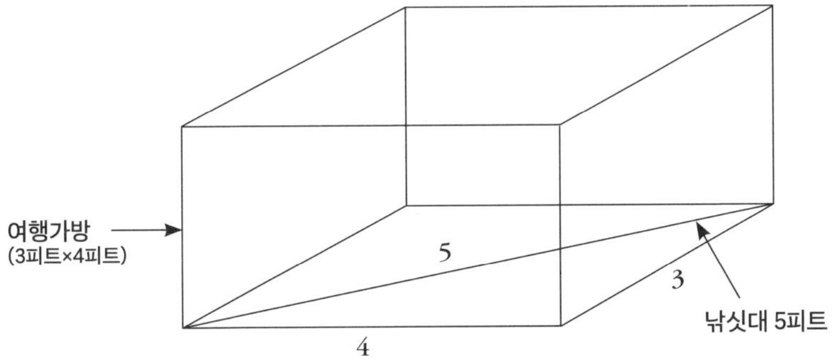

그림 3-3 3-4-5 삼각형.

미리 내린 결론으로 인한 혼돈

우리 뇌가 이런 종류의 인식의 바나나 껍질에 미끄러져 넘어지는 성향이 있는 것은 심리학에서 말하는 '정신자세(Mental set)' 때문이다. 우리가 느끼는 것보다 훨씬 더 자주 '자동' 상태에서 일을 처리하는 것을 말한다.

언어 처리 방식을 예로 들면 그런 자동장치는 인간 정신의 엄청난 힘을 보여준다. 케임브리지 대학 연구에 따르면 단어의 첫 글자와 마지막 글자가 맞는 한, 철자 순서가 어떻든 별로 문제가 되지 않는다고 한다. 나머지는 아무리 뒤죽박죽이 되더라도 사람들이 문제없이 읽는다는 것이다. 그 이유는 우리 마음이 문자를 하나하나 읽는 게 아니라 단어 전체로 읽기 때문이다. 특히 'of'처럼 의미보다는 기능을 가진 단어 경우 더욱 그렇다. 사람들은 구성 단어를 하나하나 개별적으로 처리하지 않는다는 것이다. 참 신기하지 않은가?

이 정신자세 때문에 키스 배릿 같은 마음 도둑은 생면부지의 사람도 아무런 이유 없이 말도 안 되는 행동을 하게 만들 수 있는 것이다. 하버드 대학 심리학 교수 엘렌 랭거는 도서관 복사기 앞에서 실시한 실험을 통해 이에 대한 확고한 증거를 제시했다.[3] 모든 사람들이 새치기와 복사하는 일 둘 다를 아주 싫어한다는 사전 지식을 바탕으로 랭거 교수는 복사를 하기 위해 기다리는 줄에 끼어드는 사람에게 두 가지 변명거리를 만들어 줬다. 하나는 그 사람이 "너무 급해서 그러는데, 한 장만 복사하면 안 될까요?"라고 하는 것으로 매우 흔하면서도 효과적인 변명이었다. 두 번째 시나리오는 이렇다.

"복사기가 필요해서 그런데 먼저 좀 써도 될까요?"

놀랍게도 이 말도 안 되는 변명도 첫 번째 것 못지않게 효과적이었다. 어떤 상황에서는 변명들이 'of'라는 기능성 단어와 똑같이 아무 생각 없이 처리된다는 확실한 증거다. 많은 경우에 이유가 있기만 하면 그 내용에 대해서는 깊이 파고들 필요를 느끼지 않는 것이다. 뭐든 있으면 그걸로 됐다는 식이다. 그게 우리 일상생활의 엄연한 부분이다.

불운한 신랑 신부

정신자세에서 오는 주의력 바이러스는 우리 모두 종종 감염된다. 복사기 순서를 기다릴 때뿐 아니라, F나 숫자 9를 찾을 때처럼 우리 마음이 이미 정해져 있으면 두뇌의 인식이 완전히 빗나가는 경우가 있는 것이다. 그리고 그로 인해 큰 고통을 겪을 때도 있다.

짐과 엘리 리치는 엄청난 손해를 보고서야 그에 대해 배울 수 있었다. 스코틀랜드의 고급 호텔에서 결혼 피로연이 한창 진행되고 있을 때 신랑 들러리가 갑자기 선물들이 다 없어진 것을 발견했다. 조용히 호텔 직원들에게 알아본 결과 호텔 리셉셔니스트에게서 이런 이야기를 들을 수 있었다. 한 시간 전쯤 남자 몇 사람이 와서 트럭으로 싣고 갔다는 것이었다. 그 남자들은 유니폼을 입고 있었고 서류를 보여줬고 다 얘기가 되어 있는 거니 걱정 말라고 한 뒤 트럭에 선물들을 싣고 가 버렸다.

"얘기가 되어 있다니요?"

신랑 들러리가 물었다.

"얘기가 되어 있다니 그게 무슨 말이에요?"

리셉셔니스트는 공황상태에 빠졌다.

"얘기가 되었다고 했어요. 선물들을 집으로 가져가기로 했다고."

"누구 집이요?"

"어, 그건 잘 모르겠는데요. 저는…… 아마……."

그리고는 울음을 터뜨리며 말했다.

"신랑 집으로 가는 걸로……."

들러리의 머릿속에서는 몇 가지 험한 욕설이 맴돌았다. '아직까지는' 행복한 이 신랑 신부의 집은 여기서 1천 킬로미터도 넘게 떨어져 있었던 것이다. 나중에 자초지종이 밝혀졌다. 리셉셔니스트는 그 남자들의 신분증을 확인하지 않았던 것이다. 사기꾼들이 들이닥친 바로 그 시간에 308호 손님과 룸서비스 문제로 한창 얘기 중이었다. 그래서 그냥 손으로 들어가라고 신호를 했다는 것이었다. 게다가 의심할 이유도 없었다고 했다.

"결혼식 대행사 일행으로 보였어요. 직원이었을 거예요. 아닌가요?"

신혼부부에게는 유감스럽게도 그들은 진짜가 아니었다. 308호 손님도 진짜가 아니었다. 방은 스미스라는 이름으로 예약되어 있었다. 하지만 그 스미스라는 사람이 벨 보이에 대해 불평하던 그 시간에 그 방은…… 이제 대충 감이 잡히겠지만, 비어 있었다. 룸서비스에 대해 떠들고 있던 그 시간에 사실은 그 호텔에 오지조차 않았던 것이다. 그리고 끝내 안 왔다.

사람들의 정신을 빼놓고 시작하는 이런 범죄는 보통 사기꾼들이 자주 하는 수법이다. 솜씨가 좋을 필요도 없다. 내가 그 이야기를 해주자 키스 배릿은 웃음을 터뜨렸다. 그 일당들은 특별히 짐과 엘리 같은 결혼식 안내 광고를 노리고 아마 지역 신문들을 훑었을 거라고 했다. 그리고 모험을 해 본 것이었다. 개인적으로 감정이 있었던 건 아니고 순전히 사업이라고 했다. 그냥 결혼식과 관련이 있는 것처럼 보이도록 단장하고 약간 자신감만 갖춘 뒤, 먹이를 던져놓으면, 순식간에 결론으로 뛰어드는 상대의 두뇌가 알아서 처리하도록 두면 된다는 것이다. 자주 써먹는 수법이라고 했다. (어떻게 이 리셉셔니스트처럼 주의하지 않고 결론에 뛰어들 수 있는지 직접 해 보고 싶은가? 이번 장 끝나는 부분에서 연습해 보시라.) 하지만 다시 생각해 보면 그 리셉셔니스트만 너무 나무랄 수는 없다. 어차피 그녀가 선물을 들고 달아난 것은 아니지 않는가. 실제로 굳이 책임을 묻자면 이 사기행각의 진정한 주모자는 스미스라는 알 수 없는 308호 손님이다. 스미스가 주의를 돌리는 역할을 한 것이다. 강력 자석으로 리셉셔니스트가 갖고 있는 모든 정신력을 진짜 문제에서 있지도 않은 문제로 쏠리게 만들었다. 가짜 수리공이 찾아와 허위 신분증을 들이대고는 곧바로, 아니면 동시에 머리가 예쁘다거나 앞에 서 있는 차가 멋지다거나 하며 말을 붙이기 시작하는 것과 똑같은 방식이다.

그러고 나면 빚이 생기고 신용카드 회사에서 전화가 오게 된다. 말, 특히 듣기 좋은 말들은 인지과정에서 효과적인 두뇌회로 차단기 역할을 한다.

운명의 수레바퀴

우리의 판단력을 흐리게 하는 이런 수법들은 우리가 정신적으로 압박을 받고 있을 때라도 정신을 바짝 차리고 있어야 한다는 것을 보여준다. 인지능력은 다른 자원들과 마찬가지로 용량이 제한되어 있다. 그러니 어떻게 배분하는지가 매우 중요하다. 신문이나 TV에서 보고는 세상에서 가장 지독한 사기꾼들이 대부분 왜 또 그렇게 남들의 호감을 제일 잘 사는지 궁금한 적이 있는가? 거기에는 이유가 있다. 기분 좋은 달콤한 말은 싼 것일 수가 없다. 그 기분을 유지하기 위해 뇌는 비싼 값을 치른다. 그리고 달콤한 말은 우리의 제한된 인지 자원에 그 반대인 현실감보다 더 부담을 준다. 다시 말해 우리가 달콤한 칭찬을 빨아들이느라 뇌의 많은 부분을 사용하게 되면서 비판적 사고에 사용할 뇌 용량이 줄어드는 것이다.

한 시점에 우리 뇌가 수행해야 하는 작업이 많을수록 뇌의 자원 소모가 심해진다는 '인지 부담' 원리는 간단한 주의력 테스트를 통해 설명할 수 있다.[4] 첫째, 빈 종이로 아래 부호들을 가린 다음에는 왼쪽을 보이게 한 후 두꺼운 X자를 찾는다. 그다음 오른쪽을 보이게 하고 마찬가지로 두꺼운 X자를 찾는다.

첫 번째와 두 번째 중 어느 쪽이 더 쉬웠나? 아마 첫 번째였을 것이다. 그 이유는? 두 번째 것에서는 뇌의 주의력 요구량이 첫 번째의 두 배가 되기 때문이다. 3-4a에서는 두께만 구별하면 되지만 3-4b에서는 두께와 함께 모양도 구별해야 한다. 하지만 인지 부담은 우리에게 유리하게 작용할 수도 있다. 사기꾼들이 선호하는 수단이지만 역

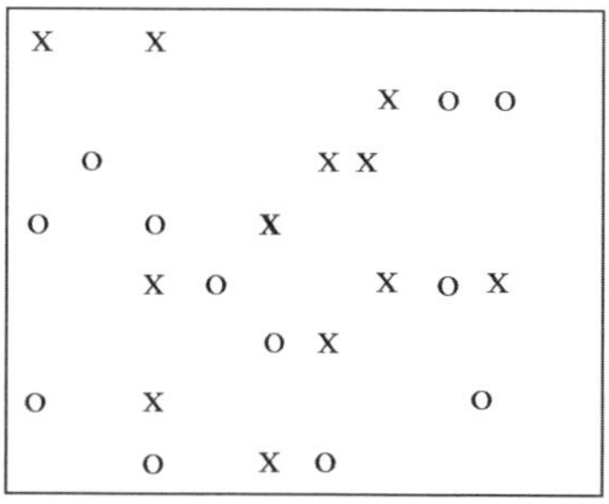

그림 3-4a

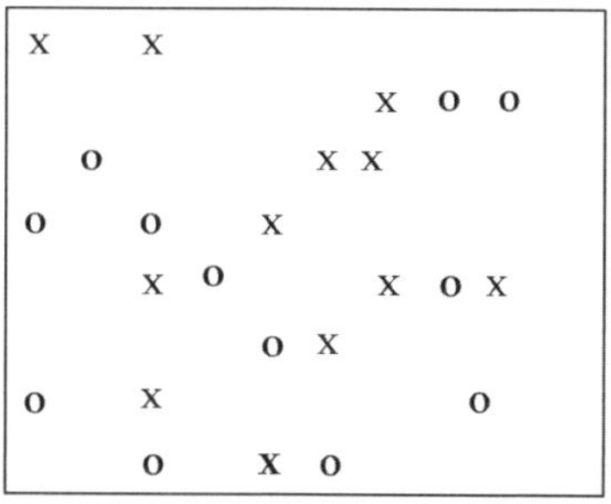

그림 3-4b

그림 3-4a와 그림 3-4b 두꺼운 X 찾기.

설적으로 뇌가 할 일을 늘려 부담을 좀 더 가하면 판도를 역전시키는 데 도움이 된다. 어떤 사람이 거짓말을 하고 있는지 알아본다고 하자. 생각해 보면 정말 일리가 있다. 상대에게 생각할 거리를 많이 주면 줄수록 사실을 감추는 데 쓸 두뇌 자원이 줄어든다. 실제로 이것은 경찰 조사나 군 취조 시 사용하는 대표적인 방법이다. 취조관끼리 서로 알았다는 신호를 보내고, 바싹 접근하거나, 거칠게 다루거나, '새로운 정보'가 들어왔다며 심문하고 있던 취조관을 밖으로 불러내거나, 테이블에 유죄를 입증할 '증거 문건(그냥 백지일 때도 있다)'을 얹어 놓는다거나, 용의자 이름만 지운 사건기록을 보여주는 등의 시험으로 확인된 취조 기술들은 적시에 활용할 경우 모두 정신을 다른 데로 돌려놓고 설득하는 효과적인 방법들이다.

접근법

옛 경험주의자들은 말했다.

"세상 누구도 같은 걸 볼 수는 없다."

이 말은 상당히 옳긴 하다. 사람들의 지각에는 약간의 개인차가 존재한다. 하지만 일반적으로 세상을 보는 눈은 우리가 생각하는 것보다 공통점이 더 많다. 예를 들어 다음을 생각해 보라. 어떤 사람이 123456이 들어간 복권을 갖고 있다고 치자. 다음 두 가지 시나리오 중 어떤 경우가 더 재미있을까?

당첨복권 번호가 4, 14, 22, 33, 40, 45일 때?

아니면 7, 8, 9, 10, 11, 12일 때?

거의 모든 사람들이 두 번째 것을 들었다. 하지만 왜 그럴까? 실제로 어느 쪽이든 그 사람 복권이 당첨이 아닌 것은 똑같은데 말이다. 다른 예를 들어보자. 경품권이 있는데 당첨된 경품권 번호가 672라고 하자. 어떤 경우에 더 애석하게 느껴질까?

자기 경품권 번호가 671일 때, 아니면 389일 때?

이 두 예는 두뇌에 대한 흥미로운 점을 보여준다. 두뇌는 상당히 게으른 녀석이다. 결정을 내릴 때 신선한 제철 재료를 사용해 처음부터 하나씩 준비해 요리하기보다는 그냥 냉동건조 포장된 것을 사서 쓴다. 정보는 나쁜 사람 수중에 들어가면 위험할 수가 있다. 스포츠에서는 상대방의 강점이 무엇이고 어떤 식으로 경기에 임할 것인지 등 경쟁 상대를 읽는 것이 모든 이들의 목표이다. 그리고 설득도 그와 똑같다.

키 큰 남자

잠시 당신이 무작위로 추출한 미국 성인 남자들이 작성한 설문지를 처리하는 마케팅 회사 직원이라고 상상해 보자.[5] 응답자 중, 키가 190센티미터라고 한 남자가 있는데 자기 직업 표시를 확실하게 하지 않았다. 은행 간부와 바로 뒤에 오는 농구선수 중 어디다 표시를 한 것인지 알 수가 없다. 둘 중 하나로 결정해야 한다면 당신은 어느 직업을 고를 것인가? 만일 농구선수를 골랐다면 축하한다! 케임브리지 대학 신입생 78퍼센트와 같은 답을 선택했기 때문이다. 그런데 유감스럽게도 그쪽이나 여러분이나 다 틀렸다.

우선 이렇게 시작하자. 미국 인구 중 누가 더 많다고 생각하는가? 직업 농구선수? 아니면 은행 간부? 당연히 은행 간부라는 것에 당신도 동의할 것이다. 그러면 프로 농구선수는 300명, 은행 간부는 1만 5천 명이 있다고 그 숫자를 임의로 생각해 보자. 그러면 프로 농구선수 300명 중 키가 190센티미터가 넘는 선수가 얼마나 될까? 60퍼센트? 70퍼센트? 70이라 치자. 내 계산에 따르면 미국에서 키가 190센티미터가 넘는 프로 농구선수는 모두 210명이 있다.

이번에는 은행 간부들을 보자. 1만 5천 명 중, 키가 190센티미터가 넘는 사람이 얼마나 될까? 이번에는 아주 보수적으로 추산해 2퍼센트라고 하자. 은행 간부 중 키가 190센티미터가 넘는 사람은 2퍼센트밖에 없다고 해도 다 하면 300명이다. 190센티미터가 넘는 은행 간부가 농구선수보다 90명이나 더 많다는 의미다.

농구선수와 은행 간부 조사에서 방금 드러난 사실을 통해 키스 배릿의 설득 원칙 중 두 번째 주요 요소인 접근법을 소개할 수 있다. 배릿 시스템에서 접근법이란 세상에 대한 우리의 태도와 믿음을 말한다. 좀 더 구체적으로는 그런 태도와 믿음이 우리의 결정에 영향을 미치는 방식을 의미한다. 우리가 위와 같은 테스트에서 매번 틀리는 이유는 사실은 아주 간단하다. 우리 뇌가 세상에 대한 정보를 처리하는 방식, 문서 정리 방식과 관계가 있는 것이다.

위의 예에서 뇌가 미궁에 빠진 사건을 풀어야 한다고 해 보자. 추리 기술을 동원해야 한다. 범인은 키가 190센티미터를 넘는 사람이고 현재 용의자가 두 사람 있는데 은행 간부와 농구선수다. 이 초기 정보를 갖고 뇌는 저장된 데이터베이스에 대한 예비 검색을 한다. 그냥 늘 하는 식으로 데이터를 훑다 보니 화면에 흥미로운 내용이 뜬다. 농구선수는 이번 사건과 똑같은 범죄에 대해 몇 차례 '전과'가 있는 것이다. 반면 은행 간부는 아무 범죄 기록이 없었다. 이런 '증거물'들을 접하게 되면 뇌는 어떻게 반응할까? 관록 있는 형사들이 하듯이 농구선수를 조사하기 위해 불러들이고 은행 간부는 그냥 넘어가기로 결정한다.

두뇌를 전과자 데이터베이스와 비교하는 예는 심리학 교과서에서 별로 볼 수 없는데 그럴 만한 이유가 있을 것이다. 그러나 지금 상황에서는 안성맞춤이다. 왜냐하면 데이터베이스 시스템처럼 우리의 뇌는 이미 알고 있는 확률과 관련 조건에 따라 입력 정보를 정리하기 때문이다. 예를 들어 신장 부문에서 190센티미터 이상의 키는 농구 선수의 '알려진 관련 조건'이다. 따라서 그 키와 농구선수와의 조합이 은행 간부와의 조합보다 훨씬 더 가능성이 있어 보이게 된다. 좀 더 정통적인 인지심리학 용어를 쓰자면 우리는 과거 경험을 바탕으로 농구선수와 은행 간부에 대한 도식 혹은 관련 조건 네트워크, 즉 그들이 누구인지에 대한 일반적 개념을 만들게 되고 그 도식에는 '큰 키' 혹은 '정장 셔츠와 넥타이 차림' 등 특별히 두드러지는 수식어가 붙게 된다. 일단 그런 표본들을 시스템에 입력하면 그 '묘사에 부합하는' 파일들이 정밀검사의 대상이라고 뜬다. 하지만 우리가 본 바와 같이 때로는 진짜 범인은 수사망을 빠져나가게 된다.

틀 짜기

경험적 지식(Heuristics)은 일상생활에서 아주 필수적이다.[6] 1장에서 언급되었던 동물들에게 관건자극이 있으면 행동으로 자동 연결되는 고정된 행위 패턴이 있는 것과 마찬가지로, 경험적 지식이 대뇌피질 역할을 한다. 혼잡한 도로처럼 의식이 과부하 상태일 때에도 뇌가 서둘러 목적지로 달려갈 수 있는 지하도로를 제공하는 것이다. 그런데 이 지하도로는 위험하다. 그리고 키스 배릿 같은 사기꾼들은 그 지하도로들을 자기 손바닥처럼 환히 알고 있다. 빠르고 어둡고 검은 심리적 빙판으로 덮여 있다. 그러니 우리가 본 것처럼 사고가 흔한 것이다.

"두뇌는 보드 게임이랑 비슷해요. 모서리마다 다 돌며 멀리 돌아갈 수도 있고 금방 목적지에 다다를 수도 있죠."

게임 좀 해 본 배릿의 말이다.

진화 관점에서 본다면 설명할 길이 없다. 인간의 두뇌는 세상에서 가장 복잡한 기계다. 그런데도 실수를 하게 만들어져 있는 것이다. 이런 것들을 다 고려해보면 이상하긴 하지만 충분히 일리가 있다. 우리 두뇌가 아무리 뛰어나다 해도 만나게 되는 모든 것들의 진위를 가리기 위해 하나하나 다 재확인할 수는 없기 때문이다. 말 그대로 인생은 너무 짧다. 그러니 의사들이 질병을 진단하듯이, 아니면 탐정이 범죄 사건을 풀듯이 '검증된' 증세, 다시 말해 강력 정보 관건자극에 의존해 우리 행동을 이끌어나가게 된다. 재갈매기의 빨강색 점이나 루이지애나 방울청개구리의 개골 소리가 아니라 학습된 연상이라는 깊이 축적된 지혜를 갖고 있는 것이다. 그리고 어떤 때는 지름길을 찾는 뇌의 습성 때문에 틀린 답을 얻게 된다.

와인 맛 감별하기

앞서 본 은행 간부와 농구선수에 대한 선입관은 심리학에서 대표성 추론법(Representativeness Heuristic)으로 알려져 있다. 어떤 문제가 생기면 우리 뇌는 직감에 의존해 자신이 이미 알고 있는 데이터에 그것이 부합하는지를 고려해 가능성을 추정하는 것이다. 그리고 이 경우처럼 설문지를 작성할 때만 그러는 것이 아니다.

캘리포니아 공과대학교의 힐키 플래스맨 연구팀은 기대가 미각에 미치는 영향을 살피기 위한 조사에서 중간 수준 와인의 가격표를 몰래 바꿔놨다. 그리고 시음 대상 중 일부에게는 한 병에 10달러짜리 와인이라고 하고 다른 쪽 사람들에게는 90달러짜리라고 했다. 이 가격

차이가 그들이 느낀 와인의 맛에 영향을 끼쳤을까?[7]

물론 그랬다.

조사 참가자 중 90달러로 들은 사람들은 10달러라고 들은 사람들보다 와인 맛을 훨씬 좋게 평했다.

그뿐이 아니다. fMRI를 통한 후속 조사에서 플래스맨은 그 간단한 속임수가 두뇌 깊은 곳의 신경활동에까지 영향을 미치는 것을 알게 됐다. 싼 와인은 맛도 싸구려 같았고 비싼 와인은 맛만 더 좋을 뿐 아니라 두뇌의 쾌감 감각부위인 내측안와전두부피질(Medial Orbitofrontal Cortex) 활동을 더 자극했다.

전문가들을 대상으로 한 조사에서도 결과는 비슷했다.[8] 프랑스 와인 전문가 프레드릭 브로셰는 중간 가격대의 보르도 와인을 두 가지 병에 넣어 시음시켰다. 하나는 엄청나게 비싼 그랑크뤼 병이고 다른 것은 하우스 와인으로 쓰는 싼 것이었다.

와인 병이 전문가들의 남다른 미각에도 영향을 미쳤을까? 아니면 와인 전문가들은 둘 다 같다는 것을 알아차렸을까?

잘도 그렇겠다! 그럴 리가 있나!

플래스맨 조사 때와 마찬가지로 실제로는 같은 와인을 줬음에도 불구하고 전문가들은 병에 따라 다른 평가를 했다. 그랑크뤼 병에 든 것을 마실 때는 '부드럽다, 나무향이 난다, 깊다, 균형 잡혔다'라고 묘사한 반면 하우스 와인 병에 든 와인에 대해서는 '약하다, 가볍다, 깊지 못하다, 밋밋하다, 부족하다' 등으로 평했다.

미국 프린스턴 대학의 존 달리와 폴 그로스 연구팀은 한 걸음 더 나아가 사회계급에 대한 연구조사를 통해 비슷한 효과를 입증했다.[9] 더 정확히 말하면 사회계급이 지적능력 평가에 미치는 영향이다. 조사 참가자들은 한 여자아이가 산수 문제를 푸는 것을 보며 그 아이의 성취도를 평가해야 했다. 그런데 참가자들을 두 그룹으로 나눠 한 팀에게는 그 아이가 사회경제적으로 하류층 아이라고 알려주고 다른 팀에게는 반대로 상류층이라고 알려줬다.

아이를 더 똑똑하게 평가한 팀이 어느 쪽일까? 그 아이가 상류층이라고 들은 사람들이었다. 게다가 이 편견은 수학 푸는 능력에 그치지 않고 아이의 전체적 지능 판단에도 영향을 미쳤다. 아이가 하류층이라고 믿은 사람들은 아이 성취도가 해당 학년보다 수준 이하라고 평가했고 상류층이라고 믿은 사람들은 수준 이상이라고 평가한 것이다. 사회경제 조건은 와인, 사람 그 외 모든 일에서 관건자극 접근법 역할을 한다. 그리고 우리가 깨닫는 이상으로 우리의 지각에 영향을 미친다.*

마음의 장난

기대는 성취도 평가에만 영향을 끼치는 것이 아니라 성취도 자체에도

* 부록1에 있는 짧은 인물 설명 요약본을 가지고 직접 실험을 주재할 수 있다. 실험을 통해 친구들은 요약본을 보고 인상 형성 과제를 통해 느낌을 전달해 줄 텐데, 어떤 집에서 사는지와 같은 간단하고도 직접적인 무언가가 얼마나 놀라운 세계로 당신을 인도할지 알면 정말 깜짝 놀라게 될 것이다.

영향을 미칠 수가 있다. 예를 들어보자. 미국 대학원 입학 자격시험인 GRE 테스트를 보는 흑인 학생에게 미리 그 테스트가 지능수준을 나타내는 것이라고 말해 주면 훨씬 시험 성적이 나빴다. '고정관념 위협효과(Stereotype Threat)'라는 현상을 반영하는 것으로 자신이 속한 집단이 열등하다는 관념이 개인의 능력에 큰 영향을 미칠 수 있음을 말한다. 반면에 소속감이 실제로 성취에 긍정적 영향을 미치는 '고정관념 상승효과(Stereotype Lift)'라는 것도 있다.

하버드 대학의 마가렛 셔도 이에 대한 실증적인 실험을 실시했다.[10] 조사 참가자들은 모두 아시아계 여성들이었다. 여자들에게 자신이 여자라는 점을 생각하라고 하고 테스트를 하면 남자들보다 성취도가 떨어지는 것으로 나타나 상투적인 남녀 두뇌에 대한 고정관념을 확인시켰다. 하지만 반대로 자기들이 '아시아 사람'이라는 점을 생각하고 테스트에 임하면 남자보다 더 잘하는 것이었다. 일반적으로 아시아 사람들은 다른 인종 집단보다 수학을 잘한다. 애리조나 대학의 제프 스톤은 스포츠 분야에서 이와 비슷한 현상을 발견했다.[11] 흑인 골퍼들에게 골프는 운동능력에 좌우되는 게임이라고 하면 백인 골퍼들보다 월등히 잘하지만, 전략이 중요하다고 하면 이상할 정도로 반대 현상이 나타난다. 즉, 백인이 흑인을 이기는 것이다. 인종과도 같은 사회경제 지위는 접근법을 자극하는 또 다른 열쇠이다.

대표성 개념에는 접근 용이성 개념도 연결되어 있다. 대표성이 우리 뇌가 변수 관계(직업과 키, 사회경제적 지위, 학업능력 등)에서 가능성을 추론하는 방식을 말한다면 접근 용이성은 좀 더 즉흥적인 추론 방식으로 어떤 일들이 우리에게 익숙하면 그것들이 자주 일어난다고 착각하는 것이다. 아래의 유쾌 발랄한 문장들을 예로 들어 설명해 보겠다.[12]

천식보다는 총에 맞아 죽는 사람들이 더 많다.

뇌졸중보다는 암으로 죽는 사람들이 더 많다.

폐기종보다는 사고로 죽는 사람들이 더 많다.

홍수보다 살해돼 죽는 사람들이 더 많다.

이 중 몇 개나 동의하는가? 혹시 전부 다인가? 그렇다면 대다수에 속하는 것이다. 대부분 사람들이 똑같이 생각하기 때문이다. 하지만 실제로는 놀랍겠지만 그렇지가 않다. 전부 다 틀린 말이다. 어떤 것들은 사실과 거리가 멀기도 하다. 이제 이렇게 자문해 보라. 위에서 말한 사망 원인 중 제일 많이 듣는 것이 어떤 것인가? 기억에서 제일 '쉽게' 떠오르는 게 어떤 것인가?

구체적 예를 들지 않고는 접근 용이성 추론법의 힘을 설명할 수가 없다.[13] 따라서 다음 이름들을 예로 들어보겠다. 일단 이름들을 주의 깊게 읽은 다음 종이로 덮어서 가려라.

엘리자베스 테일러	마크 래드클리프	미셸 오바마
힐러리 클린턴	앤드류 마	레이몬드 카버
아가사 크리스티	스튜어트 로즈	안젤리나 졸리
마돈나	노먼 포스터	에이미 와인하우스

이언 폴더	마가렛 대처	셰릴 콜
크리스 마틴	오프라 윈프리	앤서니 이든
스티븐 잡스	폴 사이먼	로버트 프로스트
케이트 모스	로언 윌리엄스	브리트니 스피어스
제임스 네즈빗	바바라 스트라이샌드	데미언 허스트
브루스 챗윈	루비 왁스	플로렌스 나이팅게일
레이프 파인즈	다이애나 비	

이제 이름을 다 읽었으면 덮고 최대한 기억해 보라. 그리고 이름 중 남자가 많은지 여자가 많은지 어림짐작해 보라.

꼭 먼저 어림잡아본 연후에 계속 읽어나가도록 하라.

대강 추산해 봤는가? 잘했다. 결과는? 혹시 여자가 남자보다 많지 않던가? 괜찮다. 그게 대부분의 사람들이 한 대답이기도 하니 말이다. 이제 리스트를 다시 보며 남자와 여자 이름을 세어 보도록 해라. 웃기지 않은가? 남녀 비율이 똑같을 테니 당연히 웃기겠지. 또 뭔가 다른 점이 느껴지지 않는가? 여자들이 어쩐지 좀 더 유명한 것 같지 않나?

또 다른 예가 있다. 60초 동안 _____n_으로 되는 단어들을 다 적어보라. 다 했으면 이번에는 똑같이 60초 동안 ____ing로 되는 단어들을 적어보라. 아마 두 번째 단어들이 첫 번째보다 많을 것이다. 그런데 사실은 그럴 이유가 없다. 자세히 보면 두 번째 것이 다 첫 번째에도 해당되기 때문이다. 앞의 i와 뒤의 g만 지우면 똑같다. 두 번째 것의 답이면 자동적으로 첫 번째 것의 답도 되므로 사실은 첫 번째에 해당하는 단어들이 더 많다는 이야기다. 그런데도 두 번째 형태의 단어들이 더 쉽게 떠오르는 것이다.

소프트 터치

성급히 결론을 내리고 고도의 대표성 및 접근 용이성 구조를 가진 '관념적' 관건자극에 완전히 본능적으로 반응하는 우리의 뿌리 깊은 성향은 사회적 영향력을 행사하는 상어 떼들에게 쉬운 먹잇감이 된다. 키스 배릿이 냉정하게 지적하듯이 사다리가 어디 있는지 알고 주사위를 다룰 줄 알면 게임은 (사기꾼들에게는 이게 게임이다) 금방 끝난다.

샤픽 칸을 보자. 칸은 배릿과 마찬가지로 아주 노련한 사이코패스다. 하지만 칸은 배릿과 달리 자신의 탁월한 설득능력으로 대기업보다는 주로 개인들을 집중 공략했다. 칸의 동기는 상류사회 생활이었다.

"명품은 무엇이라도 좋아요."

칸은 런던의 고급 레스토랑에서 점심을 함께하며 그렇게 말했다. 롤렉스 시계와 포르쉐 자동차, 아르마니 옷 등 차림새만 봐도 그게 정말이라는 걸 알 수 있었다.

칸의 작업방식은 천진할 정도로 단순했다. 화려한 사업가로 (어떤 면에서는 틀린 말도 아니다) 전 세계를 누비고 다니며 멋지게 보이는 데 온 정성을 다 들이는 것이었다. 최고급 호텔에 머물고 가장 멋진 바를 드나들었다. 또 비행기는 늘 일등석만 탔다. 세상의 최상류층만이 모이는 바로 그곳에서 칸은 피해자들에게는 치명적일지도 모르는 사업

기회를 얻는다. 여승무원들 아니면 함께 타는 일등석 손님들을 홀리고 유혹한 다음 돈을 털었다.

칸은 자신의 유혹 기술에 대해서는 터놓기를 꺼렸지만 그의 통찰력이 아주 잘 드러나는 말을 해 줬다.

"터치가 중요해요, 신체적 접촉이요. 원숭이들이 서로 만져주는 거 아시죠? 네가 내 등을 긁어주면 나도 긁어주겠다, 그런 식으로 기분을 맞춰주는 거지요. 그런데 사람들 사이에서는 비위를 맞춘다고 하면 보통 지위가 낮은 사람이 자기들보다 높은 사람들에게 하는 거지요.* 원숭이와 똑같이 진화를 통해 우리 안에 그렇게 뿌리 박혀 있어요. 자기보다 높은 사람에게 다리를 놓으려 하고 고분고분하게 굴며 호감을 쌓으려 합니다. 그래서 우리 뇌는 아래 사람들이 당연히 더 접촉을 원한다고 기대하도록 짜여 있습니다. 그런데 나는 그 기대를 완전히 뒤집는 겁니다. 내가 팔이나 허리 같은 곳을 가볍게 치는 것으로 먼저 접촉을 시작하지요. 그 효과는 대단하답니다. 내가 당신에게 귀중하다기보다는 당신이 내게 귀중하다는 메시지를 보내는 거니까요. 그러면 그 사람들은 이렇게 생각하는 거예요. '내가 왜 저 남자에게 가치가 있을까? 이미 원하는 것은 다 가진 사람인데. 그러니 정말 나를 좋아하

* 핑크색 셔츠에 대해 잘 알고 있었던 슬로언처럼 칸도 뭔가를 알고 있었다. 스탠리E. 존스는 자신의 저서 『올바른 터치: 신체접촉 언어의 이해와 활용』에서 공중보건기관이 실시한 실험에 대해 이렇게 설명했다. "조사한 집단은 알코올 중독을 치료하는 재활원 사람들이었다. 사회적 지위와 성역할, 신체접촉에 대해 조사하기에 이상적인 환경이었다…… 조사 결과는 두 가지 분명한 경향을 보여줬다. 첫째, 평균적으로 남자보다는 여자들이 더 먼저 신체접촉을 시작한다는 점이다. 둘째, 신체접촉은 지위로 따져 위에서 아래로가 아니라 아래서 위로 진행되는 경향이 있었다."

는 게 틀림없어'라고요."

그냥 보면 평범한 것 같지만 칸이 손을 쓰는 방식은 아주 치명적이다. 대표성과 접근 용이성에 따른 추론법에 의하면 아첨꾼들은 대개 높은 사람들 앞에서 알랑거리게 되어 있다. 그런데 그 기대가 틀렸다는 걸 알게 되고 안티테제가 밀고 들어오면 초고속 인지통로에 위험 경고등이 켜지게 되고, 우리는 갑자기 정신없이 급브레이크를 밟아야만 한다. 어째서 기대했던 바가 틀렸는지 이해해야 하는 것이다.

미국 먼머스 대학 심리학자 데이비드 스트로메츠와 동료들은 칸이 사용한 것과 아주 흡사한 원리를 보여줬다.[14] 다른 점이라면 스트로메츠의 경우에는 목적이 사람들을 등치는 게 아니라 레스토랑에서 팁을 더 받아내는 것이었다. 스트로메츠는 레스토랑 손님들을 세 그룹으로 나눠 식사 후 사탕을 차별하여 나눠줬다. 한 그룹에게는 사탕을 하나씩 줬고, 또 다른 그룹 손님들에게는 두 개씩 줬다. 다르게 한 것은 세 번째 그룹이었다. 웨이터는 처음에는 사탕을 하나 주고는 가려고 돌아섰다. 그러다가 (생각이 난 것처럼) 다시 돌아서서 하나를 더 준 것이었다. 정리하자면 한 그룹은 사탕을 한 개씩, 두 그룹은 두 개씩 받았다. 하지만 두 개씩 받게 된 방식이 달랐다. 이해하셨는가?

스트로메츠가 예상했듯이 사탕 개수와 주는 방식이 팁 액수에 영향을 미쳤을까? 당연히 그랬다! 사탕을 전혀 안 받은 통제집단과 비교해 한 개를 받은 사람들 집단은 팁을 평균 3.3퍼센트 더 줬다. 비용을 생각하면 꽤 괜찮은 투자다. 마찬가지로 사탕 두 개를 받은 사람들 집단은 평균적으로 팁을 14.1퍼센트나 더 놓고 갔다. 하지만 팁 금액이 가장 크게 늘어난 집단은 처음에 한 개를 주고 다시 한 개를 더 준 손님들로 무려 23퍼센트나 더 줬다!

예상치 못했고 이유를 알 수 없는 심경 변화(저기, 손님들은 사탕을 하나가 아니라 두 개 드릴게요)가 돈주머니 줄을 푸는 정도가 아니라 끊어버린 것이다. 샤픽 칸의 예상치 못한 가벼운 손길이 의심할 줄 몰랐던 희생자들의 돈주머니 줄을 끊어버린 것도 똑같은 방식이다.

진화는 한편으로는 대표성, 접근 용이성과 같은 추론법으로 우리 두뇌에 인지 고속도로 프로그램을 심어줬다. 하지만 또 다른 좀 더 특별한 프로그램도 심어줬으니 세상을 이해하는 능력, 데이터를 의미로 바꾸고 무작위 우연을 패턴으로 정리하는 기능을 내장시켜 준 것이다. 그런데 기대에 역행하는 식으로 이것들 중 한 프로그램을 다른 것과 모순되도록 조작하면 순간적으로 시스템이 다운된다. 칸 같은 인물과 상대할 때 다가오는 위기의 순간인 것이다.

관계 설정

왕이 어느 날 감옥을 방문했다. 그리고 돌아가며 죄수들의 말을 들어주다 보니 한결같이 자기들은 무죄이니 풀어달라고 애원하는 것이었다. 그러다 갑자기 왕은 구석에 혼자 웅츠리고 기운 없이 앉아 있는 죄수를 보게 됐다.

왕은 그에게 다가가 물었다.

"왜 그렇게 괴로운 모습으로 있는가?"

"저는 죄인이기 때문입니다."

그 남자가 대답했다.

"그게 사실인가?" 왕이 물었다.

"네, 그게 사실입니다."

왕은 그 남자의 정직함에 감명을 받아 풀어줄 것을 명령하며 이렇게 말했다.

"나는 다른 결백한 죄수들과 이 죄인이 함께 있도록 두고 볼 수 없다. 결백한 이들에게 나쁜 영향을 끼칠 것이기 때문이다."

사람은 아무도 홀로 떠 있는 섬이 아니라고 영국 시인 존 던(John Donne)은 말했다. 심리학자 쿠르트 레빈*에게는 미안한 말이지만 그는 진정으로 사회심리학의 아버지로 추앙받아 마땅하다. 고대로부터 우리 행동은 주위 사람들의 행동과 밀접하게 연결되어 있다. 그리고 우리에게 가장 큰 영향을 주는 것은 타인들이다.

집단의 영향

우리 인간들은 서로 뭉치도록 만들어졌다. 집단을 이루게끔 말이다. 그뿐 아니라 우리는 자기 집단 사람들을 다른 집단 사람들보다 더 좋아하도록 되어 있다. 분명한 이유 따위는 없다. 이상하게 들릴지 모르

* 쿠르트레빈(Kurt Lewin). 독일의 심리학자. 처음에는 형태심리학(게슈탈트심리학)에 속하였으나, 나치의 대두로 미국으로 건너가서부터는 사회심리학 영역에서 독자적인 활약을하였다.

지만 사실이다. 우리 선조 때는 집단의 일원이 되는 것이 세계 최초의 생명보험증서 역할을 했다. 그리고 우리는 그 이후로 계속 연장해가며 보험금을 내고 있다.

1971년 영국 브리스틀 대학의 헨리 타이펄은 자연선택과 똑같은 양식을 보여주는 실험을 실시했다.[15] 실제로 실험에서 증명된 사실이 너무나 의미심장해 고전 학설이 됐고 '최소집단 패러다임(Minimal Group Paradigm)'이라는 사회심리학 용어까지 탄생시켰다.

타이펄은 처음 고등학생 표본 집단을 추출한 다음 그들에게 점들을 보여주고 한 사람씩 물었다.

"앞에 보이는 점이 몇 개나 됩니까?"

점 개수는 꽤 되는데 시간은 0.5초도 안 줬으므로 학생들은 자기들의 어림짐작이 얼마나 정확한지에 대해 전혀 감을 잡을 수 없었다. 그래도 아무튼 그에 대한 답들을 했다. 이는 학생들을 자의적으로 두 개의 '최소 집단'으로 나누어 실험해 보기 위한 고의적인 작전이었다. 과소평가집단과 과대평가집단으로 가르는 것이다. '최소'라 붙인 것은 사소하거나 거의 차이가 없는 아이들을 그냥 양 집단으로 나눴기 때문이고 '집단'은 순전히 몇 명을 묶었다는 의미다.

일단 두 집단으로 분리한 다음 타이펄은 모든 학생들에게 조사에 참가한 학생 중 두 명에 대해 점수를 매기도록 했고 점수에 따라 돈을 준다고 했다. 채점 당하는 학생들은 '자기편' 혹은 '상대편'으로만 표시했고 그 외에는 누구인지 전혀 알려주지 않았다.

점수 줄 학생들이 자기편이냐 상대편이냐 하는 단순한 사실이 채

점과정에서 차별을 유발할까? 타이펄과 연구팀이 정확히 예측했듯이 차별은 유발되었고 그것도 아주 차이가 날 정도였다.

상금이 있다고 한 것이 자기편 아이들에게는 점수를 퍼주고 상대편 아이들에게는 깎도록 만들었다. 더군다나 조사에 참여하기 전에는 자기편이든 상대편이든 서로 한 번 만나본 적조차 없는 사이들인데도 그랬다. 또 그 이후로도 서로 다시 만날 가능성이 전혀 없는데도 그랬다. 그러니 내 등을 긁어주면 나도 네 등을 긁어준다는 식으로 순전히 내 편이냐 네 편이냐에 따라 상을 주는 것이었다.

잘못될 줄

세상 돌아가는 것을 보면 내집단(In-group) 차별의 힘을 어렵지 않게 볼 수 있다. 그 정도는 축구시합만 봐도 알 수 있다. 하지만 정작 놀라운 것은 소속감 효과가 그냥 자기편을 좋아하는 데 그치지 않고 실제로 사물을 보는 방식으로까지 연장된다는 점이다.

그림 3-5에 나온 간단한 문제를 풀어보라. A 사각형 안에 있는 수직선 세 개 중 B 사각형 안에 있는 것과 길이가 같은 것은 어느 것일까?

누워서 떡먹기다. 가운데 것, 2번 수직선이다. 하지만 이처럼 쉬운 문제도 아주 간단한 설득으로 오답이 나오게 유도할 수 있다. 나를 못 믿겠다고? 날 믿어야 할 거다.

1955년 미국 사회심리학자 솔로몬 애쉬는 순응 욕구의 위력을 보여주는 고전적 초기 실험으로 바로 그것을 증명해 보였다.[16] 그는 아

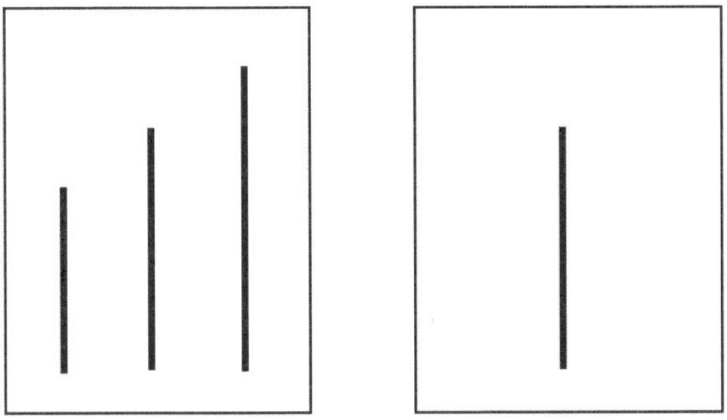

그림 3-5 간단한 지각 판단 문제.

홉 명의 사람을 슬라이드 화면 앞에 서게 한 다음 그림 3-5에서 한 것과 똑같이 직선 열여덟 개를 보고 판단하는 과제를 줬다. 그런데 시작하기 전에 그는 아홉 명 중 여덟 명(실험 관계자들)에게 열여덟 개 선 중 여섯 개에 대해서는 미리 정한 대로 틀린 답을 말하도록 했다. 그리고 앉아서 그 아홉 번째 사람이 뭐라고 하는지 지켜봤다. 그는 남들이 모두 아니라고 해도 줏대 있게 맞는 (그리고 명백한) 답을 말할까? 말 그대로 보면 빤한 답을 말이다. 아니면 동류집단 압력에 굴복하여 자기의 정확한 감각을 배신할까?

애쉬는 놀라운 사실을 발견하게 됐다. 테스트 중 적어도 한 번은 틀린 답을 말한 비율이 조사 참가자 중 무려 76퍼센트나 됐던 것이다. 한 번 생각해 보라. 그림 3-5처럼 지극히 간단한 과제에서 무려 4분의 3 이상이 틀린 답을 낸 것이다. 그 결과는 너무 명백할 뿐 아니라 겁나기까지 할 정도다. 집단에 끼고자 하는 욕구가 너무 크다 보니 혼자 드러나지 않기 위해 자기 눈에 빤히 보이는 것조차 믿지 않을 준비가 돼 있는 것이다. 다수 의견은 세상에서 가장 강력한 힘 중 하나다. 그러니 그에 맞설 용기를 가진 사람은 거의 없어 보인다.

TV 방송의 코미디 프로그램은 왜들 녹음된 웃음소리를 내보낼까? 선거유세 때 쏟아지는 박수갈채들이 다 (이를 테면) 마음에서 우러나온 것처럼 보이지 않는 것은 또 왜일까?

그런 장치들은 은밀하게 우리 뇌로 스며들어와 우리 감정이 무언극을 하도록 시킨다. 우리가 뭘 보고 누구를 보고 있든 간에 그게 실제보다 더 웃기고 재미있다고 설득하는 것이다(아니면 우리 스스로 설득한다). 남들이 다 웃고 박수를 치고 있는데 나라고 왜 안 그럴까. 그러나 이 무언극에는 눈에 보이는 것 이상이 있다. 앞에 있는 사람에게 갈채를 보내든 야유를 보내든 관객의 반응은 웃기고 재미있는 것에 대한 인식만 결정하는 것이 아니다. 의사전달자의 영향력과 그들이 공직에 적합한지 여부도 그에 따라 영향을 받으니 문제가 심각해진다.

그러한 영향력에 대해서는 1993년 대선 당시, 부시 대 클린턴의 토론에 대한 연구만큼 좋은 예가 없다.[17] 연구진은 정치 성향에 따라 학생들을 서른 명씩 세 그룹으로 나눴다. 첫 번째 그룹에는 (그중 공화당과 민주당 지지자가 고루 섞인 진짜 토론회 참가자는 스무 명뿐이었다) 부시를 환호하고 클린턴에게는 야유를 보내기로 미리 짠 학생이 열 명 숨어 있었다. 두 번째 그룹 역시 양쪽이 섞인 진짜 참가자는 스무 명뿐으로 나머지 열 명은 클린턴을 환호하고 부시를 야유하기로 사전에 공모한 학생들이었다. 세 번째 그룹은 통제집단으로 중립이었다.

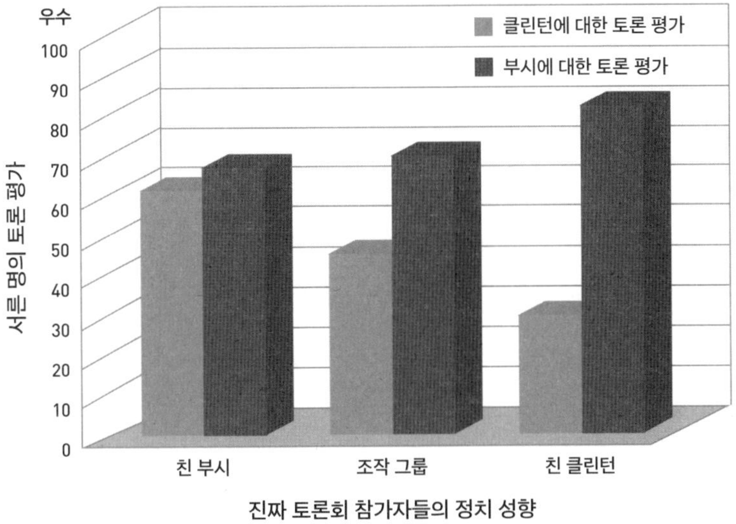

그림 3-6 정치적 충성에 관중들의 반응이 미치는 영향.

두 집단에 숨어 있는 계획적 지지자들의 활동이 토론회의 '진짜' 참가자들의 후보 평가에 어떤 영향을 미치게 될까?

그림 3-6에 나와 있는 평가 결과는 정말 놀라웠다.

오른쪽의 진짜 클린턴 지지자들 사이에서는 부시가 야유당하고 클린턴이 환호될 때 클린턴에 대한 평가가 치솟았다. 그건 당연한 일이다. 하지만 똑같은 조건을 만들었을 때 친 부시 성향인 왼쪽 그룹에서 벌어지는 일을 보라. 믿을 수 없지만 부시의 '진정한' 지지자들조차 부시가 야유당하고 클린턴이 갈채를 받는 것을 보면 클린턴을 더 좋게 평가했다. 경우에 따라서는 우리가 누군가를 보는 눈은 그냥 다른 사람들이 그를 어떻게 보느냐에 달린 것처럼 보인다.

본전치기?

이런 실례들은 영향력을 다루는 사회과학에서는 사회적 증거 법칙의 예로 잘 알려져 있다. 키스 배릿이라면 '동조 바이러스'라고 설명할 만한 것으로 개인이 정확히 어떻게 해야 하는지 잘 모르는 애매한 상황이 되면 빚어지는 현상이다. 우리 모두가 이미 다 겪어 본 일이다. 수술실에서나 볼 수 있을 도구들이 잔뜩 깔려 있는 35가지 코스 요리같은 것이 아주 전형적인 예일 것이다. 어떻게 하지? 어떤 것부터 쓰지? 어떤 게 버터나이프인가? 끝이 갈고리 모양으로 희한하게 생긴 거 옆에 있는 끝이 뾰족한 건 또 뭐람? 대부분 사람들은 옆 사람은 이미 다 아는 것으로 짐작하고 몰래 따라 하는 게릴라 수법을 사용한다. 곁눈질로 그 사람 손가락이 어느 것을 잡는지 관찰하고 그대로 따라 하는 것이다. 미식가로 보이는 그 사람 또한 지난 5분 동안 곁의 사람을 눈이 빠지게 곁눈질하고 있었다는 사실은 전혀 모르는 채 말이다.

얼마 전 미국 TV에서 사회적 증거의 위력을 여지없이 보여주는 일이 있었다. 콜린 조트라는 인포머셜(Infomercial, 기사성 광고) 작가가 익숙한 광고문구 몇 마디를 바꾸면서 홈쇼핑 채널의 20년 매출 기록을 다 휩쓸어 버린 것이다. 물론 유명인사 출연, 귀에 딱 들어오는 광고문구, 완전히 홀린 것처럼 보이는 관객 모습 등 다른 마케팅 도구들도 다 동원됐다. 하지만 그런 것들이 판매 급증을 가져온 게 아니었다. 오히려 그냥 들으면 더 불리할 것 같은 광고문구가 일등공신이었다. 조트가 솜씨를 발휘한 것은 전화 주문을 독려하는 표준 문구인 "전화 판매원들이 대기하고 있으니 지금 바로 전화하세요"를 "전화 판매원이 통화 중이면 끊었다가 다시 전화해 주세요"로 바꾼 것이었다. 처음 들으면 완전히 장사 망치는 소리 같다. 고객들에게 전화를 걸고 또 걸어야 하는 불편이 있을 수 있다고 경고하는 것이 어떻게 판매 신장으로 이어질 수 있단 말인가? 하지만 이런 사회적 증거의 마력을 설명하기 위해서는 논리만으로는 부족하다.

구체적으로 스스로에게 이렇게 물어보라.

"전화 판매원들이 기다리고 있습니다. 지금 바로 전화하세요."

이런 말을 들으면 어떤 모습이 떠오르는가? 한 떼의 교환원들이 따분한 표정으로 허공을 바라보고 있는 모습이 아닐까? 그렇다면 제품이 아무리 멋져 보여도 그에 대해 부정적인 인상이 들 것이다. 수요가 별로 없고 판매도 시원치 않다는 인상을 받는 것이다. 아무도 안 사는 물건을 나라고 왜 살 것인가?

이번에는 이렇게 생각해 보라.

"전화 판매원들이 통화 중이면 다시 전화해 주세요"라는 말을 들으면 어떤 모습이 떠오르는가? 교환원들이 밀리는 전화 주문을 받느라고 정신없이 바쁘게 돌아가는 콜센터가 떠오르지 않는가? 아마 이런 생각을 하기가 쉬울 것이다. 너도나도 사고 있는데 기회를 놓치지 말아야지!

이베이에서도 똑같은 원리가 작용한다.[18] 온라인 경매를 분석해 보면 근본적으로 묘한 소비자들의 행태가 드러난다. 다락방에서 찾아낸 렘브란트의 그림 경매를 10달러로 시작한다고 치자. 이는 아주 정석적인 심리학이다. 낮은 가격으로 경매를 시작하면 더 많은 사람들이 몰리고, 그러면 판매상품이 더 탐나 보이게 되는 것이다. 그러면 입찰자들이 더 늘어나고 입찰가격이 올라갈수록 금전적 투자뿐 아니라 감정적 투자 또한 증가한다.

결정이론을 강의하는 내 친구는 렘브란트 그림이 아니라 1파운드짜리 동전을 가지고 매년 이를 실제로 증명해 보이고 있다. 겨울학기가 시작될 때 그 친구는 신입생들로 꽉 찬 강의실 앞에 서서 1파운드 동전 경매를 발표한다. 경매에는 두 가지 간단한 규칙이 있다. 첫 번째 규칙은 어느 경매나 마찬가지로 최고 입찰가를 부르는 사람이 동전을 사게 된다는 것으로 전혀 문제가 없다. 두 번째 규칙은 두 번째로 높은 가격을 써낸 사람의 입찰액은 경매 주최자가 몰수한다는 것인데, 그 또한 본인이 경매에서 더 써내어 이기면 되니 문제될 것이 없다. 몇 년 전 1파운드 경매가 시작된 이후로 학생들은 예외 없이 나란히 있는 이 두 규칙에 대한 무딘 경제 감각을 드러냈다. 매번 그것을 거저 뭔가를 얻을 수 있는 황금 기회로 보는 것이었다. 아니 거저는 아니더라도 1파운드를 다 내지는 않는다고 봤다. 교수님이 정신이 나갔다고 생각했다. 경매가는 보통 1페니로 시작됐다. 그러다 2펜스, 또 3펜스 등으로 계속 늘어났다. 누구나 할 것 없이 경매에 참가했고 특별한 생각들이 없었다. 그러다 갑자기 입찰이 50 대 51 국면에 이르면 그제야 서서히 깨닫게 됐다. 내 친구가 이익을 본다는 사실을. 생각해 보라. 만일 바로 거기서 경매가 멈추면 게임 규칙에 따라 내 친구는 이미 1페니를 벌게 되는 것이다.

완전 도둑 아닌가!

하지만 물론 거기서 경매가 멈추는 법이 없었다. 계속 경매가가 올라갔다. 실제로 1파운드짜리가 2파운드까지 올라가 거의 3파운드의 순익을 올리는 일도 드물지 않았다(낙찰가 2파운드+2위 입찰자의 1.99 파운드 몰수). 인간에게 뿌리 깊은 그저 그런 욕심으로 시작한 게임은 곧 손해를 줄이기 위한 상호의존적 (동시에 배타적인) 약탈행위로 변질됐다. 우리가 자신의 이익을 극대화하기 위해서 하는 경쟁이 손해를 극대화하는 경쟁이 되기도 한다는 것을 누가 생각이나 했을까?

너 때문에……

1993년 영국 프로축구팀 맨체스터 유나이티드는 (프리미어리그의 전신인 디비전1까지 합쳐서) 무려 26년 만에 리그 우승을 차지했다. 전설적인 스코틀랜드 출신 감독 알렉스 퍼거슨의 지휘 하에 거둔 11회 우승 행진(아직도 계속 진행 중) 중 첫 번째였다. 퍼거슨은 아직도 맨체스터 유나이티드 팀을 맡고 있으며 현재 영국에서 최고의 성공을 누리고 있는 최장 감독이다. 하지만 1993년에는 사정이 달랐다. 리그 첫 우승을 거둘 때까지 맨체스터 유나이티드의 우승컵 장식장은 한동안 먼지만 쌓이고 있던 차였다. 그래서 퍼거슨 감독은 선수들이 어쩌다 얻은 우승컵에 취해 안이해지지 않을까 걱정이 됐다. 어떻게 해야 할까?

어떤 감독들은 선수들이 힘들게 쟁취한 영광을 마냥 누리도록 했을 것이다. 사실은 퍼거슨 감독도 어느 정도는 그랬다. 하지만 글래스고 출신의 이 신중한 감독은 한 번 우승으로 만족하지 않고 훗날을 생각하고 있었다. 그래서 선수들을 밝은 미래로 이끌기 위한 계획을 세웠다. 선수들이 최선을 다하게 할 뿐 아니라 두려움에 떨게 만드는 묘책이었다. 퍼거슨은 당시를 이렇게 회고했다.[19]

"선수들에게 이렇게 말했어요. '세 사람 이름을 종이에 적어 봉투에 넣어뒀다. 다음 시즌 때 우리를 실망시키게 될 선수 세 사람이다.' 그랬더니 서로 바라보면서 이러는 거였어요. '글쎄, 나는 아냐!' 그리고 다음 시즌이 되면 또 그렇게 했지요. 물론 봉투 같은 건 있지도 않았어요. 하지만 그냥 그렇게 도전한 거였어요. 성공을 유지하는 것이 쉽지 않기 때문이지요."

퍼거슨의 전략은 적중했다. 그의 감독 하에 맨체스터 유나이티드 팀은 다음 해만 리그전에서 우승한 게 아니라 그 후 16년 동안 총 22개 주요 경기에서 우승을 거머쥐었다. 선수들이 더 많이 우승하고 싶다는 욕심이 생긴 것이다. 그 이유는? 퍼거슨 감독이 모든 선수들을 조심시키는 설득 바이러스를 퍼뜨렸기 때문이다. 그 바이러스가 원래부터 팀원들의 마음에 깔려 있던 욕구로 직접 파고들어 갔다. 간단한 속임수 하나로 그렇게 만든 것이다.

경찰인 내 친구도 문제아들을 다룰 때 비슷한 전략을 사용한다. 케임브리지 청소년범죄 담당으로 일하는 리처드 뉴먼은 특히 또래집단의 압력에 민감한 10대 아이들을 달래고 얼러도 통하지 않을 때 '너 때문에 다른 아이들도 다 망친다'는 말이 종종 먹히곤 한다고 했다. 그 예로 몇 년 전 아이들을 데리고 동물원에 갔던 이야기를 해 줬다.

"밴에 애 열다섯 명을 태우고 있었는데 그중 정말 말 안 듣는 애

하나가 좌석벨트를 안 하는 거야. 그래서 내가 '개빈, 좌석벨트 매, 당장!'하고 말했지. 그랬는데도 듣질 않더군. 그래서 차를 갓길에 세우고 밖에 나가 얘기 좀 하자고 했지. 그랬더니 따라 내리면서 '좋아요, 치려면 쳐요!' 그러는 거야. 그래서 말했지. '개빈, 너를 때릴 생각 없어. 하지만 이건 알아둬라. 네가 좌석벨트를 할 때까지는 우리 전부 여기서 꼼짝도 안 할 거다.' 그리고 밴 안에 있는 아이들을 손가락으로 가리키며 '지금 저기 열네 명의 아이들이 전부 동물원에 가고 싶어 해. 우리가 여기서 말하느라고 시간을 끌면 끌수록 동물원을 구경할 시간은 줄어들 거다. 그러니 그냥 좌석벨트를 매고 동물원으로 출발하는 게 어때?'하고 말했지."

효과는 즉각적이었다. 그 아이는 5초 정도 생각하더니 다시 차에 올랐고 그 후로는 아주 착하게 굴었다.

소속 욕구

아주 현명해 보이는 뉴먼의 이 방식은 그의 동료 경찰들에게는 별로 놀라운 사실도 아니었다. 청소년들이라고 해서 다 남들에게 쉽게 이끌리는 것은 아닌 게 사실이다. 그리고 최근 연구조사에 따르면 그런 아이들은 실제로 신경구조가 약간 다르다고 한다.[20] 두뇌의 전두엽과 다른 부분들의 신경이 더 강하게 연결되어 있다는 것이다. 하지만 수백만 부모들이 동의하듯이 또래집단의 영향력은 무시할 수 없는 것이 최근의 추세다.

'청년증후군(Young male syndrome)[21]'이라는 행동양식은 범죄 심리학자와 경찰들 사이에서는 잘 알려져 있다. 살해하거나 당하는 비율이 가장 높은 인구집단은 청소년기에서 20대 중반까지의 젊은 남자들이다. 이성 상대를 찾기 위한 경쟁이 가장 치열한 시기이기도 하다. 사소해 보이는 논쟁 때문에 심하게 다치고 죽기까지 하는 일이 벌어진다는 것이 보통 사람들로서는 이해할 수 없겠지만 보면 특별히 놀라운 일은 아니다. 원시시대 숲과 초원으로까지 이어지는 진화의 연결선이 도심의 당구대나 댄스 플로어에서 작용하고 있는 것이다. 원초적 본능이 그들에게 중요한 것은 우리 스스로가 자신을 어떻게 보느냐가 아니라 남들이 우리를 어떻게 보느냐고 속삭이고 있는 것이다. 그리고 가만히 생각해 보면 완전히 맞는 소리이기도 하다. 런던이나 뉴욕 중심의 토요일 밤 풍경은 고대 아프리카의 초원 풍경과 그다지 다르지도 않다. 줄은 더 길게 설지 모르겠지만 근본적 역학관계는 똑같다.

실제로 20대 중반 남자들은 여자들보다 살인사건 희생자가 될 확률이 여섯 배나 높다. 게다가 더 중요한 것은 그런 살인사건 대부분은 길거리나 바, 클럽 같은 남들이 보는 앞에서 벌어진다는 것이다. 그것 자체가 광고인 셈이다. 하지만 도대체 정확히 뭘 광고하는 걸까?

몇 년 전 여자를 칼로 위협해 강간한 성범죄자를 인터뷰한 적이 있었다. 그의 친구 두 명도 그의 뒤를 이어 그 여자를 강간했다. 그에게 왜 그랬냐고 물었다. 그러자 사이코패스 특유의 차갑고 무관심한 태도로 어깨를 으쓱하고는 말했다.

"바에서 술을 사는 거나 마찬가지예요. 집단의 의리 같은 정체성을 위해서지요."

그런 견해는 문학에서도 흔히 나온다. 집단 정체성과 폭력 사이에 은밀한 관계가 있다는 것은 아무도 부인하지 않겠지만 어떤 때는 움직이는 방향이 반대가 되기도 한다. 폭력행동이 집단 응집력을 촉진시키는 것이다. 범죄 심리학자 니콜라스 그로스는 이에 대해 "집단강간의 독특한 점은 공범들이 친밀감이나 동지애, 협조관계를 체험하는 것이다. 강간범들은 자기들끼리의 관계를 위한 수단으로 피해자를 이용하는 것으로…… 남들이 자기에게 기대하는 대로 행동하고…… 집단 활동에 참여하여 자신의 가치를 확인하는 것이다[22]"라고 말했다.

—♦—

이 장에서 우리는 의식의 경계를 넘는 관건자극의 영향력에 대한 탐구를 계속했다. 지각과 사회적 인식이라는 공간으로 들어가 우리 신경이 아무리 발달해도 동물에게서 본 본능적이고 즉각적인 반응을 배제할 수는 없다는 사실을 발견했다. 의식은 편리한 반면 느리다. 때로는 허송세월할 정도로 너무 느리다! 그래서 그 벌어진 틈을 메우기 위해 우리 두뇌는 과거 경험을 바탕으로 한 육감적 지식과 우리가 익힌 자극들 사이의 연관관계에 의지한다. 의식은 급히 목적지로 달려가기 위해서는 너무 크고 거추장스럽기 때문이다. 아마 의식이 자동차라면 바퀴는 열여덟 개쯤 필요할 테고, 덩치는 너무 커서 따로 주차공간 사용 허락을 받아야 할 것이니, 확실히 부리나케 달려가기에 좋은 조건은 아니다. 천재적인 사이코패스 사기꾼들의 조언에 따라 우리는 인지과정의 세 영역인 3As, 즉 주의력, 접근법, 관계설정을 살펴봤다. 각 영역에서마다 우리는 동물세계의 자동적 행동양식과 마찬가지로 우리의 뇌가 얼마나 쉽게 무너지는지를 보았다. 또한 몇 가지 간단한 영향력 기술로 뇌의 충동적 기질을 우리 이익을 위해 이용하는 법과 함께 그 기술이 사악한 설득기술자 수중에 들어가게 되면 아주 비싼 값을 치르게 된다는 사실도 알게 됐다.

다음 장에서는 조사 영역을 좀 더 확대하기로 하자. 지금까지는 음지의 영향력 기술에 집중했지만 앞으로는 양지로 눈을 돌려 우리에게 해를 끼치기보다는 우리를 위해 일하는 변호사나 광고전문가, 세일즈맨, 종교 지도자들이 우리의 신경 암호를 해독하는 방식을 살펴볼 것이다. 생각보다 쉬우니 걱정 마시라. 우리 뇌의 보안장치는 그렇게 정밀하지도 철통같지도 않다. 어떻게 하는지만 알고 나면 우리 모두가 순식간에 동에 번쩍 서에 번쩍할 수 있다.

기억력 테스트

아래의 단어들을 10초 동안 살펴본 후 다음 페이지 하단의 질문에 답변하라. 다시 이 페이지로 돌아와 시키는 대로 따르면 된다.

신	캔디	설탕	쓴	좋은	맛	꿀	소다수
치아	예쁜	콩	초콜릿	케이크	하트	타트	파이

부메랑이라고 말한 사람 손! 이봐요, 다들 솔직해져야지. 만약 그랬다면 당신은 다수에 속하는 거다. 그렇지만 한 번 더 자세히 보면 이 목록에는 "단"이라는 글자도 없다. 바로 이런 식인 거다. 뇌는 세상 전체를 줄세워 정리하길 좋아한다. 모든 걸 보기 좋고 편하게 하기 위해서다. 거기에 뭔가 빈틈이 있거나 빈 공간이 있으면 그걸 막아서 정리하려고 든다. 뭔가 예감이 든다든가 그럴 것 같은 기분이 드는 것이 이런 예이다. 단어들을 다시 한 번 읽어보자. 뭔가 느껴지는 게 있는가? 맞다. 여기 나온 단어들은 다 어떤 식으로든 '단(sweet)'것과 연관이 있다. '초콜릿'처럼 의미상 그렇든지 아니면 '하트'처럼 언어상 그렇다(스위트 하트라는 말도 있잖은가?). 이리하여 있지도 않았던 단어가 있었던 것처럼 느껴지는 것이다.

당신의 뇌가 도박을 했다가 실수하여 대가를 치른 것이다. 다행히 이번 경우에는 별 피해가 없었다.

아래의 네 단어 중 앞 페이지에서 나오지 않았던 것은?
설탕, 맛, 단, 부메랑

4

설득의 대가

Persuasion Grandmasters

한 변호사가 어느 날 아침 사무실에 와 보니 책상 위에 생각지도 못했던 소포가 와 있었다. 포장을 풀어보니 최고급 하바나 시가가 한 상자 들어 있었다. 그의 훌륭한 변론 솜씨로 특별히 덕을 본 의뢰인이 보낸 선물이었다. 워낙 귀한 것이기도 하고 값도 비싼 것이라 변호사는 그에 대해 2만 5천 달러 상당의 보험을 들기로 결정했다. 그 후 몇 개월 동안 열두 개 들어 있던 시가를 하나씩 피워 나갔다. 그러던 어느 날 저녁 마지막 남은 시가를 맛있게 피다가 좋은 생각이 떠올랐다. 그 시가들이 불에 타 없어질까 봐 화재보험을 들어놨는데, 결과적으로는 이제 그렇게 된 거 아닌가?

변호사는 자기 직업을 무기 삼아 보험회사를 상대로 소송을 제기했다. 보험회사는 당연히 이의를 제기했고 소송은 재판까지 가게 되었다. 그리고 그 변호사가 승소했다면 믿으시겠는가? 보험 청구가 말도 안 돼 보이기는 하지만 보험계약서에 손해배상을 막을 만한 조항이 없다는 것이 판사의 변이었다. 그래서 원고 측 승리로 판결이 났고 변호사는 2만 5천 달러를 챙겼다. 가능하기만 하다면 얼마나 신나는 일인가!

그 후 몇 주가 지나고 그 일은 곧 잊혔다. 아니 그런 것처럼 보였다. 그러다가 어느 날 아침 완전히 판도가 바뀌었다. 변호사 사무실의 우편함에 보험회사에서 온 서류 봉투가 있었다. 변호사를 열두 건의 방화죄로 고소한 것이었다. 그리고 재판 날짜가 잡혔다. 물론 이번에는 사태가 반전되었다. 재판관은 변호사가 이전 재판에서 승리를 이끌어내기 위해 한 주장을 이제 와서 부인한다면 선례가 없는 소송절차법 위반이라며 이번에는 보험회사에 대한 손해배상과 함께 소송비용도 지급하라는 판결을 내렸다. 총 4만 달러였다. 역시 아니 땐 굴뚝에 연기 나지 않는 것이 맞는 모양이다.

> "광고는 돈을 빼낼 때까지 인간 지능 활동을 정지시키는 과학이라 할 수 있다."
>
> - 스티븐 버틀러 리콕, 『바보들의 정원(The Garden of Folly) (1924)』

♦♦♦

이야기 기술

유능한 변호사의 조건은 무엇일까? 정말 유능한 변호사 말이다. 법정에서 날리는 변호사와 그저 보통인 변호사와의 차이는 무엇일까? 스타 변호사들만이 갖고 있는 능력은 무엇일까? 처음 이 질문을 떠올렸을 때, 난 정말 도무지 아무런 답변도 떠올릴 수가 없었다. 하지만 적어도 답을 알 만한 사람은 알고 있었다.

마이클 맨스필드는 세계에서 가장 훌륭한 변호사 중 한 사람이다. 40년 동안 법조계에서 일하며 그는 남들은 손도 안 댈 사건을 맡아 싸우는 변호사라는 명성을 얻었다. 위선과 불의에 대한 증오로 차 있는 맨스필드의 소송 기록은 영국의 현대사 교과서와 같다. 그를 런던 중심가에 있는 그의 사무실에서 만났다. 67세의 나이에도 어깨까지 늘어진 머리를 뒤로 넘겨 빗고 크고 푸른 눈이 강인해 보이는 말쑥한 신사였다. 짙은 색 줄무늬 양복에 굵은 체크무늬 셔츠의 맨 윗단추를 풀고 있었는데, 은발에 핑크색 셔츠를 입고 있었다. 합법적인 활동을 하는 키스 배릿이라는 느낌이 들었다.

그에게 위대한 변호사를 만드는 요소가 무엇인지 물었다.

"소송의 승패는 단지 사실에만 근거하는 게 아니라, 인상에 따라 결정됩니다. 암시를 통해 많은 것을 얻어낼 수 있지요. 노련한 변호사는 법정에서 이야기를 풀어냄으로써 배심원들을 은근히 그 이야기 속으로 끌어들입니다. 배심원들이 법정에서 처음으로 느끼게 되는 게 육감입니다. 심정적으로 마음을 정하게 되지요. 그러면 그 처음 받은 직감을 확인시켜 주는 식으로 증거를 제시하는 것이 비결이에요. 일상생활에서와 똑같지요. 어떤 사람에게 본인의 생각이 처음부터 계속 맞았다고 믿게 하는 것이 계속 다 틀렸다고 믿게 하는 것보다 훨씬 쉽지요. 좋은 변호사는 좋은 심리학자이기도 해요. 그냥 증거를 제시한다고 되는 게 아니지요. 어떻게 제시하느냐가 중요해요."

이야기에 일관된 줄거리가 있는 것은 어떤 종류의 설득에 있어서든 기본 원칙에 속한다. 법정뿐 아니라 이사회, 선거 유세 또 일상생활에서도 마찬가지다. 프랭크 런츠는 미국 작가이자 여론조사 전문가로 그중에서도 정치 설득이 전문이다. 일을 시작하고 얼마 안 됐을 때 런츠는 무소속 대통령 후보, 로스 페로의 첫 번째 유세를 돕게 됐다. 페로의 힘과 인기가 절정일 때였다. 한번은 디트로이트에서 페로 TV광고의 효력을 측정하기 위해 포커스 그룹을 조직한 적이 있었다. 광고는 모두 세 가지가 있었는데 페로의 일생, 연설, 그리고 그에 대한 남들의 증언이었다. 런츠가 포커스 그룹에게 광고를 그의 일생, 연설, 증언 순서로 보여주자 페로의 지지도가 올라가며 일반인을 상대로 한 외부 여론조사와 똑같은 결과가 나왔다. 그런데 어쩌다 실수로 증언, 연설, 일생 순서로 보여주자 이상한 현상이 벌어졌다. 포커스 그룹 사람들이 갑자기 페로를 그다지 좋아하지 않게 된 것이었다. 그의 인생사를 모르고 그냥 그의 연설을 듣게 되자 절제감이 없어 보였던 것이 이유였다.

바로 그때 "정보를 제시하는 순서가 사람들의 생각을 결정한다"라고 런츠가 조언했다.[1]

내 친구 로즈의 예에서도 설득의 '순서 효과'가 얼마나 중요한지 알 수 있다. 로즈의 어머니 몰리는 85세로 아주 독립적인 할머니다. 집에서 혼자 살던 몰리는 옷 입는 것도 힘들어하고 기억력이 전과 같지 않음에도 불구하고 가장 기본적인 도움을 받는 것조차 거부하고 있었다. 그러니 로즈가 힘들 수밖에 없었다. 제발 이성적으로 생각하라고 수도 없이 애원했다. 남의 도움을 받는 가능성이라도 생각해 보라며 "정말 훨씬 나아질 수 있어요. 옆집 매킨타이어 부인처럼 말이에요"라고 덧붙이곤 했지만 그런 노력이 다 소용없었다. 그러다가 어느 날 런츠처럼 로즈는 같은 소리를 순서를 '다르게' 하여 말했다. 우선 옆집 케이 매킨타이어 부인이 홈케어 서비스를 받은 이후 훨씬 행복해 보인다고 말한 다음 어머니도 한번 받아보시면 어떠냐고 제안한 것이다. 갑자기 말이 통했다. 어머니가 흥미를 보인 것이다.

로즈는 이렇게 회고했다.

"누가 요술지팡이라도 휘두른 것 같았어요. 전에는 전혀 통하지 않았는데 느닷없이 '음, 그래. 우리도 한번 해 볼까? 나도 아침에는 도움이 좀 필요한데. 케이한테 괜찮다면 나한테도 해로울 게 없잖아' 하시는 거예요."

이야기를 잘하면 우리 마음이 얼마나 쉽게 움직이고 그대로 빨려 들어가는지를 다음 예에서 볼 수 있다. 법정에서는 그 판단이 아주 중요하다. 다음 두 시나리오를 읽고 뒤에 나오는 질문에 답해 보라.

존은 제한속도가 시속 50킬로미터인 구역을 65킬로미터로 달려가다가 교차로에서 다른 차를 받았다. 충돌한 부분이 상대 차의 운전석이라 그 운전자는 자상, 손목 골절에 쇄골이 부러지는 등 여러 군데 부상을 입었지만 존은 전혀 다치지 않았다. 존은 부모님 결혼기념일에 드릴 선물을 모르고 식탁에 놓고 나왔기 때문에 부모님이 그걸 못 보게 숨기기 위해 서둘러 집으로 가느라 과속 운전을 하였다. 교차로에 진입할 때 도로에 기름이 흘러 있는 것을 피하느라 사고가 크게 일어났다.

질문 : 사고에 대한 존의 과실은 어느 정도일까? 알맞은 숫자에 동그라미를 치시오.

1	2	3	4	5	6	7	8	9	10
전혀 책임 없음									전적으로 책임 있음

자, 이제는 친구에게 다음 시나리오를 말해 주고 존의 책임에 대해 판정을 내리도록 하라.

존은 제한속도가 시속 50킬로미터인 구역을 65킬로미터로 달려가다가 교차로에서 다른 차를 받았다. 충돌한 부분이 상대 차 운전석이라 그 운전자는 자상, 손목 골절에 쇄골이 부러지는 등 여러 군데 부상을 입었지만 존은 전혀 다치지 않았다. 존은 코카인 봉지를 깜빡하고 식탁에 놓고 나왔기 때문에 부모님이 그걸 못 보게 숨기기 위해 서둘러 집으로 가느라 과속 운전을 하였다. 교차로에 진입할 때 도로에 기름이 흘러 있는 것을 피하느라 사고가 크게 일어났다.

아마 분명 본인과 친구의 판정 사이에 좀 이견이 있을 것이다. 그리고 친구는 아마 존의 과속 운전에 대해 본인보다 더 안 좋게 생각할 거라고 본다. 그런데 잠시 생각해 보자. 그 이유가 뭘까? 코카인 때문에 급히 가고 있었다고 사고 책임이 더 커지는 이유는 뭘까? 식탁에 뭘 잊어버리고 놓고 왔든 간에 50킬로미터인 구역에서 65킬로미터로 달린 것에는 변함이 없지 않은가?

이제 이 문제가 함정이었다고 느낄지 모르겠다. 사실은 미국 오하이오 대학의 심리학자인 마크 앨릭이 실험의 일환으로 대학생들에게 준 시나리오를 그대로 옮긴 것이다.[2] 그리고 그들의 반응은 여러분이 예상한 대로다. 존이 부모님 결혼기념일 선물을 감추기 위해 집에 가던 길이었을 때는 '존 자신'과 '외부 상황(예를 들자면 길가에 흘러 있던 기름 등)'이 똑같이 50대 50의 책임이 있다고 답했지만 마약을 감추러 가던 길이었다고 하자 완전히 이야기가 달라졌다. 전적으로 존의 책임으로 본 것이다. 존의 사전 의도가 어떤 식으로든 그를 더 '죄인'으로 만들었던 것이다. 그리고 우리는 어떤 사람이 허물이 있다고 느낄수록 그들의 잘못된 행동에 대해 더 '고의성'이 있는 것으로 본다.

겉 보고 판단하기

사회심리학계에서는 두뇌가 우리를 속이는 방식에 대한 연구가 소규모 산업으로 자리 잡을 정도가 됐다. 세상에서 가장 복잡한 컴퓨터인 두뇌가 한순간 가장 복잡한 솜뭉치로 바뀌어 버리는 것이다. 개인의 행동을 (특히 자신의 좋은 행동과 남의 나쁜 행동을) 평가할 때 외부적 상황 요소보다는 내부적 기질 요소를 더 중요시하는 경향을 심리학에서는 근본적 귀인 오류(Fundamental Attribution Error)라고 부른다. 거기에는 그럴 만한 이유가 있으며 명칭이 말하듯이 근본적 경향이다.

미국 스탠포드 대학 사회심리학과 리 로스 교수가 대학생들을 상대로 실시한 연구조사에서 그런 경향이 얼마나 뿌리 깊은지 드러난다.[3] 모의 퀴즈 게임을 위해 먼저 제비뽑기로 학생들을 질문자와 답변자로 나누었다. 질문자들에게는 '일반상식' 문제들을 준비하도록 15분간의 시간을 줬다. 단 문제들은 질문자만이 답을 알 만한 것들을 고르도록 했다. 퀴즈 게임이 시작되자 각본대로 답변자들은 대부분 답을 맞히지 못했다. 하지만 연구조사의 포인트는 그게 아니었다. 퀴즈 게임이 끝난 다음 질문자, 답변자, 실제로 게임에 참여하지는 않았지만 참관인으로 구경한 사람들 등 모두에게 게임 참가자들의 전반적 지식수준에 대한 평가를 요청했다. 그 결과는 그림 4-1에 나와 있다. 그래프에 나타나듯이 질문자들은 겸손한 척하느라 그랬는지 아니면 자신의 한계를 제대로 인정한 것인지 모르지만 본인들의 지식수준이 답변자들보다 약간 나은 것으로 평가했다. 그건 맞는 말일 수도 있다. 그런데 답변자와 참관자들의 반응은 완전히 이야기가 다르다. 중간 및 오른쪽 막대에 나타난 퀴즈 게임 진행자인 질문자와 답변자의 지식수준 차이를 보라.

질문자들에게 자기만 답을 아는 문제를 고르라는 연구진의 지시를 답변자들도 분명 함께 들었는데도 그런 결과가 나왔다. 게다가 누가 질문자가 되고 답변자가 될지를 제비뽑기로 했으니 상황이 달랐다면 양측 역할이 얼마든지 반대가 됐을 수 있다는 점을 모를 리가 없는데

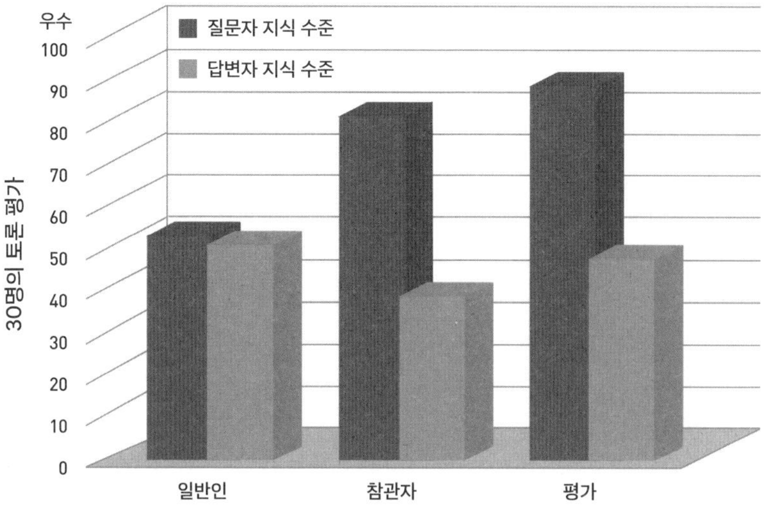

그림 4-1 각색된 행동이라도 말보다 강하다.

도 그랬다. 지시사항을 직접 다 들어서 자기들이 엄청 불리한 상황이었다는 것을 다 잘 알고 있었음에도 불구하고 그게 게임 결과에 미친 영향을 무시하는 모습을 보였다. 퀴즈 게임에서 질문자들은 답을 알고 있으니 똑똑해 보였고, 그러니 그 사람들은 똑똑하다고 생각할 수밖에 없었던 것이다. 실제로 참관인들은 질문자들의 지식수준은 그 대학 학생 상위 20퍼센트 안에 든다고 평가했다.

근본적 귀인 오류는 마이클 맨스필드가 첫인상과 이야기의 위력에 대해 한 말의 중요한 실례가 된다. 강간사건 재판을 예로 보자. 강간사건 재판은 치열한 설득전이다. 검사와 변호사 양측은 배심원들의 이성적 판단이 아니라 그들의 마음을 얻느라 싸운다. 검사를 시작으로 양측의 전략을 순서대로 보자.

검사가 배심원들의 관심을 용의자에게 집중시키면 범죄 성향(개인적 책임)에 대한 심판이 상황(외부 영향)에 대한 판단을 누르게 된다. 모의 퀴즈게임에서도 똑같은 일이 벌어졌다. 똑똑하다는 사실(퀴즈 게임 질문자의 특성)이 실험 조건(질문자가 된 상황)보다 중요해진 것이다. 또 그런 판단은 무의식적으로 이루어지기 때문에 우리가 어떻게 할 수가 없다. 우리는 특정 방식으로 생각하게 만드는 강력하고 내장된 편견을 갖고 있는 것이다. 그러니 우리가 어떤 짓을 하는 것은 우리가 그런 짓을 하는 사람이기 때문이다. 그게 진화에 따른 공식이다. 수백만 년에 걸친 자연선택을 통해 우리 두뇌에 프로그램으로 자리 잡은 시간 절약 장치인 것이다. 만약 행위 하나하나에 대해 가능성이 있는 원인들을 다 검토하면서 한없이 길게 조사한다면 일을 얼마나 처리할 수 있겠는가? 바로 그거다. 그러니 사실 검토 대신에 사람 됨됨이로 시작하는 것이다.

노련한 검사들은 이 원리를 잘 알고 있다. 맨스필드의 말처럼 그들은 법률가일 뿐 아니라 심리학자이기도 하다. 그럼 어떻게 할까? 공격 계획이 무엇일까? 이런 식이다. 검사는 배심원들의 관심을 강간범 피의자에게 집중시키려 하는 것이다. 배심원들이 '도대체 저 사람은 왜 그런 짓을 했을까?'라고 자문할 수밖에 없도록 유도한다. 배심원들이 피고의 과거 이성 관계(과거에도 공격적 성향을 보이지 않았나?) 혹은 사건 당시 그의 정신 상태(술에 취했거나 마약을 한 상태였나?)에 집중하게 한다. 거기에 강간이 에로틱한 것과는 반대로 폭력행위라는 것을 강조하게 되면 간단하고 일관성 있는 '이야기'가 나오게 된다. 그리고 그 이야기가 근본적 귀인 오류로 직결되는 것이다. 배심원들의 관심이 피고에만 집중되어 그의 행위에 대한 원인만을 찾게 되면 거기서 나올 수 있는 합리적 결론은 단 한 가지다. 피고가 유죄라고 간주하는 것이다.

반대로 피고 측 변호사는 배심원의 관심을 피해자의 행동에 집중시키기 위해 노력한다. '도대체 그 여자는 왜 강간당한 걸까?'를 생각하게 만드는 것이다. 그러면 배심원들은 피해자의 복장(자극적이었나?), 강간 전 행동(꼬리를 쳤나?), 과거 행실(문란했나?) 등에 집중하게 된다. 거기에 에로틱한 요소도 있을 수 있다는 것을 강조하게 되면 완전히 다른 이야기가 된다. 피해자가 원인제공을 했다는 적대적 추론을 조장하는 것이다. 도대체 과거 행실이 강간과 무슨 상관이 있느냐고 생각하고 있다면, 유감스럽지만 아주 많다. 모의 배심원들을 상대로 한 연구조사들은 강간범의 유죄 여부가 강간행위 자체뿐 아니라 피해자의 자질에 따라 결정되는 경우가 흔하다는 사실을 보여줬다.[4] 예를 들어 강간 피해자가 토플리스 댄서일 경우 수녀가 피해자일 때보다 강간범의 책임이 덜하다고 여긴다. 또 유부녀보다는 이혼녀일 경우에도 마찬가지다.

마약인지 부모님 결혼기념일 선물인지에 따라 존의 사고 책임에 대한 판단이 달라지는 것과 똑같은 이치다.

오사마 빈 라덴이 죽었다는 언론들의 추측이 이어지자, 오사마 빈 라덴은 자필 편지를 버락 오바마 대통령에게 보내어 자신이 아직 건재하다는 것을 알렸다.
오바마 대통령은 편지 서두에서 아래의 암호를 발견했다.

370HSSV-0773H

수 시간 동안 고민했지만 여전히 풀 수 없자, 힐러리 클린턴에게 이 암호를 쳐서 이메일로 보냈다. 힐러리나 그 보좌관들 역시 오바마 대통령보다 나을 게 없었던 터라, 결국 그걸 CIA로 보냈다. 하지만 CIA 역시 건진 게 없었다. 그래서 이 암호는 NSA, MIT, NASA까지 떠돌아다녔다. 결국 이 메시지는 첩보부에까지 흘러갔는데, 거기서마저 아무도 풀지 못했다. 결국 절박해진 첩보부는 암호를 런던의 MI6에 보냈다.
"이 암호는 미국의 수재들과 지식인들, 무려 힐러리 클린턴까지도 풀지 못한 문제입니다. 마지막으로 당신들이 이 중대한 사안을 해결해 줄 수 있길 바랄 뿐입니다."
5분 후 백악관으로 전화 한 통이 걸려왔다.
"대통령께 그게 거꾸로 된 것이라고 좀 전해 드리게."

우리가 위의 암호에서 봤듯이 이런 일은 비일비재하다. 우리가 법정에서 보는 심리적 속임수는 사회적 영향을 공부하는 사람들 사이에는 잘 알려져 있다. 심지어 그에 대해 틀 짜기(Framing)라는 용어까지 있으며 그 효과가 결코 법정에만 국한되는 것이 아니다. 맨스필드류의 사람들은 사업에서도 최고가 될 수 있다. 그런데 그에 못지않게 능한 사람들이 있고 광고, 정치, 세일즈 등이 이 간단한 암시법이 활용되는 분야에 속한다. 뉴욕에 있는 유니언 칼리지의 심리학자 조지 바이저는 정치, 좀 더 구체적으로 말하면 선거 유세에서 틀 짜기의 역할을 연구했다.[5] 유권자들의 견해 표현방식이 그들의 신념에 영향을 미치는지 알고자 한 것이다.

바이저는 이를 위해 조사대상 대학생들로 하여금 두 명의 가상 후보(보수파 릭, 진보파 크리스)에 대한 간단한 '뉴스 보도'를 읽도록 했다. 그런 다음 학생들을 두 그룹으로 나눴다. 한쪽 그룹은 '나는 릭을 지지한다'와 '나는 릭을 반대한다' 중 하나를 골라야 했다. 다른 그룹은 크리스에 대해 똑같은 선택을 하게 했다. 이때 각 그룹은 '강한 지지'에서 '강한 반대'까지 양 후보에 대한 지지 정도를 골라 표명해야 했다. 그리고 새로운 사실을 던졌다. 참가자들이 릭과 크리스에 대한 본인의 지지도를 표명한 이후에 그들이 지지하는 후보의 정책을 노골적으로 비판하는 뉴스를 읽게 했다. 그런 다음 지지도를 다시 측정했다.

조사 참가자들이 당초 두 후보에 대한 지지를 설정한 방식(틀 짜기)이 부정적 뉴스를 읽은 다음 실시한 두 번째 지지도 조사에서 의견을 바꾸는 데 영향을 미치게 될까?

답은 그런 것으로 밝혀졌다.

일반적으로 반대쪽 후보가 싫어서 지지 후보를 정한('나는 크리스를 지지'하기보다는 '릭을 반대한다'는 식) 학생들은 좋아서 선택한 긍정적 설정에 따른 지지자보다 상황 변화에 대한 저항력이 높았다(다시 말해 크리스가 공격을 받아도 계속 지지할 가능성이 더 높았다).

"사람들의 평가 방식을 정하는 틀 짜기를 누구 지지에서 누구 반대라는 식으로 조금만 바꾸면 변하지 않는 더 견고한 의견이 나오게 된다"고 바이저는 말한다.

틀 짜기는 물론 감정에만 해당되는 게 아니다. 키스 배릿이라면 이를 주의력 바이러스라고 했을 것이다. 예를 들어 친구에게 다음 질문을 해보라.

"점보제트기 탱크를 다 채우려면 디젤유 몇 리터가 들어갈까? 500리터 이상일까, 아니면 미만일까?"

그다음에는 숫자만 약간 바꿔 다른 친구에게 던져보라.

"점보제트기 탱크를 다 채우려면 디젤유 몇 리터가 들어갈까? 50만 리터 이상일까, 아니면 미만일까?"

이제 두 친구에게 어림짐작을 해보라고 하라. (실제 답은 약 22만 리터다.) 아마 두 친구의 대답에서 재미있는 패턴을 보게 될 것이다. 두 번째로 물어본 친구(50만 리터 이상 혹은 미만)가 추측하는 수치는 아마 처음 물어본 친구(500리터 이상 혹은 미만)보다 훨씬 클 것이다. 그 이유는 들은 숫자를 마음속에 각인하는 정박효과(Anchoring Effect) 때문이다. 두 친구는 이쪽에서 처음에 머리에 심어준 숫자(500대 50만)를 정박점, 즉 판단 기준으로 삼은 것이다. 꼭 현재 주어진 문제에 적절한 수치여야 할 필요도 없다(점보제트기를 예로 들면 1리터에서 1백만 리터까지 아무 숫자나 줄 수 있다). 그냥 아무 숫자나 주기만 하면 그 자체로 설득력을 갖게 되는 것이다.

2006년 독일 심리학자 프리츠 쉬트락과 토마스 무스바일러는 정박효과의 힘에 대해 고전이 될 만한 예를 보여줬다.[6] 그것도 법조계를 통해서였다. 두 사람은 경험이 많은 판사들을 뽑아 어떤 사건 개요를 읽도록 했다. 강간 유죄판결을 받은 남자에 대한 사건이었다. 일단 사건을 익힌 다음, 판사들을 두 그룹으로 나누었다. 첫 번째 그룹은 이런 상상을 하도록 만들었다. 법정이 휴회에 들어간 사이에 자기 사무실에서 어떤 기자로부터 전화를 받는 것이었다. 그 기자는 이렇게 질문을 했다. 형량이 3년 이상이 될까요, 아니면 3년 미만일까요? 다른 그룹에게는 약간 다른 시나리오를 제시했다. 그들 역시 기자로부터 예상 형량을 묻는 전화를 받기는 하는데 이번에는 형량이 1년 이상일지 미만일지를 묻는 것이다.

이 3년 대 1년이라는 간단한 숫자 차이가 판사가 실제로 언도하는 형량에 영향을 미치게 될까?

정말 그랬다.

정박효과 가설이 예상했듯이 첫 번째 그룹 판사들은 평균 33개월을 판결한 반면 두 번째 그룹 판사들은 평균 25개월을 판결했다.

돈 단위 게임

우리가 정박효과를 가장 분명히 볼 수 있는 곳은 마케팅 분야다. 가구를 사거나 할 때 가격을 깎기 위해 흥정을 하고 값을 더 낮추기 위해 우리가 이미 알고 있는 숫자로 흥정을 시작한다.

하지만 우리가 모르는 교묘한 설득 기술을 사용하면 우리 두뇌를 빼앗기는 건 아무것도 아니라는 사실은 잘 모르고 있다. 예를 들어 물건 가격을 생각해 보자. 본인이 애용하는 모발제품이 왜 10달러가 아니고 9.95달러인지 궁금해한 적이 있는가? 플로리다 대학의 크리스 재니스제우스키와 댄 우이가 최근 그 문제를 연구하다가 놀라운 결론에 도달했다.[7] 단지 싸게 보이기 위해서가 아니라(대부분 사람들에게 물어보면 그렇게 대답한다) 좀 더 복잡한 이유가 있었다.

두 사람은 연구조사 참가자들에게 매장에서 일어나는 일을 가상 시나리오로 제시하는 식으로 일련의 실험을 했다. 각 시나리오마다 참가자들은 자기들이 특정 소매가에 어떤 물건(예를 들면 HD 플라즈마 TV)을 산다고 상상했다. 그리고 소매상이 그 물건을 산 도매가를 추측해야 했다. '소비자'들은 세 그룹으로 나눠졌다. 첫 번째 그룹에게는 TV 가격이 5천 달러라고 했고, 두 번째 그룹에게는 4,988달러, 세 번째 그룹에게는 5,012달러라고 했다.

전체 가격에 비하면 별 것 아닌 이 정박점의 차이가 연구조사 참가자들의 도매가 예측에 영향을 미칠까? 신기하게도 정말 그랬다.

5천 달러 가격표를 받은 구매자들은 좀 더 자세한 수치의 가격표를 받은 사람들보다 도매가를 훨씬 낮게 추정했다. 또한 5천 달러 가격표를 받은 사람들은 1자리 수까지 받은 사람들보다 도매가 예상치를 큰 단위 액수로 말하는 경향을 보였다.

하지만 그 이유가 무엇일까?

재니스제우스키와 우이는 그 결과가 두뇌가 서로 다른 수치를 계산할 때 작용하는 방식, 비교 과정을 그대로 보여주는 것으로 추측한다. 더 구체적으로 말하자면 측정단위가 있는 것이다. 그러면 그 측정단위는 처음 듣는 가격에 따라 결정되거나, 움직일 수 있는 걸까?

예를 들어 가게에 들어갔는데 30달러 가격표가 붙은 시계가 진열되어 있다고 하자. 그걸 보면 우리는 '저 시계는 사실은 28달러나 29달러짜리'라고 달러 단위로 생각할 수가 있다. 반면 가격표가 29.95달러로 돼 있으면 실제 도매가가 더 쌀 것으로 여기더라도 그 재는 단위가 달라진다. 달러 단위보다는 센트 단위로 생각하며 차액 폭이 줄어드는 것이다. 29.75달러나 29.5달러 정도를 '진짜' 도매가로 예상하기 때문에 가격표와 도매가 사이에 차액이 적다고 생각한다. 그리고 그 때문에 더 싸게 잘 산 것이라고 생각하게 된다는 것이다.

이 이론을 연구실이 아닌 실제 세상에서 실험해 보기 위해 재니스제우스키와 우이는 플로리다 주 알라추아 지역으로 갔다. 그리고 그곳에서 매매된 부동산에 대해 처음 매물로 나올 때 부르는 값과 실제 계약된 매매가를 비교해 봤다. 그런데 예측했던 그대로 집을 내놓을 때 좀 더 정확한 가격을 제시한 집주인들은(가령 60만 달러 대신 59만6천 달러 식으로) 큰 단위로 가격을 붙인 집주인들보다 늘 자기들이 제시한 가격에 더 근접한 액수를 받는 것으로 나타났다. 그뿐만이 아니다. 부동산 시장이 침체되자 불과 몇 개월 사이에 집값을 큰 단위로 정해 내놓은 주택들은 '정확한 가격'의 주택들보다 가격이 더 많이 떨어졌다.

포장에 넘어가기

식품이나 음료수처럼 좀 더 본능에 호소하는 광고에서 틀 짜기와 논리적 추론은 완전히 상극이다. 기업의 교묘한 계략이 신경생리학에 직접 호소하여 알지도 못하고 의식도 못하는 사이에 우리의 감각 기관을 교란시킨다. 음료수 업체를 예로 들어보자. 미국 시장조사기관인 체스킨은 세븐업의 캔 색깔을 좀 더 노랗거나 좀 더 짙은 초록으로 바꿔가며 실험을 해봤다. 다 내용물은 동일했다. 그런데 소비자들이 완전히 이상해진 게 아니라면 세븐업 본사로서는 이해할 수 없는 일이 벌어졌다. 노란색 캔을 산 소비자들은 '레몬' 맛이 난다고 한 반면, 초록색 캔을 산 사람들은 라임이 너무 많이 들어갔다며 불평했다.

체스킨 CEO인 대릴 K. 리아는 이렇게 말했다.

"우리가 그냥 보고 맛이 좋은지 아닌지를 정할 때는 미각과 침샘이 알려주는 대로만 반응하는 것이 아니라 눈, 기억, 상상력이 다 영향을 미친다."[8]

미국 딜 디자인 그룹의 크리에이티브 디렉터인 데이비드 딜도 같은 의견이었다. 집에서 파티를 한다고 상상해 보라. 누구나 다 경험해 본 일이다. 술을 사러 가면 익숙한 상표가 붙은 10파운드짜리 보드카가 바로 옆에 있는데도 생전 보지도 못했던 30파운드짜리를 집게 되지 않던가? 그 이유가 뭘까? 정말 맛이 다를 거라고 생각해서일까? 그럴 것 같지 않다. 어차피 보드카는 아무 맛도 없다. 아무 맛이 없는 것도 30파운드짜리가 되면 갑자기 맛이 생기는 걸까?

딜은 그 답을 알고 있다. 그리고 그건 맛과는 전혀 관계가 없고 기분 때문이라고 한다. 업계에서는 감성 브랜딩(Emotional Branding)으로 알려져 있다. "고급 파티, 그리고 핀란드에 있는 깊은 골짜기에서 파낸 얼음을 재료로 쓴 보드카로 만든 마티니를 마신다는 체험을 파는 것"[9]이라 딜은 설명했다.

"소비자들은 멋진 병에 넣어주면 맛도 좋아진다고 할 겁니다."

워싱턴에 있는 광고업체 포인트 오브 퍼처스 애드버타이징 인터내셔널은 바로 그 때문에 구매 선택 중 72퍼센트는 그 자리에서 결정된다고 설명한다. 보자마자 그냥 사는 것이다. 또 제품의 색깔을 약간 바꾸거나 제품에 사용하는 말을 잘못 선택하면 브랜드에 대한 매력이 금방 생겼다 없어졌다 하는 것도 바로 그 이유이다.

영국 귀금속 체인점 래트너의 창업자인 제럴드 래트너는 농담 한 번 잘못했다가 수백만 파운드 규모 사업을 허무하게 망친 사람으로 유명하다. 그는 영국 경영자 협회(Institute of Directors) 회의에서 자신의 회사 제품 가격이 왜 그렇게 싸냐는 질문을 받자 "그야 싸구려이기 때문"이라고 정답을 말하고는 자기 회사 금 귀걸이가 "막스&스펜서의 새우 샌드위치보다 싸지만 아마 그것만큼 오래가지도 못할 것이다"는 조리 있는 해설까지 덧붙였다. 그리고 래트너의 시장이 무너졌다. 그전까지 몰랐던 비밀이 드러나서 그런 것은 아니다. 18K 금 바탕에 다이아몬드까지 박힌 시계를 보통 19.99파운드로는 살 수 없다는 사실을 모르는 사람이 있다면 오히려 정신 감정을 받아야 할 것이다. 그러니 갑자기 자기들이 사는 물건이 싸구려라는 것을 알게 됐기 때문이 아니라 오히려 자기들이 사는 게 싸구려라는 것을 갑자기 남들이 다 알게 된 것이 문제였다.

주고받기

틀 짜기와 정박효과는 설득력을 높이는 수많은 기술 중의 두 가지일 뿐이다. 물건을 팔기 위해 무작위로 전화를 거는 일을 하는 팻 레이놀즈가 그 전문가다.

텔레마케팅 회사에 들어간 첫 번째 주에 팻 레이놀즈는 연수 중에 배운 것들을 다 '잡소리' 폴더에 던져 넣어 버리고 자기만의 다소 독특한 판매기술을 개발했다. 그리고 지난 2년간 그 기술 덕분에 BMW 자동차도 사고, 경비행기 파일럿 자격증도 따고, 아파트 계약금도 꽤 큰 액수를 낼 수 있었다. 팻이 일하는 회사는 집도 짓고 수리도 하는 건축 회사다. 그의 영업 비결은? 첫째는 사람들을 웃기는 기술이고 둘째는 거절당하는 것을 두려워하지 않는 뚝심이다. 어떻게 하면 되는지 직접 그의 말을 들어보자.

"사람들은 콜드콜(무작위 판매 권유 전화)이라고 하지요. 하지만 일을 제대로만 하면 실제 콜드콜은 열 번 중 한 번 정도밖에 안 됩니다. 저는 일단 사람들을 웃게 만듭니다. 묻는 말 중 한 가지는 '혹시 미신 믿으세요?'입니다. 엉뚱한 사람이 전화를 걸어 그렇게 물으면 궁금해지지 않겠어요? 적어도 '저는 모모 회사의 누구라고 하는데요'라고 하는 것보다는 전화를 그 자리에서 끊고 싶은 마음이 덜 하겠지요."

"그게 최우선입니다. 일단 전화를 끊지 않게 붙들어 둬야 해요. 뚜뚜 소리가 들리는 전화통에 대고 뭘 팔 수는 없지요. 아무튼 대부분 사람들은 미신 믿느냐고 물으면 아니라고 해요. 그러면 이러는 거지요. '그럼 저한테 13.13파운드 주실 수 있어요?' 열 명 중 아홉은 반응을 보이지요. 대부분 웃으면서 '누구세요?'하고 물어요."

"그렇게 되면 일단 발을 들이민 거예요. 하지만 난 아무것도 팔려고 들지 않아요. 생각해 보면 어려운 문제도 아니지요. 완전히 반대로 말하는 겁니다. '저, 연속극 볼 시간인 줄은 아는데요.' 연속극 시작하기 한 15분 전쯤 전화를 거는 게 좋아요. 그럼 이 말을 써먹을 수 있으니까요. 그러면 자기와 똑같은 사람이라고 느끼게 되는데 그게 영업에 늘 도움이 되지요. '그리고 아마 건축할 일이 별로 없으시리라는 것도 아는데요, 그래도 혹시 주변에 그런 사람 알고 계세요? 친구, 가족, 아니면 친구의 친구라도요?'라고 말하죠."

"내 덕분에 이미 웃었고, 또 내가 뭘 사라는 곤란한 부탁을 하지 않으니 내가 호의라도 베푼 것처럼 느껴져서 보통 몇 사람 이름을 주거나 자기들이 전화해 알아볼 테니 나중에 다시 전화하라고 합니다. 그러면 그래도 되냐고 꼭 확인해요. '다시 전화 드려도 되나요?' 그러면 그러라고 하는데, 별것 아닌 것 같지만 그게 중요해요. 계약을 하는 거나 마찬가지니까요. 말로 하는 악수처럼 약속을 굳히는 거지요."

"대단하지 않아요? 사람들은 전화를 받고 2, 3분 만에 날 위해 일하는 겁니다! 이익금 분배를 생각해 봐야 할 정도지요. 그러니 그다음 하는 전화는 더 이상 콜드콜이 아니지요. 소개받아 하는 것이니까요. 한 건이 잘 되면 또 다음 건으로 이어지고 다 그런 식이에요."

엄격히 말하면 팻 레이놀즈는 앞 장에 나온 사기꾼들과 한통속이다. 아닌가? 그가 일류 사기꾼인지 아니면 그냥 자기 일을 특별히 잘하는 사람인지 판단할 수가 없다. 어떤 쪽이건 팻의 영업 전략은 완전히 새로운 스타일의 틀 짜기인 접근법 바이러스를 보여준다. 판매업계에 만연한 '심리 압박 바이러스'다. 뭔가를 팔기 위한 심리 압박은 교묘해야 한다. 물건을 팔기 위해 훈계하고 애원하고 위협한다면 전혀 효과가 없다. 팻 레이놀즈처럼 성공적인 세일즈맨은 조심스럽게 움직인다.

잠시 레이놀즈의 방식을 살펴보자. 배짱과 세상물정에 익숙한 노련함에도 불구하고 레이놀즈는 아주 진지한 직업인이다. 텔레마케팅 콜센터에서 일하는 사람들이 다 비행 연수를 받을 수 있는 것은 아니다. 차고에서 최고급 컨버터블을 몰고 나올 수 있는 것도 아니다. 그는 너무나 많은 사람들이 실패하는 곳에서 너무나 큰돈을 벌고 있다. 그 비결은? 원초적 원칙으로, 아직 설득에 말이 동원되기 이전 시대로 돌아간 것이다. 인간 진화의 깊은 바닥으로부터 인간에게 알려진 것 중 가장 강력한 설득력인 '호혜주의 원칙'을 불러낸 것이다.

애리조나 주립대학에서 심리학과 마케팅을 가르치는 로버트 치알디니 교수는 그 호혜주의의 매력이 얼마나 강력하고, 최고 설득가들의 무기고에서 얼마나 중요한 자리를 차지하고 있는지를 이타심에 대한 개인차를 관찰한 연구를 통해 정확히 보여줬다.[10] 실제로는 양보의 문제였다.

치알디니 연구팀은 우선 길에서 지나가는 사람들을 무작위로 세워 두 그룹으로 나눴다. 그리고 각 그룹 사람들에게 질문을 했다. 첫 번째 그룹 사람들에게는 소년원 원생들이 하루 동물원 방문을 하는데 감독자 역할을 해줄 의향이 있는지를 물었다. 이상하게도 별 관심들이 없어 17퍼센트만이 그러겠다고 했다. 두 번째 그룹에게는 설득하는 방식을 좀 교묘하게 바꿨다. 처음 질문 내용을 바꿔 소년원에서 앞으로 몇 년간 매주 두 시간씩 카운슬러로 자원봉사를 할 의향이 있느냐고 물었다. 당연히 그러겠다는 사람이 없었다.

이상한 일은 그다음에 벌어졌다.

치알디니 연구팀은 거절한 사람들에게 바로 이렇게 물었다.

"좋아요. 카운슬러를 할 생각이 없다면 원생들이 언제 하루 동물원을 방문할 때 감독자 역할은 해줄 수 있어요?"

첫 번째 그룹에게 한 것과 똑같은 질문이다. 그런데 동의한 사람이 50퍼센트까지 올라갔다. 첫 번째 그룹의 거의 세 배가 된 것이다.

물론 천재가 아니라도 왜 그렇게 됐는지 알 수 있다. 치알디니는 호혜주의의 위력이 선물과 호의를 베푸는 데 그치는 것이 아니라는 결론을 내렸다. 남들에 대한 양보가 되기도 하는 것이다. 당신이 내 큰 부탁을 거절한다면 나는 그 큰 부탁을 작은 부탁으로 바꿈으로써 양보를 하고 그러면 당신도 비슷하게 양보를 해 중간지점에서 타협할 것이라고 여기게 된다. 내가 처음부터 원했던 것이 상대방이 내 작은 부탁에 응해 주는 것이었다면 결국은 원하던 것을 얻은 것 아닌가?

정신적 계약

팻 레이놀즈의 호혜주의 원칙 활용은 과학적 관점에서 보면 거의 완벽하다. 치알디니 팀처럼 모든 조건을 세심하게 조절한 심리 실험을 실시했다 해도 그만큼 잘할 수는 없을 것이다. 사람들에게 어렵게 뭘 사라는 부탁도 않고, 좋아하는 연속극이 시작할 때인데 전화해서 미안하다고 공손하게 인사하고, 혹시 자기 회사 서비스를 쓸 만한 사람을 알고 있냐고 미안한 투로 정중하게 이야기를 하니 주위 사람의 이름이라도 알려줘야 할 것같이 느낀 것이다. 팻으로서는 참 편리하지만, 그들이 놓치고 지나간 사실은 팻이 공손하기는커녕 사실은 귀찮기 짝이 없는 사람이라는 점이다. 우선 전화를 해서 귀찮게 하고, 그다음은 또 연속극 중간 광고할 때 편안히 앉아 있던 자리에서 일어나 주소록을 뒤지게 만드는 등 이중으로 고통을 준 사람이다.

그런데 그게 다가 아니다. 팻이 전화한 사람들의 마음에 심어 준 바이러스는 호혜주의 의무감뿐이 아니었다. 전화를 받는 사람들에게 약속 준수 의무마저도 느끼게 했다. 나중에 전화해도 괜찮냐고 허락을 구하는 것은 보기처럼 그렇게 별뜻 없이 하는 게 아니다. 그와는 거리가 멀다. 이는 고대로부터 내려온 순수하고 근본적인 설득법이다. 다시 전화해도 좋다는 허락을 받는 것이 상대로 하여금 자기가 한 말을 지켜 열심히 팻의 영업을 돕게 만드는 도화선 역할을 하는 것이다.

이는 신속하고 은밀하게, 그러나 본능적으로 작용한다. 실제로 남들을 자기 뜻대로 따라오게 만드는 전문가들에게 있어 호혜주의와 일관성을 혼합한 것이 표준 조합이다. 이 기본 재료는 대개 함께 사용된다. 호혜주의의 진화적 근원이 분업과 집단 응집력 촉진이라면 (사냥, 큰 물체 운반, 주거지 짓기 등은 다 팀워크를 필요로 한다) 일관성과 약속 준수는 그런 집단에 들어가기 위한 '가입증'으로 볼 수 있다. 사람들에게 신뢰감을 주는 특성들로 집단에 말한 것을 지키는 사람이라는 신호를 보내게 된다.

일관성 있는 사람으로 보이고 싶은 욕구가 우리 행동에 얼마만큼의 영향을 행사할까? 이 고대로부터 내려온 진화 주파수에 우리 행동을 맞추면 얼마나 설득력 있는 사람이 될까?[11] 그에 대한 답을 시카고 레스토랑 업주 고든 싱클레어를 통해 찾을 수 있다. 1990년대 말, 싱클레어는 예약을 해놓고 안 오는 손님들 때문에 골치를 앓고 있었다. 모든 레스토랑들이 공통적으로 겪는 문제로 손님들이 전화로 예약을 하고는 사전 연락도 없이 그냥 안 나타나는 것이었다. 당시 싱클레어가 운영하는 레스토랑에서는 예약 건수 중 취소 전화 없이 안 나타나는 비율이 30퍼센트 정도에 달했다. 하지만 그는 단번에 그 수치를 10퍼센트로 낮출 수 있었다. 그는 문제의 핵심이 예약 담당 직원의 전화 응답 방식에 있다는 것을 알아냈다. 더 정확히 말하면 꼭 말해야 하는 것을 안 한 덕이었다. 그가 개입하기 전까지 리셉셔니스트는 예약 전화를 건 손님에게 이렇게 부탁했다.

"계획이 바뀌면 전화해 주세요."

하지만 싱클레어의 지시에 따라 그 부탁하는 말을 다음과 같이 약간 바꿨다.

"계획이 바뀌면 전화해 주시겠어요?"

그리고 상대가 대답할 때까지 잠시 기다리는 것이었다.

그 '주시겠어요?'와 그다음 이어지는 의미심장한 침묵이 상황을 완전히 뒤집어놓은 것이다. 왜였을까? 질문은 답을 요청하는 것이고, 그 뒤에 이어지는 침묵은 답으로 채워줄 것을 요구하기 때문이다. "계획이 바뀌면 전화해 주시겠어요?"에 "예"라고 대답함으로써 전화한 사람은 자기 행동의 기준으로 삼을 심리적 좌표를 얻게 된다. 그리고 자신이 한 약속을 통해 미래에 자신이 할 행동을 분명히 해 주는 것이다. 게다가 일단 약속을 하고 나면 책임 범위가 미묘하게 바뀌게 된다. 이제 레스토랑만 실망시키는 게 아니라 자기 자신에게도 실망하게 되는 것이다. 싱클레어 기법은 설득 지침서에 따르면 '발부터 들여놓기(Foot in the door)' 이론으로 1966년 실험에서 공식적으로 발표됐다.[12] 이 극히 색다른 실험에서 연구자인 조나단 프리먼과 스콧 프레이저는 과학 탐구 역사상 드문 쾌거를 거두었는데, 사실 본인들조차 그 결과에 어안이 벙벙했다고 한다. 실험은 교육 수준이 높고 부유한 캘리포니아 팔로알토 지역에서 시작됐다. 일단의 연구진은 자원봉사자를 가장해 집집마다 찾아다니며 이상한 제안을 했다. 그 집 앞마당 잔디밭 한가운데에 "조심 운전하세요"라는 거대한 공익광고판을 세우게 해 달라고 하는 것이었다.

결정하는 데 도움이 되라고 주민들에게는 어디에 세울 예정이며 설치되면 어떤 모양이 되는지 광고판 그림까지 보여줬는데, 완전히 눈에 거슬리는 것이었다. 크기는 집채만 했고 잔디밭을 거의 다 차지했다. 당연히 대부분의 사람들(73퍼센트)이 연구진에게 노골적으로 듣기 싫은 소리들을 했다. 그런데 한 그룹만 예외였다. 그 그룹의 76퍼센트는 광고판 설치를 묵인한 것이었다.

믿어지시는가? 나도 그 내용을 읽고는 믿을 수가 없었다. 도대체 그 사람들은 왜 유별나게 그랬을까? 정신들이 나갔나? 뇌물을 받았을까? 도대체 뭐가 그 사람들 혼을 빼놓았기에 잔디밭을 다 포기해 버릴 생각들을 했을까?

그에 대한 답은 아주 간단하다.

연구진이 방문하기 2주 전에 다른 '자원봉사자'들이 이미 찾아왔던 것이다. 그때는 비교적 무리 없는 부탁을 했었다. 집 앞쪽 창문에 "안전 운전하세요"라고 적힌 가로 세로 7.5센티미터 정도 되는 정사각형 표지판을 붙여달라는 것이었다. 그거야 문제될 게 없었다. 실제로 너무 별것 아닌 부탁이고 주민들 생각과도 맞는 내용이라 거의 모든 집들이 다 동의했다. 그런데 그게 결국에는 큰 대가를 치르게 만든 것이었다. 오래전에 가볍게 들어주고 잊어버린 그 작은 부탁이 엄청난 책임 쓰나미의 파장을 불러일으키며 내용은 마찬가지이지만 그 규모는 비교가 안 되게 백만 배나 더 큰 광고판을 세우게 해 달라는 훨씬 큰 요구까지도 수용하게 만들었다. 쉬운 것부터 하나씩 시작해 목숨까지 내놓으라고 할 수 있는 것이다.

가지기 어려울수록 좋다

영업 세계에서는 일단 발 들여놓기 기술과 관련된 '염가 견적'이라는 판매 기법이 있다.[13] 나는 학생 때 TV 판매매장에서 일하며 처음으로 싼 값으로 유인하는 수법을 직접 목격했다. 진행방식은 대충 이렇다. 손님이 문을 열고 들어와 TV 쪽으로 간다. 그러면 판매원이 다가가 날씨 등 가볍게 말을 붙인 다음 TV를 싼 값에 줄 수 있다고 한다. 근처 다른 매장보다 훨씬 싼 값이니 그 손님은 덥석 달려든다. 하지만 매니저는 다른 꿍꿍이속이 있다. 손님은 모르지만 그는 판매원이 제시한 값을 지킬 의도가 아예 없는 것이다. 사실은 판매원마저도 그럴 생각이 없다. 아무튼 처음 말한 가격으로는 어림도 없다. 그건 그냥 미끼다. 손님이 물건을 사기로 결정하게 만들기 위한 심리 전술일 뿐이다. 하지만 이는 시작일 뿐, 복잡한 판매거래 마무리 절차가 따른다. 손님의 결정을 굳히는 것 외에 다른 이유라고는 없는 절차이다. 복잡한 계약서를 작성하고, 수수께끼 같은 할부거래 계약서를 놓고 길게 이야기를 하고(가능한 한 기진맥진할 때까지), "한번 써 보세요, 분명 마음에 드실 겁니다"를 수도 없이 반복하며 매입을 독려한다. '집안 인테리어와 잘 맞는지 보기 위해서라도' 일단 TV를 집에 들여놓고 시험 기간 동안 써 보라고 하는데, 물론 백이면 백 다 인테리어하고 딱 들어맞게 되어 있다. 손님이 더 많은 절차를 거칠수록 물건을 사겠다는 의지는 점점 더 커진다. 사기꾼 같은 내 상사가 특히 좋아하던 방식은 가게에 온 손님이 신분증을 몇 개나 소지하고 있는지 묻고, 그게 몇 개든 "보안 강화 때문에, 법이 그래서" 하나가 더 필요하다고 요구하는 것이었다.

손님은 귀찮은 일이 더 늘어도 상관 않고 오직 처음에 들었던 싼 가격에 빠져 필요한 서류는 뭐든 내준다. 가게를 나가는 순간 자기들의 자유의지를 자동납부 계약서의 수레바퀴 밑에 던지는 것이라는 사실은 깨닫지 못한 채 말이다.

물론 그 사이에 무슨 일인가가 생기게 되어 있다. '원래 가격에는 세금이 포함되어 있지 않았다'거나 판매사원이 실수를 했는데 매니저가 '미안하지만, 그렇게 해 줄 방법이 없다'거나 하는 식이다. 그렇다고 뭐가 달라질 것 같은가? 물건 팔 기회에 흠집이라도 날 것 같은가? 천만의 말씀이다. 그럴 경우 거의 대부분 손님들은 이미 가격이 싸지도 않고 사실은 주변 다른 매장 가격보다 더 올라가더라도 TV를 사가지고 나간다. 서명을 할 때마다, 추가 신분증을 낼 때마다, 판매원이 방긋방긋 웃어줄 때마다, 악수할 때마다 물건의 가치가 점점 더 올라가는 것이다.

결국은 TV를 손에 넣어야 한다는 생각밖에 없어진다. 그 욕구를 죽일 수가 없어진다.

언어 암살

독실하고 착한 일에 적극적인 메리는 동네 교회 소문의 진원지로, 늘 남의 일에 참견하고 나섰다. 다른 교인들에게 크게 인기가 있는 것은 아니지만 워낙 만만치 않은 사람으로 알려져 있어 아무도 맞서려고 하지 않았다. 그런데 하루는 새로 온 남자 신도인 빌의 트럭이 술집 앞에 주차되어 있는 것을 본 뒤로 그에게 알코올 문제가 있다는 식으로 비난했다. 그리고 다음 번 교회 위원회 회의가 있을 때 빌 본인과 모든 참석자들에게 그게 뻔한 사실이라는 듯이 공표했다. 술집 앞에 차를 세워놓은 걸 보면 뭘 하고 있었는지 알 수 있는데, 무슨 다른 설명이 있을 수 있겠느냐는 것이었다. 별로 말이 없는 빌은 잠시 그녀를 바라보고는 자리를 떴다. 자기 입장을 설명하려 들지도 않고 메리가 본 것이 사실이 아니라고 부인하려 들지도 않고, 아무 말도 없었다.

그날 저녁, 빌은 조용히 메리의 집 앞에 트럭을 주차해 놓고는 밤새 그대로 놔뒀다.

언어는 의사소통 보조 도구로 진화해왔다. 그런데 지금에 와서는 우리가 말로 표현하지 않는 것들이 오히려 더 중요할 때가 자주 있다는 사실을 느낀 적이 있는가? 좋게 쓰든 나쁘게 쓰든 슬쩍 솜씨 있게 끼워 넣는 말 한마디가 모든 걸 바꿔놓을 수 있다는 것을 아는가?

미국 정치 드라마 〈웨스트 윙〉에서 한 번은 민주당 사람들이 공화당 대통령 후보인 아널드 비닉이 늙었다는 사실을 부각하고 싶어 안달하는 일화가 나온 적이 있다. 문제는 직접적으로 그렇게 말하고 싶지 않은 것이었다. 드러내놓고 계획적으로 비닉의 노령을 공격하는 것은 민주당 후보인 매트 산토스의 선거운동에 도움이 되지도 않고 주목을 받지도 못할 위험이 있었다.

어떻게 해야 할까?

산토스의 홍보 국장인 루와 비서실 차장인 조시의 익살맞은 대화를 잊을 수가 없다.

루: 기운차다는 단어가 뭐가 문제야?

조시: 바틀렛 대통령을 공격하는 것 같이 들리잖아.

루: 바틀렛을 상대로 출마하는 것도 아닌데 뭘, 공화당 노친네가 상대지.

조시: 기운찬 게 늙은 것의 반대는 아니잖아, 기운 없는 것의 반대지. MS에 대해 그렇게 말하는 것처럼 들리잖아.

루: 아니 그럼 윈-윈 아냐?

조시: 이봐, 아널드 비닉이 겨우겨우 선거운동을 하고 다니는 비실비실한 노인은 아니잖아. 나보다 힘이 더 좋은데.

루: 우리가 불편할 정도로 정정하지.

조시: 그 말 쓰면 되겠다.

루: 뭐라고?

조시: 정정하다고. 노인네들한테만 쓰는 말이잖아. 일흔이 안 된 사람을 정정하다고 말하는 거 들어봤어? 그러니 굳이 나이를 말하지 않고도 '노인 대 젊은 사람'이라는 걸 나타내는 거지.

'정정하다' 같은 단어들은 참 놀라운 말이다. 이 말을 하면서 동시에 사실은 완전히 다른 것을 암시하기 때문이다. 조시의 말이 맞다. 이론적으로는 칭찬이지만 정정하다는 것은 노인들에게나 붙이는 딱지다. 바로 매트 산토스 후보 진영에서 찾고 있었던 말이다. 아널드 비닉을 '정정하다'고 함으로써 겉으로는 공정한 척하면서 상대방 후보의 나이에 사람들이 주의를 돌릴 수 있는 것이다. 루의 말을 빌리자면 또 다른 윈-윈 작전이다.

솔로몬 애쉬는 1946년, 이제는 고전이 된 연구를 통해 우리가 인상을 받게 되는 방식, 그리고 언어가 우리의 인식에 얼마나 영향을 미치는지를 증명해 보였다. 애쉬는 연구 참가자들에게 기질을 묘사하는 단어 리스트를 줬다.

연구진은 그에 앞서 참가자들을 두 그룹으로 나누고, 각 그룹에게 딱 하나만 빼고 나머지는 똑같은 단어 리스트를 나눠줬다. 그런데 그 한 단어가 중요한 변수 역할을 한 것이었다.[14]

첫 그룹의 리스트는 이렇다.

영리한, 재주 있는, 부지런한, 따뜻한, 결심이 굳은, 현실적인, 조심스러운

두 번째 그룹의 리스트는 이렇다.

영리한, 재주 있는, 부지런한, 차가운, 결심이 굳은, 현실적인, 조심스러운

차이점을 찾아냈는가? 가운데 들어가 있는 '따뜻한'과 '차가운'만 빼면 양쪽이 똑같은 단어들로 구성되어 있다. 양쪽 그룹에 리스트를 나눠준 다음, 애쉬는 추가 단어 리스트를 주고 원래 나눠준 단어 리스트로 보아 그 사람 성격에 맞을 것 같은 단어들을 거기서 뽑아 보라고 했다. '따뜻한-차가운'과 같은 단어 하나 차이로 양쪽 그룹의 단어 선택이 달라지게 할 수 있는지 알아보기 위해서였다.

그에 대한 답은 의심할 여지 없이 '그렇다'다. '따뜻한'이 들어간

리스트를 받은 그룹 사람들은 '행복한', '너그러운' 같은 단어들을 뽑았다. 반면에 '차가운'이 들어간 리스트를 받은 그룹 사람들은 '계산적인', '동정심이 없는' 같은 별로 좋지 않은 단어들을 골랐다.*

언어 마술사

어느 날 한 남자가 동물원 안을 걷고 있다가 어린 여자아이가 아프리카 사자 우리에 몸을 기대는 것을 보았다. 그런데 갑자기 사자가 어린 소녀의 웃옷을 낚아채고는 안으로 끌어들이려 하는 것이었다. 아이 부모가 놀라서 비명을 질렀다. 남자는 우리로 달려가 들고 있던 우산으로 사자의 코를 후려쳤다. 그러자 사자는 아파서 깽 소리를 내고 뒤로 물러서며 어린 소녀를 놔줬다. 남자는 소녀를 겁에 질린 부모에게 인계했고, 그 부모는 딸의 생명을 구해줘서 고맙다고 몇 번이고 인사를 했다.

그런데 남자는 모르고 있었지만 한 기자가 그 장면을 보고 있었다. 그리고 나중에 그에게 다가와 말했다.

"선생님, 여태껏 이렇게 용감한 분은 본 적이 없습니다."

남자는 어깨를 으쓱하고는 말했다.

"별것 아닌데요. 사자는 어차피 우리 안에 갇혀 있었고, 하나님이

* 이런 실험은 친구 사이에서도 충분히 가능하다. 부록2에 애쉬가 실험에서 사용했던 보충적 특성을 가진 형용사 목록을 첨부했다. 원본을 먼저 사용해 본 후에 원본과 2차적 특성 목록을 사용해 보면 차이를 확실히 알 수 있을 것이다.

사자 우리에 들어간 다니엘을 보호하셨듯이(다니엘서 6장) 나도 보호해 주실 걸 알고 있었어요. 어린 소녀가 위험에 빠져 있는 걸 보고 당연히 해야 할 일을 했을 뿐입니다."

기자는 감명을 받고 이렇게 물었다.

"주머니에 넣고 계신 게 성경인가요?"

"네, 기독교 신자라서요. 사실은 성경공부를 하러 가는 길입니다."

"저는 기자입니다. 그리고요, 오늘 하신 일을 내일 1면 기사로 싣겠습니다. 사람들이 선생님의 희생적이고 용감한 행위를 모르고 지나치는 일이 없도록 꼭 기사화하겠습니다."

다음 날 아침 남자는 그 기자가 정말 약속을 지켰는지 보기 위해 신문을 샀다. 그는 과연 약속을 지켰다. 그런데 기사 제목은 이랬다.

"우익 기독교 근본주의자, 아프리카 이민자 공격, 점심 갈취!"

이제 분명하게 느끼겠지만 낱말은 우리의 정신에 작용한다. 귀로 듣든 눈으로 읽든 단어들은 순식간에 우리 뇌로 전달돼 우리의 사고 패턴을 변화시키고 우리가 상황에 대처하는 방식에 영향을 미칠 수 있다. 예를 들어 언론에서 말만 하나 잘 고르면 대문짝만한 광고문만큼이나 우리 주의를 끌고 감정에 불을 붙일 수가 있다. 일체의 논란을 피하기 위한 완곡어법(Political Correctness)이 바로 그런 경우다. 그해에 나온 완곡어법 말 중 가장 웃기는 것들을 뽑는 글로벌랭기지모니터(GLM)가 2005년에 발표한 것들을 보자.[15] 정상을 차지한 말은 "잘못 지도받은 범죄자(Misguided criminals)"였다. 런던 버스와 지하철에서 폭탄테러가 발생한 후 BBC 논설위원이 지어낸 우아한 말이다. 테러로 50명 이상의 무고한 시민이 사망했음에도 불구하고 '테러리스트'라는 말은 너무 감정적으로 보였던 모양이다.

또 여러 사람들이 모여 아이디어를 쏟아내는 브레인스톰(Brainstorm)은 간질병 환자들에게는 돌연 발작이라는 의미도 담고 있다는 이유로 대신 사용하게 된 아이디어 홍수(Thought Shower)도 올라갔다. 그 외에 성공하지 못한 사람들에 대한 배려로 실패(Failure)의 대용어가 된 '지연된 성공(Deferred Success)'과 여성(Women)의 Men자를 Myn으로 바꾼 Womyn도 있었다.

이런 우스꽝스러운 소리들을 들으면 말이 다 장난같이 여겨질 수 있지만 그래도 심각한 면도 있다. 예를 들어 법정에서는 말의 최면효과가 재판과정을 어지럽힐 정도로 위험한 요소라는 것을 너무나 잘 알고 있다. 대질신문 때 유도신문을 엄격히 금지하는 이유도 바로 그 때문이다.

1974년 워싱턴 대학의 엘리자베스 로프터스와 존 파머가 실시한 연구조사는 유도심문 금지를 계속해야 하는 이유에 대한 분명한 증거를 제시하고 있다. 연구조사의 핵심내용은 경미한 교통사고에 대한 비디오 영상이었다.[16] 연구진은 주행 중이던 차가 주차되어 있는 차와 접촉사고를 내는 장면을 두 그룹 사람들에게 보여줬다. 그리고 양 그룹에 각기 똑같은 질문을 했다. 접촉 사고를 낸 차의 속도를 묻는 것이었다. 놀랍게도 두 그룹 모두 똑같은 비디오를 보았음에도 불구하고 양측의 답은 크게 달랐다. 한쪽 그룹 평균은 시속 51킬로미터인 반면 다른 그룹 평균은 65킬로미터였던 것이다. 어떻게 그럴 수가 있을까?

그 이유는 간단했다. 질문할 때 말을 약간 다르게 썼던 것이다.

한쪽 그룹에게는 "1번 자동차가 2번 자동차에 접촉할 때 속도는 얼마였을까?"라고 물은 반면 다른 쪽 그룹에게는 "1번 자동차가 2번 자동차를 들이받았을 때 속도는 얼마였을까?"로 물었다.

그렇게 단어 한 개를 슬쩍 바꾼 것이 양 그룹의 답이 그렇게 달라지게 만들었다. 그뿐이 아니었다. 1번 차가 들이받은 것으로 들은 그룹 증인들은 원래 비디오 영상에서는 사고로 인한 파편이 전혀 보이지 않았음에도 불구하고 사고현장에서 유리조각을 봤다고까지 보고했다. 그러니 증인에 대한 유도심문에 대해 상대편 변호사가 그렇게 다급하게 목소리를 높여 이의를 제기하는 것도 무리가 아니다.

그러나 우리가 경계해야 하는 곳은 법정만이 아니다. 로프터스와 파머는 정치계에서도 비슷한 효과가 있음을 보여줬다.

인기 절정이던 버락 오바마 대통령의 허니문 기간이 끝난 시절의 이야기다. 오바마는 베를린 장벽 붕괴 20주년 행사에 참석하지 않았다, 건강보험 개혁에 너무 빠져 있고 실업문제에는 무관심하다, 일본 천황에게 너무 몸을 숙였다, 공동 기자회견에서 중국 주석이 기자들의 질문을 막는 것을 내버려뒀다 등 온갖 구설에 올라 있다. 물론 전통적으로 민주당 출신 대통령은 취임 후 1년을 어렵게 보낸다. 최근의 대통령 일곱 명 중, 부시 아버지와 아들은 모두 취임한 직후 인기가 최고였고 클린턴과 오바마는 바닥이었다. 게다가 중국에서 뭘 얻은 대통령이 누가 있냐고 반론을 펼 수도 있다. 오바마 대통령은 그러나 백악관에 입성하기 전부터 정치적 커브볼을 던지기를 꺼리지 않았다.

2008년의 선거 유세 기록을 보면, 오바마 후보는 여론조사에서 흑인들의 거의 전폭적인 지지를 받고 있는 것으로 나타나고 있음에도 자신에게 '흑인 후보' 딱지를 붙이려는 모든 노력을 줄기차게 거부했다.

오바마는 선거유세가 처음 시작했을 때부터 "인종 정체성, 성별 정체성, 성적 지향 혹은 피해의식만을 기반으로 하는 정치를 거부한다"고 말한 것으로 기록되어 있다.

하지만 이유가 뭘까? 인구의 상당 부분을 차지하는 그룹의 압도적인 지지를 받고 있는데 왜 인종으로 인한 이점을 이용하지 않는 것일까? 왜 우리 모두에게 깔려 있는 역사의식에 호소하지 않는 걸까?

〈타임〉의 칼럼니스트 데이비드 폰 드렐리가 정확히 지적했듯이 '블랙'이 바로 그런 단어이기 때문이다. 솔로몬 애쉬가 40년대에 처음 실험하기 시작했던 '따뜻한'과 '차가운'처럼 사람의 중요한 특징을 나타내는 단어 중 하나이기 때문이다.

폰 드렐리는 이렇게 썼다.

"인종 딱지가 붙으면 즉시 일부 사람들은 돌아서고, 다른 사람들은 흥미를 잃고, 또 다른 사람들은 그가 어떤 사람이고 어떤 생각을 하는지에 대해 결론을 내려 버린다.[17] 오바마는 성장기에는 인종이 '강박관념'이었지만 오래전에 그 짐을 내려놨다고 했다. 이제 그는 '케냐 흑인 남성과 캔자스 출신 백인 여성의 아들로 온갖 인종과 피부색을 가진 내 형제와 자매, 조카, 아저씨, 사촌이 세 대륙에 흩어져 살고 있다'며 온갖 집단을 다 자기 것으로 삼고 있다."

사실일 수도 있지만 유용한 것 또한 사실이다.

본질 언어

앞에서 프랭크 런츠는 언어의 위력을 알아보기 위해 특별히 조직된 포커스 그룹을 운영했다. 해석에 따라 의미가 훼손될 위험이 없는 완벽한 경구, 황금 같은 단어 혹은 문장을 찾기 위해서였다. 정치가들이 유권자들에게 들려주고 싶어 할 뿐 아니라 시대정신을 압축해 유권자들의 귀에 그대로 들어와 박히는 그런 명언, 의미 코드가 정확히 전달되는 말을 찾고자 했다.

런츠는 우리에게 익숙한 무의식을 몰래 뽑아낼 줄 아는 언어 심리분석학자다. 그는 우선 유행어, 정치 관련 주요 용어 혹은 간결하고 익숙한 주제어를 포커스 그룹에 제시하고 자유 연상을 하도록 했다. 이 자유 연상에서 나온 단어나 경구들은 다음 단계 그룹 토론의 기반이 됐다. 그리고 런츠는 그 토론에서 3세대 언어들을 여과해냈다. 그리고는 후속 토론을 통해 4세대, 5세대 말들을 추려내는 것이었다. 그렇게 해서 최종적으로 얻은 농축된 의미의 말들은 당초 던져준 단어와는 몇 단계나 거리가 있었지만 그래도 본래 의도가 스며 있었다. 그 단어 혹은 구절은 정말 말 그대로를 의미했다.

지난 2000년 〈뉴요커〉의 통신원인 니콜라스 리먼은 프랭크 런츠의 포커스 그룹에 참여하여 런츠의 트레이드마크인 언어 연금술을 직접 목격할 수 있었다.[18] 모임은 '정부'라는 단어로 시작됐다. 런츠는 참석자들에게 그 단어가 자기들에게는 어떤 의미를 갖는지 물었다. 그렇게 해서 처음 나온 답들은 별게 없었다. '법', '관료주의', '부패' 등으로 그저 그런 것들이었다.

그런데 거기 있던 건축 청부업자가 불쑥 이렇게 내뱉었다.

"규정이 너무 많아요. 쓸데없는 것들이 너무 많다고요. 좀 알아서 하게 내버려뒀으면 좋겠어요. 법은 좀 줄이고 도움은 좀 늘려 준다면 우리 회사는 더 큰 회사가 될 수 있을 겁니다."

방아쇠가 당겨진 듯 토론 열기가 한 단계 올라갔다. 바로 그것이 런츠가 노린 것이었다. 그는 상대의 중요한 허점을 본 능숙한 유도 선수처럼 그것을 놓치지 않고 달려들었다.

나머지 사람들에게 이렇게 물었다.

"지금 그 말에 대해 어떻게 대응하시겠습니까?"

법, 정치가, 워싱턴 정계 전체에 대한 비난이 한참 나온 다음에 그는 앞에 놓은 이젤에 키워드 다섯 개를 적었다. 기회, 공동 사회, 의무, 책임, 사회였다.

런츠는 더 깊이 들어갔다. 그 핵심 가치들이 자기들의 일상생활에 정말 중요한지를 깊이 생각해 보면 그 다섯 개 중 어느 것이 가장 중요할까? 그 답은 곧 드러났다. 제일 중요한 것은 기회였다. 그리고 책임이 두 번째고 공동 사회는 제일 끝이었다. 그런데 '기회'는 정확히 뭘 의미하냐고 런츠는 다시 물었다. 사람들이 '선택권', '개인의 주도권', '장애물이 없는 것', '누구나 기회를 갖는 것', '국가 건국 원칙' 등을 발표하자 그는 이젤에 새 종이를 깔았다. 그리고 다시 한 번 그 민주주의 핵심 요소들, 자유의 미토콘드리아들을 그 중요성에 따라 순서를 매겼다. 이번에는 '건국 원칙'이 금메달이었고 '누구나 기회를 갖는 것'과 '선택권'이 뒤를 이어 은메달과 동메달이었다.

런츠는 리먼을 바라보며 이렇게 선언했다.

"바로 여기에 공화당과 민주당의 기회에 대한 정의가 나와 있습니다. 공화당의 정의는 '선택권'이고 민주당의 정의는 '누구나 기회를 갖는 것'이지요. 개인 대 세계입니다."

런츠의 철학은 물론 전혀 새로운 것이 아니다.

1900년대 초기, 정치판에서 사람들의 마음을 읽는 것의 이점을 처음으로 정확히 표현한 사람은 26대 미국 대통령 테오도어 루즈벨트였다. 그는 "가장 성공적인 정치가는 사람들이 생각하고 있는 것을 제일 자주, 제일 목소리 높여 말하는 사람"이라고 했다. 다른 사람의 좀 더 간결한 표현을 빌자면 "말 탈 때 제일 쉬운 길은 말이 가는 대로 따라가는 것"이다. 런츠는 그 루즈벨트를 현대로 끌어들이고 그의 정치적 통찰력과 포괄적 심리학을 두뇌로 가는 뒷길로 활용했다. 언어 MRI를 이용하여 효과적으로 의미를 포착하는 형태를 그려내 모든 언어 소통에 있게 마련인 빈틈을 찾아내는 것이었다.

'원유 시추'라는 말을 예로 들어보자. 의미가 아주 분명하다고 여긴다면 다시 생각해 봐야 할 것이다. 2007년 런츠는 모인 사람들에게 멕시코 걸프만 카트리나에 있는 심해 원유 시추 프로젝트 사진을 보여줬다. 그리고 사람들에게 사진에서 뭘 봤냐고 물어봤다.

"석유 탐사로 보였나 아니면 시추로 보였나?"

놀랍게도 응답자의 90퍼센트는 탐사로 보인다고 말했다. 런츠의 주장은 이렇다.

"사람들이 사진을 본 다음 '내가 알고 있는 정의에 따르면 그건 원유 시추 같지 않고 탐사로 보인다'고 한다면 거기에 정치적 관점을 붙이는 대신 사람들이 보는 대로 불러야 한다고 생각지 않습니까? 시추라고 하면 기름이 바다로 콸콸 흘러 들어가는 것을 연상시키지요. 카트리나 원유 시추 장비는 걸프만에 기름을 단 한 방울도 흘리지 않습니다. 그러니 심해 석유 탐사라는 용어가 더 적절하지요."

2002년, 런츠도 인정하듯이 과학적 증거가 지금만큼 확실하지 않았을 당시에 그는 지구온난화(Global warming)라는 말도 바꿔야 한다고 주문했다.

조지 부시 대통령에게 보낸 『환경: 더 깨끗하고, 안전하고, 건강한 미국』이라는 제목의 메모에서 그는 다음과 같이 말했다.

> "과학 논쟁은 우리와 반대쪽으로 근접하고 있지만 아직 결론이 난 것은 아니다. 아직 과학계에 도전할 기회의 여지가 있다. (……)
> 유권자들은 과학계에서 지구온난화에 대해 아직 일치된 의견이 없다고 믿고 있다. 일반인들이 만약 과학적 문제가 정리됐다고 믿게 되면 지구온난화에 대한 견해도 그에 따라 바뀌게 될 것이다. 따라서 토론 때 확실한 과학적 결론이 없다는 것을 계속 주요 이슈로 삼고 그 분야 과학자와 전문가들에게 그 문제를 넘겨야 한다."

그 결과는?

지구온난화는 좀 더 편안하고 위기감과 부담이 덜하며 적어도 정치적으로는 좀 더 듣기 좋은 '기후변화'로 대체됐다.

—◆—

4장은 내용은 아닐지 몰라도 주제는 거의 3장의 연장이었다. 3장에서는 사이코패스에 타고난 천재 설득가인 키스 배릿이 사회적 영향력의 3As, 즉 주의력, 접근 방식, 관계 설정을 소개했다. 그리고 그가 평생 직접 발로 뛰며 얻어낸 유형 분류 체계가 엄격한 실험실 기준도 거뜬히 견뎌내는 것을 보았다. 이 장에서는 연구 범위를 좀 더 넓혔다. 음지 세계에서 합법적인 업계로 시선을 돌려 설득의 대가들의 활동 방식, 즉 변호사, 정치가, 광고 및 영업 전문가들이 우리 사고의 흐름에 파고들어 그 경로를 교묘하게 돌리는 방식을 살펴봤다. 관찰은 새로운 사실들을 보여줬다. 뇌는 아주 단순한 자체 규칙을 갖고 있다. 그리고 그 규칙을 자기 편리한 대로 조정할 줄 아는 사람들은 별로 힘들이지 않고 설득 노력에서 대성공을 거둘 수 있다.

다음 장에서 우리는 개인에서 집단으로 차원을 높여 계속 사회적 영향력을 살펴보겠다. 암시와 틀 짜기는 우리의 뇌를 나태하게 만들 수가 있다. 문제는 뇌가 나태해지다 보니 남들이 우리를 속여도 뇌가 반응하지 않을 수 있다는 데 있다.

조상들이 살던 시대에는 집단이 이런 일을 방지해 줄 수 있었다. 그리고 우리 두뇌는 아직도 거기에서 벗어나지 못하고 있다.

5

숫자의 설득력

Persuasion by Numbers

한 아일랜드 노인이 임종을 앞두고 곁을 지키고 있는 아들에게 말했다.

"얘야, 이제 목사님을 모셔올 때가 됐구나."

아들은 믿을 수가 없어 반문했다.

"하지만 아버지! 아버지께서는 평생 독실한 가톨릭 신자셨잖아요! 잘못 말하신 거지요? 목사가 아니라 신부님을 말씀하신 거지요?"

그랬더니 노인은 아들을 올려다보며 이렇게 말했다.

"얘야, 제발. 내 마지막 부탁이다. 제발 목사님을 모셔다 줘!"

"하지만 평생 착실한 가톨릭 신자로 사셨잖아요. 저까지 착실한 가톨릭 신자로 키우셨고요. 이럴 때 목사님을 찾으실 리가 없어요."

그러나 노인은 전혀 물러서지 않고 속삭였다.

"얘야, 네가 나를 아버지로 존중하고 사랑한다면 지금 당장 나가서 목사님을 모시고 올 거다."

아들은 할 수 없이 아버지 부탁대로 했다. 목사님을 모시고 오자 그는 이층에 있는 침실로 가 노인을 개종시켰다. 목사는 집을 나서다가 허둥지둥 문을 들어서는 오설리번 신부와 마주쳤다. 목사는 엄숙한 표정으로 신부를 똑바로 바라보며 말했다.

"신부님, 미안하지만 이미 늦은 것 같군요. 그는 이제 신교도랍니다."

오설리번 신부는 계단을 달려 올라가 노인의 방으로 뛰어 들어갔다.

"시머스! 시머스! 왜 그랬어? 그렇게 착실한 가톨릭 신자인 자네가! 세인트 메리 성당에 함께 다녔잖아. 내가 첫 미사를 집전할 때도 거기 있었고! 도대체 왜 그런 짓을 한 거야?"

노인은 친구를 간절하게 바라보며 말했다.

"이봐, 패트릭. 어차피 가야 하면 우리 쪽 가톨릭 신자보다는 저쪽 신교도가 한 사람 가는 게 나을 것 같아서 그랬지."

> 우리는 무지에 빠져 우리가 혼자, 몇 명끼리만, 집단으로만, 인종끼리만, 아니면 성별이 같은 사람들끼리만 생존할 수 있다고 믿게 된다.
>
> \- 마야 안젤루, 1990년 루이지애나 센테너리 칼리지에서의 연설 중

◆◆◆

키 큰 순서대로

런던 공항에 도착했을 때, 그곳은 완전히 혼란 그 자체였다. 전면적 시스템 장애로 한 사람 한 사람 다 수동으로 수속을 밟아야 했고, 보통 때는 넓기만 한 출국장이 스티븐 호킹도 풀지 못할 복잡하게 엉킨 줄로 가득 차 있었다. 아무도 빨리 움직일 수 없었고, 제자리에서 전혀 움직이지 못하는 사람들도 있었다. 나보다 좀 앞에 서 있던 남자는 싸울 태세였다. 이미 몇 차례 전화를 걸어 알아보더니 이제 더 이상 못 참겠다는 식이었다. 그는 사람들 사이를 비집고 줄 맨 앞으로 나가 프라다 여행 가방을 바닥에 던지며 당장 체크인을 시켜달라고 요구했다. 하지만 항공사 직원은 들은 척도 하지 않았다. 그녀는 의자에서 느리게 일어나더니 보라는 듯이 차근차근 한 번에 한 동작씩 카운터 위로 올라가 섰다. 그리고는 우렁차고 차분하며 완전히 무시하는 투로 그를 내려다본 채 말했다.

"도대체 뭐 때문에 당신이 여기 공항에 있는 다른 사람들과 다른 대접을 받아야 한다고 생각합니까?"

그는 결국 비행기를 놓쳤다.

4장에서 우리는 지각적 암시와 관련 역학 작용을 좀 자세히 알아보았다. 직업상 설득 전문가들인 법률가, 세일즈맨, 광고 종사자, 정치가들이 우리 두뇌가 어떤 정보(설득 원료)를 받아들일지만을 조종하는 게 아니라 그렇게 받아들인 정보를 정확히 어떻게 사용할지도 조종한다는 것도 살펴봤다.

하지만 방금 본 공항 체크인 카운터 직원 이야기는 지금까지 이야기한 것과는 다른 종류의 영향력을 암시해 준다. 정보의 힘보다는 인간관계의 힘에 더 의존하는 영향력이다.

존스타운 집단 자살 사건을 예로 들어보자.

1978년 11월 18일, 인민사원 교주 짐 존스는 가이아나 외딴 정글의 집단 농장에서 신도들에게 청산가리를 탄 오렌지 소다를 마시도록 한 다음 자살하는 장면을 44분간 녹화했다. 그 뒤에 이어진 집단 학살로 914명에 달하는 신도들이 희생돼 아직까지도 9.11 테러를 제외하고는 미국인이 가장 많이 희생된 사건으로 남아 있다.* 그리고 몇 년이 지난 후에 런던 테러가 있었다. 2005년 7월 7일 아침 8시 50분, 초등학교 교사, 카펫 기술자, 식당 종업원이 인파로 붐비는 도심에서 일련의 폭탄 테러를 자행하여 출근하는 길이던 시민 39명의 목숨을 무자비하게 앗아갔다. 그로부터 채 한 시간도 안 지난 9시 47분에는 이 테러 조직의 네 번째 멤버로 고등학교를 갓 졸업한 18세 청년이 또 다른 폭발물을 터뜨리면서 희생자는 52명으로 늘어났다.

물론 이는 집단 영향의 극단적인 예들이다. 과격화하고 세뇌된 사람들의 예로, 일상생활과는 너무 거리가 있어 소수의 미친 사람들이 아니라면 도저히 이해할 수 없는 일처럼 보일 수가 있다. 여러 면에서 정말 그렇기도 하다. 하지만 여기에는 또 다른 설득력, 집단 정체성으로 단단히 뭉쳐진 고대로부터 내려온 인간관계의 흡인력이 숨겨져 있

* 본 통계는 자연재해가 아닌 사건만 해당된다.

다. 집단 영향력의 범위는 그냥 한순간 마음을 바꾸게 하는 간단한 것으로부터 세계관 전체가 바뀌게 하는 것까지, 일상생활의 사소한 문제에서 죽고 사는 문제에 이르기까지 광범위하다.

4장에 나왔던 솔로몬 애쉬의 선 길이 실험 결과를 다시 생각해 보라. 어떤 선들이 길이가 같고 어떤 것들이 다른지는 보면 금방 알 수 있었다. 그러나 한결같이 확신에 차서 그것도 한 목소리로 반대 의견을 말하는 사람들을 섞어 놓자 쉬운 문제도 좀 복잡해졌다. 사람들은 선의 길이를 있는 그대로가 아니라 주위 사람들이 보는 대로 보기 시작한 것이다. 그리고 거기에 이념이 개입되고, 선이 신조로 대치되면 위험이 시작된다.

숫자의 신빙성

온건한 성향의 지지자를 과격하게 바꾸는 것이 얼마나 쉬운지 집단양극화 실험에서 잘 드러났다.[1] 집단양극화는 개인들이 집단을 이루게 되면 그들의 견해가 극단적으로 과격해지는 것을 말한다. 이는 친구 몇 명과 함께 실제로 실험해볼 수 있다. 우선 친구들에게 한 명씩 따로 다음 이야기를 들려주고 그에 대한 개인적 의견을 물어보라.[2]

> 적진에 들어가 활동하던 비밀 첩보원이 적군에 체포돼 20년 강제 노동형을 받았다. 외딴 수용소의 환경은 극히 나쁘고 구조 가능성은 미미하다. 그 첩보원은 이제 한창 시절인데, 이 비참하고 끝이 안 보이는 절망

속에서 보내야 한다고 생각하니 도저히 참을 수 없어 탈출계획을 세운다. 하지만 그 시도가 실패할 경우 그는 처형당하게 된다.

문제 : 만약 내가 그 첩보원에게 조언을 해 줘야 한다면 어느 정도의 위험을 감수하라고 할 것인가? 다음 수치 중에서 골라보라. (숫자는 10퍼센트에서 90퍼센트까지로 탈출을 시도하다 잡힐 가능성을 나타낸다)

1/10 2/10 3/10 4/10 5/10 6/10 7/10 8/10 9/10

각자의 의견을 들었으면 친구들을 다 한자리에 모이게 해 그룹으로 같은 문제를 토론하고 그에 대한 합동 건의안을 만들도록 하라. 아마 이런 결과가 나올 것이다. 개인 의견 평균에서는 감수할 위험 정도를 5/10 미만으로 정했다면 (조심스러운 편으로) 그룹 결정은 더욱더 그쪽으로 쏠릴 것이다. (개인적 건의를 그냥 합계했을 때보다 더 보수적이 된다.) 반면 개인적으로 권고하는 위험 감수 수치가 5/10을 넘을 때는 (좀 더 위험을 감수하는 쪽으로) 또 더욱더 그쪽으로 쏠리게 된다. (개인적 건의 때보다 더 큰 모험을 권하게 된다.)

집단양극화 효과는 경마장, 쇼핑몰, 도둑들의 범죄감행 결정 과정 등 다양한 조건에서 연구됐고 매번 같은 패턴이 나왔다.[3] 쇼핑을 단체로 가면 돈을 더 많이 쓰게 된다. 단체로 도둑질을 나가면 터는 집 숫자가 줄어든다(도둑들이 털 집의 허점에 대해 집단 평가를 하게 되면 좀 더 위험을 기피하는 쪽으로 간다). 하지만 가장 중요한 연구는 편견에 대한 것

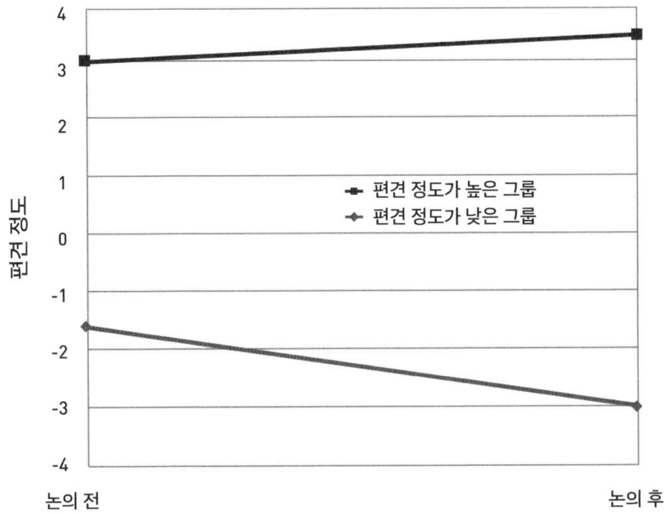

그림 5-1 그룹의 양극화와 편견.

이고 좀 더 최근에는 극단주의의 증폭에 대한 연구로 이어진다. 편견을 가진 개인들이 모여 인종에 대해 토론하게 되면 그들의 입장이 더 강경해지고 편견이 더 심해진다는 것이 연구조사에서 드러난 것이다.[4] 반면 원래 편견이 덜한 개인들은 같은 과정을 통해 인종에 대한 입장이 더 너그러워졌다.

많은 테러 단체들이 행동대원을 모집하는 전략도 비슷한 맥락에서 이루어진다. 우선 공감하는 사람들을 타깃으로 삼아 영입한 다음 과격하게 치우친 집단에 집어넣어 자기들이 선전하는 신조를 흡수하게 만들고 '대의명분'을 토론하도록 한다.

런던 테러범 네 명 중 하나인 22세의 쉐자드 탄위르를 친구들은 정치적으로 온건한 사람이라고 말했다. 영국 학교에서의 그는 크리켓,

축구, 장거리 달리기 등을 잘하는 아주 유망한 운동선수였다. 2004년 리즈메트로폴리탄 대학에서 스포츠 과학 학위를 받고 졸업한 쉐자드는 파키스탄 라호르 지역의 한 이슬람 학교(마드라사)에서 '이슬람학' 과정에 등록했다. 정보국에 따르면 이곳은 불법 이슬람 단체와 관련된 곳이었다. 그다음해 7월의 맑은 여름날 아침 8시 50분. 그는 폭약을 넣은 배낭을 메고 런던 도심의 지하철역에 들어가 자폭했고 런던 지하철 동부 간선 중 하나에 큰 구멍을 냈다.

같은 파키스탄계인 나머지 세 명의 변화과정도 비슷했다. 평범하고 정상적인 사람들이 자기들이 발을 들여놓은 집단을 통해 서서히 세상을 '다르게' 봤다. 선들을 있는 그대로가 아니라 다른 사람들이 보는 대로 보기 시작한 것이다.

초록색 방 실험

이는 물론 설명을 쉽게 하기 위해 단순화시킨 것이다. 숫자의 위력 외에도 순응도가 높아지는 데는 다른 여러 요소들이 있다. 연구 결과에 따르면 무력감 혹은 불안감, 적어도 세 명 이상의 모임(사람의 수가 셋보다 더 올라가더라도 순응도는 크게 증가하지 않는다), 획일성(반대 의견이 하나만 있어도 파국을 초래한다), 집단에 대한 신봉, 적극적 단체 참가 경험이 없는 것 등이 그런 요소이다. 또 집단의 개인 감시도 그중 하나로 애쉬의 선 실험을 예로 들자면 실험 참가자들로 하여금 공개적으로 답을 발표하게 하는 대신 개인적으로 하게 할 경우에는 다수 의견에 순응

하는 정도가 현저히 줄어들었다.[5]

거기에 짐 존스 같은 카리스마 넘치는 교주, 자기들과 다른 세계관을 가진 사람들로부터 고립되어 있는 상황까지 생각해 보라. (인민사원 교도들이 있던 가이아나 정글이나 쉐자드 탄위르가 있었던 라호르의 마드라사나 반대 의견 같은 게 있을 수 없었다.) 또 집단의 일원이 되는 과정은 점진적으로 이루어지는데, 선전 자료를 나눠주는 것으로 시작해, 신입 회원 지도, 정책 결정 참여 등 집단 안에서의 책임이 점차 커지는 방식으로 진행된다. 그야말로 일단 발부터 들여놓게 한 다음 마지막에는 정말 위험한 일을 맡게 된다. 세뇌의 기본 요소이자 심리적 핵폭탄이라고 할 수 있다. 그래도 뭔가 빠진 것 같다. 조각 그림의 중요한 부분이 아직도 제대로 설명이 안 되는 것이다. 잠시 대형 테러 공격의 여파, 그 엄청난 파장을 생각해 보라. 아니면 집단 자살을 보라. 존스타운에서 벌어진 사태, 잔혹한 런던 테러, 9.11 사태를 정말 단순한 또래 집단의 영향으로만 설명할 수 있을까? 아니면 다른 뭔가가 있을까? 더 깊고 강렬한 신경 작용이 개입돼 있지 않을까? 순응 욕구 증세는 애쉬가 보여준 것처럼 늘 확연하게 드러날까? 아니면 그 바이러스 균은 잠복해 있어서 그 영향력은 우리 의식의 수면 밑에 숨어 있는 것일까?

로버트 치알디니의 실험에서 그에 대한 단서를 찾을 수 있다. 2007년 치알디니와 동료들은 인간 심리에 대한 실험을 했다. 호텔 숙박객들이 머무는 동안 단 한 번이라도 쓴 수건을 다시 쓰게 할 수 있는 방법을 알아보는 것이었다.[6] 치알디니는 어떤 식의 메시지를 손님들이 가장 잘 따를지에 관심이 있었다. '(많은 사람들이 수건을 다시 사용

한다는 식의) 일반적 규범을 강조하는 것일까? 아니면 정석대로 환경 의식을 촉구하는 메시지일까?'

그 답을 위해 다음과 같이 다른 메시지를 담은 다섯 가지 카드를 무작위로 260개 호텔 방에 뿌리고 나중에 수건 숫자를 세어봤다.

- 호텔의 에너지 절약을 도와주세요.
- 환경 보호를 도와주세요.
- 우리의 환경 보호 파트너가 되어 주세요.
- 미래 세대를 위해 자원 보호를 도와주세요.
- 이 호텔 손님 대다수는 머무시는 동안 최소한 한 번은 수건을 재사용합니다.

어떤 메시지가 가장 효과적이었을 것 같은가? 본인이라면 어떤 것을 가장 잘 따를 것 같은가?

마지막 문장인 "이 호텔 손님 대다수는 머무시는 동안 최소한 한 번은 수건을 재사용합니다"를 골랐으면 다수에 속한다. 이 메시지를 받은 손님들은 41퍼센트가 수건을 재사용했다. 가장 효과가 없었던 것은 호텔 이익을 강조한 것으로, 20퍼센트만이 수건을 다시 사용했다. 그리고 후속 연구를 통해 제일 효과적인 메시지를 "이 객실에 머문 손님 대다수는 머무시는 동안 최소한 한 번은 수건을 재사용하십니다"로 더 구체적으로 손보자 이에 따른 비율이 48퍼센트로 더 높이 올라갔다. 연구팀 일원이었던 노아 골드스타인은 "어떻게 처신해야 할지 모르는 상황에서는 다른 사람이 보여준 그 상황에 가장 일반적인 규범을 따르게 된다"고 평했다.

바로 애쉬의 말 그대로다.

아니면 정말 그럴까? 잠시 치알디니의 실험을 좀 더 자세히 살펴보고 그것을 줄의 길이 연구 조사와 비교해 보자. 양쪽 사이의 다른 점을 알아챘는가? 우선, 물론 치알디니 실험에서는 확실한 사실에서 벗어난 것은 없다. 320호 객실 손님 대다수가 수건을 정말 재사용했을 수는 있다. 하지만 그렇다고 해서 정말 그랬는지 아닌지 자로 줄의 길이를 재 보듯 확인할 수 있는 것은 아니다.

다른 점은 그것뿐이 아니다. 더 흥미로운 다른 차이점이 있다. 애쉬 실험 때는 대다수가 실제로 그 현장에 있었다. 그들을 피할 도리가 없었던 것이다. 그들은 물리적으로 심리적으로 확실한 영향력으로 눈앞에 있었다. 치알디니 조사에서는 반대로 그 '대다수'들이 같은 현장에 있었던 것이 아니다. 더 중요한 것은 그 대다수들이 서로를 볼 수 없는 것처럼 당신을 지켜보지도 못한다는 것이다. 물론 메시지가 담긴 종이 카드에 그 대다수가 언급되기는 했지만 실제로 욕실 앞에 재사용하는지를 지켜보고 있는 것과 같을 수는 없다. 문제는 그럼에도 불구하고 그 대다수라는 말이 호텔 손님에게 수건을 재사용하도록 설득할 수 있었다는 점이다.

치알디니의 실험 결과는 강력한 의미가 있다. 사람들을 순응시키는 데는 눈에 보이는 이상의 무엇이 있다는 것이다. 그냥 별난 사람처럼 보이는 것이 싫기 때문에 따르는 것만은 아니다. 그보다 더 깊은 뭔가가 있다. 우리에게는 정말 질서 깨기를 싫어하는 기질이 깔려 있는 것 같다. 이에서 한 걸음 더 나아가 어떤 영향력은 실제로 우리의 지각에까지 영향을 미칠 수 있음을 보여주는 실험 결과도 있다. 아주 근원적인 것을 말한다. 게다가 이 특별한 종류의 영향력은 체제, 사회의 상류에서 군림하는 훌륭하고 좋은 사람들의 전유물이 아니라 완전히 다른 사회 계층이 갖고 있다.

소수, 약자, '세상을 다르게 보는' 사람들이다.

영향력의 그늘

1980년 프랑스 사회심리학자 세르주 모스코비치는 아직까지도 연구원들이 의아해하는 실험을 했다.[7] 실험 목표는 사회의 중요하고 근본적 변화는 위에서 아래로 내려오는 것이 아니라 아래에서 위로 올라온다는 자신의 사회적 영향 유전 이론을 실제로 시험해 보는 것이었다. 그리고 그는 정말 목적을 달성했는데 문제는 그 이후로는 아무도 같은 결과를 내지 못했다는 점이다.[8]

모스코비치 이론의 핵심은 사회적 영향의 '이중 경로' 모델로 소수의 영향력은 다수의 영향력과 양적으로만 다른 것이 아니고 질적으로도 다르다는 것이다. 그는 소수집단은 이면에서 신념 변화와 인식 투쟁을 통해 작용한다고 했다. 반면 다수집단은 애쉬가 보여줬듯이 행동양식이 완전히 다르다. 다수의 설득 방식은 현재 상황에 의문을 갖게 하기보다는 그냥 받아들이게 하는 것이다. 이 이론을 실험하는 것은 쉬운 일이 아니었다. 그러나 모스코비치가 내놓은 패러다임은 사회심리학계에 충격을 주었다. 일부 인지심리학 학계도 그러했기에 전문가들은 그의 결론을 지지할 수 있는 정확한 신경구조에 대해 연구했다.

실험의 중심은 우리가 어떤 색깔을 너무 한참 보고 나면 우리 눈앞에 어른거리게 되는 아스라한 색조, 즉 잔상에 대한 것이었다. 더 구체적으로는 원래 색깔이나 빛과는 다른 반대 색조이다.

그 잔상들은 지각 법칙에 따라 확실하게 정해져 있을까? 아니면 경우에 따라 영향을 받을 수도 있을까?

실험은 두 단계로 나눠 할 수 있다. 기준점인 1단계에서는 실험 참가자들에게 일련의 청록색 슬라이드를 차례로 보여주는데 하나씩 본 다음 그 색깔을 적도록 한다. 그리고는 다시 흰색 스크린을 보여줘 눈을 '정화'시켜준 다음 잔상의 색깔을 적도록 했다. 잔상 색깔은 파랑의 잔상인 노랑과 주황에서 초록의 잔상인 분홍과 자주까지 아홉 가지로 분포되어 있었다.

이 예비조사 결과를 기록한 다음 모스코비치는 실험 참가자들을 두 그룹으로 나눴다. 그리고 한쪽 그룹 사람들에게는 전에 똑같은 실험에 참가했던 사람들 중 18.2퍼센트는 슬라이드들을 초록색으로 본 반면 나머지 81.8퍼센트는 파랑으로 봤다고 이야기해 주고 다른 쪽 그룹에게는 18.2퍼센트가 파랑으로 보고 81.8퍼센트는 초록으로 봤다고 완전히 반대로 알려줬다.[9] 전혀 말이 안 되지만 사람들의 마음에 어떤 것이 '소수' 입장이고 어떤 것이 '다수' 입장인지를 심어주기에는 충분했다. 재미있는 일은 그다음에 일어났다. 양 그룹 사람들에게 또 다른 슬라이드 열다섯 개를 보여주는데 처음에 본 것과 마찬가지로 전부 다 청록색 색조였다. 그리고 하나씩 보여준 다음 그 색깔을 큰 소리로 말하도록 했다. 이제 '영향력 단계'가 시작된 것이다.

그런데 함정이 있었다.

1단계 실험에서는 어느 그룹 소속이냐에 따라 보여주는 슬라이드를 무조건 다 초록색이라고 하는 멤버가 한 명(소수 조건)만 있을 수도 있고 아니면 여섯 명(다수 조건)이 될 수도 있었다. 이들은 다 미리 짠 실험보조자들이었다. 그리고 이번에는 매번 슬라이드 색깔을 말한 다음 그 잔상 색깔도 아홉 개 지점 중 어떤 것인지 말해야 했다. 소수의 작용방식은 정말 다수와 다를까? 소수는 더 깊고 지속적인 구조적 신념 변화를 일으킨다는 것이 증명될까? 순응시키는 대신에 전향시키고, 규범보다는 정보로 영향을 끼치는 것이 사실일까? 잔상이 그에 대한 열쇠를 쥐고 있었다.

모스코비치 이론이 유효하다면 1단계 때의 '기준' 잔상이 2단계에서 소수 의견에 노출되고 나면 초록의 잔상인 핑크와 자주 쪽으로 바뀌어야 했다. 소수 그룹의 한결같고 일치된 이견(異見)은 사람들로 하여금 생각하게 만든다고 모스코비치는 주장했다. 특히 소수가 그것을 통해 이익을 얻는 게 아닐 경우에는 더욱 그랬다. 깊은 의문을 제기하게 된다.

'왜 의견이 다를까? 왜 규범에서 벗어날까? 그래서 얻는 게 없는데도 그런다면 그들 행동에는 뭔가 이유가 있는 게 아닌가? 아무래도 뭔가가 있음에 틀림이 없어. 그 사람들이 맞는 것일지도 모르지. 내가 이상한 것일 수도 있어. 슬라이드가 진짜 초록일 수도 있지…….'

다수의 영향력에 노출된 사람들(전에 같은 실험을 한 사람 중 81.8퍼센트가 슬라이드를 초록색으로 봤다고 들은 사람들)에게는 그런 잔상 색깔에 대한 태도 변화를 볼 수 없었다. 다수 그룹 사람들은 소수 그룹과는 달리 그냥 '표면을 훑고 지나갈' 뿐이었다. 그들은 다수의견을 표방한 실험보조자들에게 피상적으로 동조하는 것일 수 있다고 모스코비치는 설명했다. 겉으로는 "맞습니다. 슬라이드는 초록색입니다"라고 공표하지만 사회적 자기보호 장막 이면의 사적 공간에서는 완전히 이야기가 달라진다는 것이었다. 가슴과 마음으로는 자기들이 한 말을 믿지 않는다는 것이다. 물론 믿을 수가 없었다. 하지만 그렇다고 뭐가 달라질 것인가. 슬라이드야 여전히 파랑이고 그 잔상 또한 늘 똑같은 색이지만 남들에게 발표할 때만은 다른 소리를 하는 것이었다.

마침내 이런 놀라운 실험 결과가 나오자 어떤 사람들은 정말 믿지 못했다. 설득 바이러스가 하류 감각인 시각구조조차 해체시킬 정도로 정말 그렇게 지독할 수 있는 것일까? 분명 그럴 수 있어 보였다.

그림 5-2의 그래프를 보라.

모스코비치가 예측했던 그대로 소수 실험보조자들이 슬라이드 색깔을 초록이라고 하자 잔상 색깔은 스펙트럼의 한쪽 끝인 자주색 쪽으로 움직여 정말 감각 변화가 일어나고 있음을 보여줬다. 의식 저변의 고정 감각구조가 변화하는 것이었다. 게다가 예상대로 소수 의견이 실험 참가자들의 전반적 반응에는 전혀 영향을 주지 못함에도 불

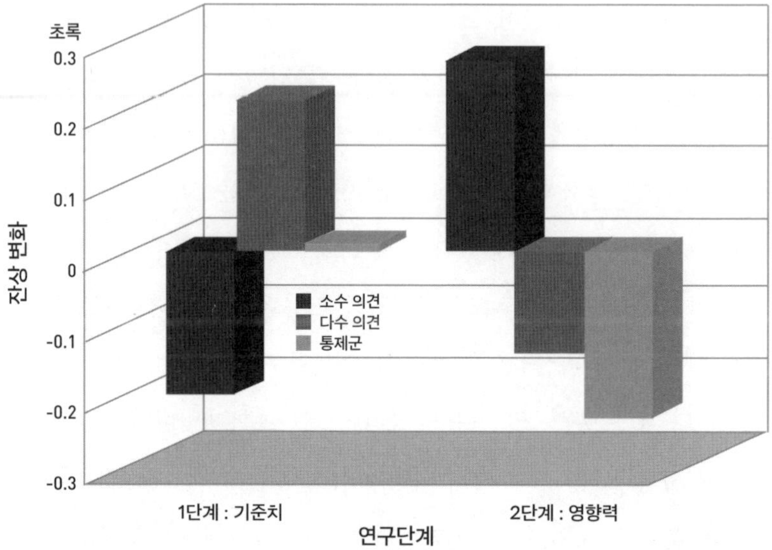

그림 5-2 잔상 평균점수. 높을수록 초록의 잔상 쪽으로 바뀜을 의미한다.

구하고 그랬다. 반대로 다수조건에서는 (이전 실험 참가자 중 81.8퍼센트가 슬라이드를 초록으로 봤다고 들은 그룹) 어떤 현상이 일어났는지 보라. 물론 슬라이드 색깔을 공식적으로 발표할 때는 다수 입장이 소수 입장을 압도했다. 하지만 개인적으로 물어보면 완전히 달랐다. 잔상 이미지가 자주색과 반대인 노랑과 오렌지 쪽으로 움직인 것이다. 소수의 내집단영향이 정말 작용하는 것 같았다.

카드 퍼즐

모스코비치의 실험 결과는 재현하기가 아주 힘들었지만 불가능한 것은 아니었다. 실제로 지금은 집단 영향력의 '이중 경로' 모델이 꽤 확고히 자리 잡았고, 다수에 대한 순응 작용과 반대로 소수의 작업 방식은 뇌 속으로 파고드는 것이라는 이론이 일반적으로 받아들여지고 있다. 소수 의견이 계속 일관성과 진실성을 유지하면 기존에 자리 잡고 있던 확실한 것들, 우리가 당연히 여기던 것들을 도려내고 진정한 현실이 무엇인지 의문을 갖게 된다는 것이다.

지금 우리가 할 수 있는 일은 추측밖에 없다. 하지만 이와 흡사한 현상이 쉐자드 탄위르와 그 공범자들에게도 일어나 런던 테러로 이어졌을 수 있다. 그래서 짐 존스 교주의 추종자들이 생겼을 수 있다. 아니면 소수 그룹과 다수 그룹 양쪽의 집단화 과정이 결합된 결과일 수도 있다. 한편으로는 소수 집단의 과격화 현상이 쉐자드 일당의 세상을 보는 눈을 변하게 했을 수 있다. 단순히 정신만이 아니라 뇌신경에까지 영향을 끼쳤을 수 있는 것이다. 그리고 또 다른 쪽에서는 또래 집단의 소속감과 정체성에 대한 충성심이 완전히 다른 방식으로 작용했을 수도 있다. 그것이 그들을 움켜잡고 옭아매 죽음의 궤도에서 도저히 벗어날 수 없게 했을 수도 있는 것이다.

그런데 모든 게 다 집단의 영향이었다고 할 수도 없다. 일단 과격화가 시작되자 다른 설득 바이러스, 예를 들자면 '확증 편향(Confirmation bias)'에 노출됐을 수 있다. 우리가 갖고 있던 생각이 틀렸다는 증거보다는 맞았다는 증거를 찾고 싶어 하는 이 성향은 사고 개조가 극히 힘든 사람들뿐 아니라 우리 모두가 갖고 있다.

아래 그림 5-3에는 카드 네 장이 있다. 모두 한 면에는 번호가 있고 그 뒷면에는 색깔이 칠해져 있다. 펼쳐져 있는 카드를 순서대로 보면 3, 8, 빨간색과 갈색이다. 카드는 원하는 만큼 뒤집어 뒷면을 볼 수 있다.[10]

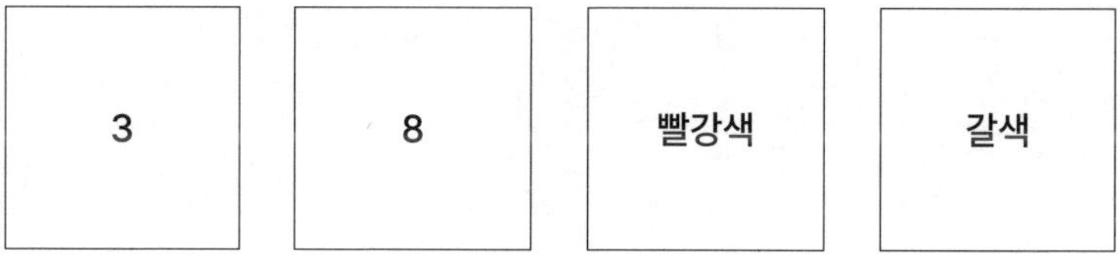

그림 5-3 웨이슨 카드 고르기 문제.

문제: '카드 한 면에 짝수가 있으면 그 뒷면은 빨강'이라는 명제가 있다면 그 명제가 맞는지 틀린지를 확인하기 위해서 어떤 카드를 뒤집어 보겠는가?

이 웨이슨 카드 고르기 퍼즐은 1996년 심리학자로 추리력 전문가인 피터 웨이슨이 고안한 것이다. 이 퍼즐은 사실은 아주 간단한 문제인데, 그럼에도 불구하고 시도하는 사람들마다 거의 다 틀리는 불가사의한 것 중 하나이다.

대부분 사람들은 본능적으로 3과 빨간색 카드를 먼저 집는다. 혹시 여러분도 그랬는가? 그랬다면 잠시 멈추고 자신이 찾고자 하는 것을 생각해 보자.

예를 들어 3이 적힌 카드를 뒤집어봤더니…… 빨간색이었다고 하자. 그러면 '아 됐다'라고 생각할지 모르지만, 과연 그럴까? 당초 명제를 다시 보고 그 정확한 말뜻을 보자. “카드 한 면에 짝수가 있으면 그 뒷면은 빨강.” 자, 그러면 3이 적힌 카드 뒷면이 빨간색이면 그 법칙이 무효가 될까? 사실은 그렇지가 않다. 어차피 숫자가 쓰여 있는 면은 홀수, 짝수가 다 올 수 있으니 빨간색 앞면이 어쩌다 3이라고 해서 거기에 2는 절대 안 나온다는 법은 없다. 빨간색 카드를 뒤집었더니 5가 나왔다 해도 역시 마찬가지다. 3이 나왔을 때와 별다를 게 없다. 어쩌다 5자 카드 뒷면이 빨간색이라고 해서 그 앞면에 4는 절대 못 온다고 할 수는 없기 때문이다. 반면, 갈색 카드를 뒤집었더니 반대쪽에 4가 나왔다면 그거야말로 정말 명제에 반하는 것이다. 명제가 틀렸음을 증명하기 때문이다. 또 4가 있는 카드를 뒤집었더니 검정색이 나왔다면 그 역시 명제가 틀렸음을 증명해 주는 답이다.

따라서 이 명제의 진위 여부를 확인하기 위해 뒤집어봐야 하는 카드의 답은 8과 갈색이다. 그 두 카드를 뒤집어야 틀린 점이 없는지 알 수 있는데, 이런 식으로 명제를 반증해 보는 것이 사실은 곧 명제를 증명하는 방법이기 때문이다.

하지만 우리 대부분은 어떻게 할까? 거의 무의식적으로 맞는 것을 찾으려 든다. 대부분의 경우 거의 의식하지 못한 채로 우리가 이미 알고 있는 것을 확인하기 위해 노력한다.

피부 한 겹 차이

이 간단한 테스트는 신념의 힘을 구체적으로 증명해 주는 사례다. 또 우리가 머릿속에 넣고 다니는 생각들이 세상에서 우리가 어떤 것들을 받아들일지를 결정한다는 사실을 보여준다. 이 테스트에는 또 경쟁적인 요소도 전혀 없다. 카드가 어떤 결과로 나오든 거기에 이익이 걸려 있는 것도 아니다. 그저 퍼즐 문제일 뿐이다.

1979년 심리학자 마크 스나이더와 낸시 캔터는 이제는 고전이 된 실험을 했다. 실험실 안에서뿐 아니라 바깥세상에서, 우리가 매일 결정을 내리는 방식에서 확증편향의 위력을 보여주는 것이었다. 스나이더와 캔터는 실험 참가자들에게 제인이라는 여성에 대해 이야기해 주며 그녀가 내향적인 면과 외향적인 면을 똑같이 갖고 있다고 설명했다. 그 후 며칠이 지난 다음 그들 중 반에게는 그녀의 외향적인 직업(부동산 중개업자)에 대한 자질을 평가하도록 하고, 그 나머지 반에게는 내향적 직업(도서관 사서)에 대해 평가하도록 했다.[11] 어떤 결과가 나왔을까? 아마 짐작이 갈 것이다. 각 그룹은 자기들이 평가하는 직업에 맞는 특성들을 훨씬 더 잘 기억하고 있었다.

위약 효과(Placebo effect)도 이와 똑같은 원리이다. 기발하고 재미있는 실험을 통해 (유감스럽게도 책으로 알려지지는 않았다) 잠재적 메시지가 남들과의 관계에 미치는 영향을 보는 것이었다.[12] 실험 대상 학생들의 얼굴에 선크림으로 SEX라고 쓴 다음 햇볕에 좀 태우게 했다. SEX자가 좀 하얗게 보일 정도가 될 때까지 피부를 태우도록 했다. (학생들이 아니라 연구진이 보기에 그렇다는 말이다. 실험에 참가한 학생들은 자기들 얼굴에 무엇을 썼는지 전혀 모르고 있었다.) 그리고 다음 주 동안 남들의 반응이 어땠는지를 일지를 쓰도록 했다.

잠재적 메시지가 그 학생들의 대인 관계에 영향을 미쳤을까?

물론 그랬다. 그들 중 거의 4분의 3은 특별한 일을 적어도 한 번은 겪었다고 보고했는데 그게 자기들 얼굴에 적혀 있는 메시지 때문이라는 것이다. 특별한 경험 중에는 이성의 관심을 더 끌었다거나, 판매원과 동료 학생들에게서 대접을 더 잘 받은 것 등이 포함돼 있었다. 그런데 문제는, 실제로는 그중 3분의 1만 얼굴에 SEX라고 쓰여 있다는 사실이다. 나머지는 아무 뜻도 없는 말을 선크림으로 쓰거나 그냥 물로 쓰거나 한 것이었다.

뭐가 달라졌을까? 정말 그래도 달랐다. 실험 참가자들은 자기들 얼굴에 뭔가 쓰여 있다고 믿었기 때문에 그걸 확인시켜줄 일들을 찾고 있었다. 그리고 의외로 쉽게 찾을 수 있었다.

백문이 불여일견

불행히도 존스타운이나 런던 테러 사건 같은 것은 한 번으로 끝나지 않았다. 1997년 천국의 문(Heaven's Gate)이라는 사교 집단 신도 39명은 교주 마셜 애플화이트의 명령에 따라 보드카에 수면제를 섞어 마시고는 확실히 끝내기 위해 머리에 비닐봉투까지 뒤집어쓰고 자살했다. 우주선이 내려온다는 말을 믿고 거기에 타기 위해서였다. 그들은 일제히 똑같이 검은 셔츠에 검은 트레이닝 바지, 흑백 나이키 운동화를 신고 팔에는 '천국의 문 원정팀'이라는 구호가 적힌 완장까지 찬 채 이층 침대에 가지런히 누워 죽어 있는 것이 발견됐다. 슬프게도 게임에 참가하지도 못한 채 말이다. 결과가 그렇게 비극적이지 않았다면, 집단의 비틀린 심리적 철조망 뒤에 기괴한 신앙 체계가 그렇게 무시무시한 내부 논리를 갖고 있지 않았다면 그냥 어이없어 웃을 수도 있는 일이었다. (앞에서도 보았지만 사교 집단 교주들이 외딴 곳에 공동체를 세우는 이유도 바로 이 때문이다. 신도들을 이념적 도전으로부터 고립시켜 심리학자들이 집단사고라고 부르는 조건을 조성하기 위해서였다.)*

하지만 우리 중 확증 편향에서 자유로운 사람은 아무도 없다. 축구 경쟁 팀 팬들에게 똑같은 태클 장면을 보여줘 보라. 어느 쪽이냐에 따라 한쪽 팬들은 반칙이라고 하고 다른 쪽 팬들은 정당한 공격이라고 할 것이다. 우리는 원래 고대 동아프리카의 황무지에서 긴밀한 관계를 유지하며 살던 부족 중심 조상들에게서 내려왔기 때문에 집단 소속감이 강화되는 상황이 되면 그 습관이 되살아난다.

하버드 대학 교수인 헨리 루이스 게이츠가 중국 여행에서 돌아온 후, 집에서 경찰에 체포된 유명한 사건을 예로 들어보자.

그 사건에 대해 우리가 알고 있는 게 뭔가?

---

* 1970년대 사건들에 대해서 초기부터 연구를 해온 재니스 어빙에 따르면, 집단 사고란 '응집력 강한 내집단에 깊게 소속되었을 때, 그 집단의 구성원들이 만장일치를 위해 어떤 행동에 대한 대안을 실제적으로 평가하거나 그 시도조차 기각할 때 생각하는 방식'이라고한다. 집단사고의 증상은 아래와 같다. 안정감으로 극단적인 낙관주의, 위험을 감수할 수 있는 용기가 생기게 되며, 경고를 평가절하하거나 도전으로 받아들이고, 그룹 내의도덕성에 대해서 의문을 갖지 않으며, 구성원이 한 행동의 인과를 무시하고, 적에 대해서는 선입관을 가지며, '불건전한' 구성원을 거부해야 할 것 같은 압박감을 느끼며, 그룹 내에서 의견이 합치된 경우 그와 일치하지 않는 생각은 아예 하지 않게 되며, 만장일치에 대한 환상을 가지게 되고, 마인드 가드, 즉 반대 의견으로부터 구성원들을 보호하는 자칭 보호자가 생긴다. (Janis,Irving L. and Mamm, Leon, Decision Making: A Psychological Analysis of Conflic,Choice and Commitment, New York, NY:Free Press(1977)).

게이츠는 집에 도착한 후, 현관문이 열리지 않아 택시 운전사와 함께 억지로 열려고 했다고 말한다. 그리고 뒷문을 통해 겨우 집에 들어가 부동산 관리 회사에 전화를 하고 있는데 경찰이 왔다는 것이다. 경찰은 백인인 제임스 크라울리 경관이 신분증을 요청하자 게이츠 교수가 화를 내기 시작했다고 했다. 게이츠가 크라울리 경관을 인종차별주의자라고 비난하며 지나치게 흥분해서 체포했다는 것이다. 게이츠 교수는 자신이 크라울리의 요청에 응했고 신분증을 줬다고 주장했다. 그런데 자기가 받은 대접이 기분 나빠 현관 밖으로까지 따라나가 크라울리에게 이름과 배지 번호를 달라고 하자 체포했다는 것이다. 크라울리는 규정대로 했다며 사과를 거부했다.

양측 말이 다른 것을 보면 분명 한쪽은 사실대로 말하고 있지 않다. 하지만 어느 쪽이 거짓말을 하고 있는 것일까? 여기서 누구 편을 드는가는 아마 증거들을 자세히 조사하는 것보다는 자기가 어느 쪽에 속하는지에 더 달려 있을 것이다. 예를 들어 제도적 인종차별이 있다고 본다거나 과거 주택 소유자로서 권리를 침해당한 적이 있다거나 경찰의 부당한 대우를 받은 적이 있다면 경찰 잘못이라고 볼 것이다. 반면 자신이 강경파 공화당원으로 오바마가 테러리스트 쪽으로 기운 무슬림 광신자라고 생각하는 사람이라면 이 사건에서 자기 친구가 흑인이라고 거들고 나섰으니 그 증거가 드러났다고 보게 된다. 그러면 게이츠가 자기를 체포하는 경찰에게 시비를 걸어 자극했을 가능성이 가장 높다고 보는 것이다.

이 확증 편향은 우리 모두 안에 잠재되어 있다. 대부분 사람들은 사교 집단에 들어가는 짓은 절대하지 않을 것이다. 하지만 우리는 모두 저도 모르는 사이에 자기들이 중요하게 여기는 신념으로 기울게 되어 있다. 존스타운에서 짐 존스가 매일 늘어놓는 변명들은 신도들에게 자기들의 명분이 맞고 궁극적으로 죽음이 평화와 정의를 가져올 것이라는 사실을 확인시켜줬다. 익숙한 소리인가? 아마 그럴 것이다. TV를 켜고 아프가니스탄 뉴스를 들어보라.

실제로 스탠포드 대학 심리학자인 스콧 윌터무스와 칩 히스가 실시한 최근 연구 조사는 사교 집단과 군대는 생각보다 공통점이 많음을 보여준다.[13] 군대에서는 발맞춰 나가는 행진을 통해 군인들을 훈련한다. 종교에서는 찬송과 낭송을 예배 의식의 일부로 삼았다.

하지만 그 이유가 무엇일까?

윌터무스와 히스는 소속원들이 공동 행위에 참가하는 집단은 그렇지 않은 집단보다 더 응집력이 강하고 협조가 잘 되는 경향이 있다는 사실을 알게 됐다. 이는 참가자들에게 돈을 주는 실험에서도 마찬가지였다. 그렇다면 공동 행위와 의식 진화는 어떤 집단은 번창하게 하고 어떤 집단들은 쇠퇴하게 만드는 것일까? 전혀 가능성이 없는 일이 아니다.

사회심리학자 마일즈 휴스턴은 회교와 힌두교를 믿는 학생들에게 같은 종교를 믿는 사람 중 누군가가 자기들이 어려울 때 도와줬거나 아니면 모른 척했다고 가정해 보라고 했다. 그다음에는 상대방 종교를 믿는 사람이 똑같이 도와줬거나 모른 척했다고 가정하도록 했다. 그런 다음에 학생들에게 상대편 종교를 믿는 사람들이 그런 행동의 이유가 무엇일지 추측해 보라고 했다.[14] 그들은 기회만 생기면 자기 종교는 찬양하고 상대방 종교는 깎아내리게 될까? 아니면 무슨 일이 있어도 계속 공정할까?

전혀 그럴 리가 없었다. 이슬람교, 힌두교 양쪽 다 마찬가지로 자기쪽 사람들의 이타주의에 대해서는 내적, 개인적 요인을 이유로 든 반면, 반대쪽 사람들의 이타주의에 대해서는 외적, 환경적 요소를 이유로 들었다. 다시 말해 자기쪽 사람들의 행동은 본인들의 의지와 선한 천성에서 나왔고, 같은 상황이 다시 생겨도 똑같이 행동할 것이라고 했다. 반면 반대편 쪽 사람들은 할 수 없이 한 것이고, 같은 상황이 다시 벌어진다면 같은 행동을 반복할 가능성이 별로 없다고 봤다.

하지만 반대로 자기쪽 사람들이 돕지 않는 문제가 나오자 양쪽 다 잠시 불편한 심기로 머뭇댔다. 그리고 상대쪽 사람들이 돕는 '뜻밖의' 사태 때와 마찬가지로 상황 쪽을 더 강조했다. 너무들 바빴다. 어쩌다 한 번 생기는 유감스러운 사태였다. 그렇다면 상대쪽 사람들이 안 도운 것은 어떤가? 물론 그건 아주 쉬운 문제였다. 그쪽 사람들은 원래 그렇기 때문이다. 남에 대한 배려도 원칙도 없고 자기 이익밖에 모르는 사람들이기 때문이었다.

또 우리가 남들에 대해 어떻게 믿고 있느냐 하는 것만이 우리가 세상을 보는 방식에 영향을 미치는 것은 아니다. 우리가 스스로를 어떻게 보고 있느냐도 마찬가지로 중요하다. 2006년 월드컵 경기가 독일에서 개최됐을 때 독일 경찰은 경기장에서 별로 얌전한 편이 아닌 영국 축구 팬들을 "세계에서 가장 훌륭한 축구 팬들"이라며 환영을 표했다. 그리고 월드컵 행사는 사고 없이 끝났다. 물론 진심에서 그런 칭찬을 해준 것이 아니다. 독일 경찰은 미리 공부를 했던 것이다. 연구 조사는 사람들에게 사실과 다른 평가를 해 주는 것이 실제로 거기에 맞추도록 유도할 수 있다는 것을 보여줬다.[15] 자기들이 받은 평가에 부합하는 행동을 보이는 것이다. 사람들은 스스로 '나는 이렇다'라고 믿는 사람이 된다. 아니 더 정확히 말하면 남들이 '너는 이렇다'라고 믿어주는 사람이 된다. 이론적으로는 물론 그게 뭐든지 간에 될 수 있다.

골방 동지

2006년 8월 비엔나 북동부 스트라스호프 지역에 사는 할머니가 911 긴급센터에 전화를 했다. 핏기가 가시고 질린 모습의 젊은 여자가 부엌 창문을 두드리며 경찰에 신고해달라고 애원을 했던 것이다. 몇 분 후 경찰이 출동했다. 남자친구와 싸웠다거나, 밤새 파티를 하다 난장판이 됐다거나, 매일 다반사로 일어나는 일로 경찰에 신고들을 하지만 이 일은 달랐다. 문제의 여성은 나타샤 캄푸쉬였고, 그녀의 사연은 보통과는 거리가 멀었다.

나타샤는 8년 전, 겨우 열 살일 때 등교 길에 사라졌던 것이다. 당시 그녀의 실종은 몇 주 동안 언론에서 톱뉴스였고 전국적인 수색작업이 벌어졌다. 잠수부와 경찰견이 동원되고 경찰의 전담 수사반과 자원봉사자들도 나섰다. 심지어 헝가리 사람들까지 참여했지만 아무 성과가 없었다. 그런데 사실은 실종 기간 내내 나타샤는 말 그대로 바로 코앞에 있었다. 스티븐 킹의 소설에서나 튀어나올 만한 장면으로, 나타샤는 유괴된 후 거의 대부분 세월을 폭발장치가 되어 있다고 믿은 지하골방에 갇혀 지냈던 것이다.

그리고 완전히 고립돼 있었다.

지하골방에 갇혀 지내는 기간 내내 그녀의 유일한 인간적 교류는 바로 자신을 유괴한 서른여섯 살의 통신기술자 볼프강 프리클로필과의 관계가 전부였다. 실제로 먹이고 입히며 열 살짜리 아이에게 필요한 것을 다 제공하며 그녀를 양육한 사람이 바로 그였다. 열여덟 살 소녀에게 필요한 것을 다 줬다. 자유 빼고는. 거기서 선을 그었던 것이다.

당시 사건 수사관 중 한 사람은 나타샤의 진술에 따르면 그는 나타샤에게 책도 주고, 읽기와 쓰기, 수학까지 모든 것을 가르쳤다고 말했다. 지하골방은 3×4미터였고 50×50센티미터 문이 하나 있었다. 그리고 지하 차고에 밀폐된 채 완전히 방음장치가 되어 있었다. 나타샤가 납치범의 차를 청소하다가 도망칠 생각을 안 했다면 그녀나 그 방의 존재는 영원히 세상에 밝혀지지 않았을 것이다.*

마일즈 휴스턴의 이슬람교, 힌두교 학생들에 대한 실험은 집단 정체성이 부각될 때 어떤 현상이 일어나는지를 보여줬다. 자기편 사람들은 한없이 미화하고 상대방은 깎아내리는 것이다. 우리가 믿고 싶은 것을 믿는 것이다. 하지만 모든 내집단이 다 이 방식대로 움직이는 것

---

* 볼프강은 나타샤에게 잔일을 시킬 때만 잠시 지하골방에서 나올 수 있게 했고 만일 도망치려고 할 경우에는 죽인다고 했다.

은 아니다. 어떤 예외적 상황에서는 믿고 싶지 않은 것을 오히려 믿게 된다. 그리고 자신을 해치는 사람들을 돕고 심지어 좋아하게까지 된다.

스톡홀름 증후군을 예로 들어보자.[16] 이 현상은 인질협상 지침서에 잘 정리되어 있고 아마 나타샤 캄푸쉬의 마음에는 더 또렷이 각인되어 있을 것이다. 스톡홀름 증후군은 인질이 자신을 납치한 사람들을 좋아하게 되고 심지어 지지하게 되는 심리작용을 말한다. 보통은 납치한 측이 인질들의 예상과는 반대로 회유적 행동을 하면서 그런 현상이 따르게 된다. 차를 한 잔 만들어준다거나 초콜릿을 한 조각 나눠준다거나 하는 단순한 제스처로 시작해 의사나 외부의 도움을 청하는 행위로까지 범위가 넓어진다. 어떤 경우에는 오히려 인질에게 정신적 지원을 청하기까지 한다.

그리고 나타샤 캄푸쉬처럼 극단적인 경우들도 있다. 이 경우 볼프강 프리클로필의 행위는 차나 초콜릿 정도에서 끝난 게 아니다. 완전히 본격적인 부녀관계였다. 먹이고 입히는 데서 교육까지 전담했고, 그것도 며칠 동안이 아니라 8년 동안 계속됐다. 그 정도의 밀착된 관계였으니 나타샤에게 어느 정도의 감정적 갈등을 조장했을지, 그 좁은 골방에서 그녀의 어두운 심정이 얼마나 밀치고 당기기를 계속해야 했을지를 한번 생각해 보라. 그렇다면 아무리 끔찍한 감금상태였다고 해도 납치자와 포로 사이에 어느 정도 유대감이 보였다고 해서 정말 놀랄 만한 일일까?[17]

스톡홀름 증후군의 정확한 작용 방식은 복잡하다. 대부분은 상호주의와 일관성의 복합 작용을 통해 움직이는데 앞장에서 텔레마케터

팻 레이놀즈가 교묘하게 조합해 활용했던 수법이다. 이 역학관계의 핵심은 납치자와 포로 사이의 세력 불균형이다. 그런데 납치자의 회유적 행동은 포로 입장에서는 납치자에 대한 느낌(부정적)과 납치자의 행동(긍정적)이 부조화를 이루며 마음이 균형을 잃게 만든다. 납치자의 행동을 변화시킬 힘이 없는 포로로서는 인식의 일관성을 회복하기 위해 쓸 수 있는 수단이 단 한 가지밖에 없다. 납치자의 행동에 자신들의 태도를 맞추는 것이다. 이 일관성 욕구에 상대의 친절한 행위에 보답을 해야 한다는 뿌리 깊은 상호주의 원칙까지 추가되면 우리가 보았듯이 치명적인 결과가 된다. 하지만 여기서는 상호주의와 일관성만 문제가 되는 게 아니다. 마셜 애플화이트나 짐 존스 같은 사람들이 너무나 잘 알듯이 마인드컨트롤의 최고 비결은 모든 것을 다 통제하는 것이다.

무력화 학습

1960년대 중반 인지심리학자인 마틴 셀리그먼은 묘한 현상을 접하게 됐다.[18] 원래는 늘 하는 조건화 실험으로 시작된 것이었다. 일반적 조건화 실험 계획에 따라 개들에게 순서대로 두 가지 자극을 주는 것(먼저 소리를 들려준 다음 곧바로 해롭지는 않지만 고통스러운 전기 충격을 가한다)으로 소리와 전기 충격의 상관관계를 반복해 전달함으로써 소리만 들어도 공포를 느끼게 만드는 것이 실험 목표였다. 예비 단계로 소리와 전기 충격 사이의 연관 관계가 확실히 성립되도록 하기 위해 셀리그먼은 첫 '조건화 단계'에서는 개들을 묶어 놓았다. 다시 말해 도망갈 수가 없으므로 소리가 난 다음 전기 충격을 피할 도리가 없었다. 하지만 조건화가 끝난 다음의 '시험 단계'에서는 달랐다. 소리와 전기 충격을 분리시켜 개들에게 도망갈 기회를 줬다. 만일 개들이 소리를 듣고 피하면 조건화가 성공했다는 증거가 되는 것이었다.

실험은 목표에서 한참 빗나갔다. 또 아무도 예상치 못했던 방향으로 빗나갔다. 뜻밖에도…… 소리를 들려줘도 아무 일도 일어나지 않았다. 전혀 아무 반응이 없었다. 시험 단계에서 개들은 소리를 들은 뒤 충분히 도망갈 수 있는 상황에서도 그냥 제자리에 머물러 있었다. 놀랍게도 '곧 다가올' 충격에서 피하려는 시도조차 않는 것이었다.

더 놀라운 일은 그다음, 셀리그먼이 소리를 아예 없애버리고 전기 충격만 가했을 때 벌어졌다. 경고 없는 진짜 공격이었다. 개들은 그래도 움직이지 않았다. 셀리그먼이 그런 행동을 설명하기 위해 만든 용어인 '학습된 무력감'이 개들의 뇌를 무력화시키고 사고 과정을 둔화시키는 것이었다. 개들은 이제 그 정도에는 꿈쩍도 하지 않는 것이다.

마틴 셀리그먼은 아직도 파장을 일으키고 있다. 2002년 그는 미국 샌디에이고의 한 포럼에 나타났다. 특히 조종사, 특수 부대원 등 군인들이 포로가 될 경우에 대비시키기 위한 코스인 미군 고문 저항 훈련(SERE) 프로그램의 일환으로 CIA가 주최한 행사였다. 아니면 고문 대신 제네바 협정이 불법으로 못 박은 심문 기법이라고 부를 수도 있겠다. 거기서 셀리그먼은 심리학자들과 미국 관리들을 앞에 놓고 세 시간에 걸쳐 학습된 무력감 원리에 대해 상세히 설명했다. 셀리그먼은 그 이후, 자신이 소위 '고문 프로그램' 수립에 자발적으로 참여했다는 억측에 대해 거세게 부인하고 나섰지만 당시 포럼 참가자 중에는 나중에 '효과가 좋은' 취조 기법 개발에 역할을 한 것으로 드러난 군 인사들이 포함되어 있었다.[19]

물론 학습된 무기력감에 남들보다 더 취약한 사람들이 있다. 그 성향은 원인 추정 스타일, 혹은 살면서 겪는 일에 대해 생각하는 방식에 달려 있다.[20] 두 가지 심리적 요소의 작용에 따라 긍정적 혹은 부정적 결과가 나오는 것이다.

1. 책임 소재 - 어떤 결과의 원인을 내부적인 것, 개인적 책임으로 보기 VS. 외부적인 것, 상황 탓으로 보기 (양쪽 예는 마일즈 휴스턴의 이슬람교, 힌두교 실험에서 보았다)
2. 일반론 - 결과를 일회성 특정 사안으로 보기 VS. 장기적 문제로 보기

예를 들어 시험에서 떨어졌다고 해 보자. 이 두 요소에 따라 시험 실패를 네 가지로 정리할 수 있다.

▪ 책임 소재

일반론	내부적 원인	외부적 원인
특징적	내가 공부를 충분히 하지 않았다.	이 시험은 내 능력에 대한 진정한 평가가 아니다.
일반적	나는 시험을 잘 볼 때가 없다.	시험은 일반적으로 능력을 진정으로 반영하지 못한다.

자신이 비관적이거나 우울증 성향이 있으면 이런 부정적 결과에 대한 원인을 일반론, 내부적 원인에서 찾는 스타일이고 모든 일을 특정한 사안으로 보는 사람들보다 학습된 무력감에 빠질 위험이 더 높다.

반대로 다음 경우를 상상해 보라. 주식 중개인한테서 분기 보고서를 받았는데 새로 산 주식 가격이 엄청나게 올라갔다. 역시 두 가지 요소에 따라 상황을 보는 방식이 네 가지로 나온다.

▪ 책임 소재

일반론	내부적 원인	외부적 원인
특징적	운이 좋아 이번에 횡재했다.	이번 분기 중 회사 경영이 좋았다.
일반적	나는 시장을 꽤 잘 판단한다.	경기가 좋으니 때를 잘 맞춘 것이다.

긍정적 결과에 대해서는 원인 추정 스타일이 반대가 된다. 일반론, 내부 원인을 내세우는 측이 낙관주의자이고 비관주의자는 이를 좀 더 특정 사안으로 본다. 간단히 말해 낙관주의자들은 좋은 결과는 자기 공으로 돌리고 나쁜 결과는 상황 탓을 하는 반면, 비관주의자는 반대로 좋은 일은 외부 덕으로 돌리고 나쁜 일은 자기 탓으로 생각한다. 자기가 어떤 스타일인지 알고 싶으면 이 장 끝에 나오는 설문에 답해 보라. 하지만 어떤 사람의 환경을 장시간 조종하고 그들이 전혀 통제할 수 없는 자극을 계속 가해 본다고 하자. 그러면 언젠가는 특성이 바뀌기 시작한다. 셀리그먼 실험에서의 개들과 마찬가지로 외부 상황이

내면화되기 시작하고 의지를 좀먹기 시작하게 된다. 70년대에 실험 참가자들이 문제를 푸는 동안 신경에 거슬리는 사무기기 소리를 들려주는 실험을 했다. 그 결과에 따르면, 똑같은 소리를 똑같은 볼륨으로 틀어줬지만 자기들이 그 소리를 줄이거나 없앨 수 있다고 생각하면 어쩔 수 없다고 생각할 때보다 문제를 잘 풀었다.[21]

엄격한 군 구치소와는 거리가 먼 일반 경찰서, 취조실, 보호실에서도 누가 주도권을 갖고 있느냐는 정보를 얻어내는 데 중요한 역할을 한다. 특히 정보가 부족할 때는 더 그럴 것이다.

경력이 많은 한 영국 형사가 내게 말했다. "우리가 이리 데려오는 사람들 중에는 남들 머리 꼭대기에서 뭐든 자기 멋대로 하는 데 익숙한 사람들이 있습니다. 갱단 두목, 부인을 구타하는 남편 등 온갖 사람이 다 있지요. 하지만 이 방문을 들어서면 역할이 반대가 됩니다. 여기 있는 동안은 우리가 모든 것을 컨트롤하니까요. 동작 하나하나, 원하는 것 하나하나 다 우리에게 달려 있지요. 언제 차 한 잔 얻어 마실 수 있는지도 우리가 결정하고, 언제 화장실에 갈 수 있는지도 우리한테 달려 있습니다. 방의 불을 끌지 말지도 우리 결정이고요. 집에 있을 때는 당연하게 여겼던 사소한 일들 중 그 어느 것도 멋대로 할 수 없습니다. 우리가 원하면 뭘 하고 있는지 언제든지 감시구멍으로 들여다볼 수 있지요. 말하다가도 하기 싫으면 아무 때나 그걸 닫아 버리면 되고요. 무슨 말인지 아시겠지요? 우리가 뭐든지 컨트롤 한다는 것은 정말 말 그대로입니다. 그런데 여기 들어오는 사람들 중 많은 이들이 그런 데 익숙하지가 않습니다. 그런 식으로 자기 입장이 완전히 반대가 된 걸 좋아하지 않지요. 하지만 결국은 그걸 받아들이게 됩니다."

마비 바이러스

사교집단도 똑같다. 우리가 앞에서 보았듯이 복종을 강화시키기 위한 요소들과 함께 사교집단 교주들은 영향력 교과과정을 따라가듯이 일정한 패턴대로 나간다. 사람들을 망가뜨릴 것을 얼마든지 예상할 수 있는 것들이다. 존스타운은 가이아나 북서부 황야에 위치하고 있어, 대부분의 경우 거기서 벗어나기 위해 겪어야 하는 고통은 이득보다 컸다(세월이 흐르는 동안 외부의 친구나 가족과의 관계는 점차 약화되었다). 거기에 존스 교주의 목소리가 인터콤 시스템을 통해 24시간 흘러나왔다. 그저 세뇌 정도가 아니라 아예 거기에 뇌를 담가놓고 있는 셈이었다. 그리고 신도 자녀들은 존스를 아빠라고 불러야 했다. 존스는 단조롭고 끊임없이 흘러나오는 훈계를 통해 서서히 조직적으로 자신을 신으로 만들었다. 처음에는 언제나 접촉할 수 있는 존재였을 뿐이지만 결국 그 절대적인 존재가 되어 버렸다.

가정폭력 피해자들도 거의 똑같은 수순을 밟는다. 두 아이의 엄마인 서른다섯 살 리사의 이야기를 들어보자.

"처음에는 친구들로 시작했어요. 남편이 내게 '그런 여자와 놀기엔 네가 아깝다'라고 말하면 점차 정말 그렇게 됐어요. 그게 누구든 서서히 연락이 끊겼지요. 친정 식구들과도 마찬가지였습니다. 우리 엄마가 자기를 싫어하고, 우리 오빠가 자기를 싫어한다며 그런데 왜 그 사람들과 상대하냐는 거였어요. 만나서 차 한 잔 하는 것조차 편드는 걸로 보았지요. 남편은 나를 아침 9시에 회사에 데려다 줬다가 오후 5시에 다시 데리러 왔어요. 그러니 누구와 어울릴 시간이 없었지요. 그러고는 점심시간에 내가 혼자인지 보려고 전화를 했습니다. 돈에 대해서는 또 거의 1년 반 동안 제 월급을 만져보지조차 못 했어요. 자기 구좌로 직접 들어가도록 해놓았으니까요."

"폭력은 내 옷차림을 갖고 시작됐습니다. 어디 나갈 때 내가 옷을 차려 입고 화장을 하면 야하다며 구타했습니다. 그래서 차려 입지 않으면 이번에는 또 노력을 안 한다며 때렸고요. 어떻게 해도 소용이 없었어요. 막판에는 내가 외도하는지를 보기 위해 속옷까지 검사했습니다. 그게 정말 결정타였지요. 더 이상 참을 수가 없었습니다."

리사 같은 이야기는 이렇게 책에 인쇄되어 나오면 믿을 수 없는 일처럼 보인다. 하지만 어느 경찰서든 가정폭력반에 그런 일이 많이 있는지 물어보라. 매년 그런 사건을 수백 건은 본다고 똑같은 소리를 할 것이다. 케임브리지셔 경찰서의 앤디 그린 경관은 내게 온갖 가정폭력범들에 대해 설명해 줬다. 그런데 듣다 보니 갑자기 그런 사람들이 도처에 깔려 있다는 생각이 들었다. 가정폭력과 관련된 그런 행동들은 직장에서도 얼마든지 있을 수 있었다. 내가 개인적으로 아는 예전 동료 한 사람도 그런 경우라는 걸 알 수 있었다.

그린 경관은 동의하면서 고개를 끄덕였다.

"물론이지요. 그런 행동들은 말하자면 그 사람들 특유의 설득 스타일이라 어디서든지 실행에 옮길 수 있어요. 가정에서 있는 일이라고 해서 다른 곳에서는 없다는 의미는 아니지요. 다른 상황에서도 가능해요. 목적은 똑같이 악한데 수단이 다를 뿐입니다."

그린 경관이 내게 보여준 범죄분류 리스트는 반 공식적인 것이었다. 정식으로 허가를 받아 만든 것은 아니고 수년간 업무경험을 바탕으로 책자로 만든 것이었다. 거기 나오는 사람들은 악쓰고 심술부리며 남을 괴롭히는 이로부터 부하직원을 못생겼다, 멍청하다, 아무 짝에도 쓸모없다며 윽박지르는 상사까지 온갖 인물들이 다 망라되어 있었다. 또 남들을 하인 부리듯 하며 왕처럼 군림하는 사람도 있고 '편하게 생각해, 그냥 농담인데'라는 식의 거짓말쟁이도 있었다. 또 얼렀다 달랬다 추켜세웠다 하는 부류도 있었다. 그린 경관은 이렇게 덧붙였다.[22]

"종종 그 조종 효과가 너무 강력해 피해자들에게 길을 열어주며 '자, 이제 거기서 나와도 됩니다. 갈 곳도 있어요. 그 남자가 더 이상 당신에게 그런 짓을 못 하게 하세요'라고 해도 오히려 이쪽이 이상하다는 듯이 바라볼 때가 있습니다. 그리고는 '그러면 그 사람을 화나게 할 뿐이에요'라든가 아니면 '그 사람이 정말 그러려고 한 게 아니에요'라는 식으로 말하지요. 수개월, 수년 같은 소리를 반복해 듣다 보면 뇌가 마비되는 겁니다. 일종의 바이러스에 감염된 것처럼 말입니다."

그에게 마틴 셀리그먼 이야기를 하자 머리를 저은 뒤 말했다.

"전혀 새로운 얘기도 아니죠. 뉴스거리도 안 될 겁니다."

몇 년 전, 한번은 자기암시 워크숍에서 전직 특수부대 무술사범에 의해 이 마비 바이러스에 걸린 적이 있다. 그 사람 이름이 잘 기억이 안 나는데…… 그냥 커트라고 하자. 커트는 열 명을 뽑아서 벽 앞에 일

렬로 세워놓고 두 손을 할 수 있는 한 깍지를 꽉 끼라고 했다. 그리고는 그다음 몇 분 정도 우리 뇌를 해킹해 자유의지를 납치할 것이라고 했다. 조용하고 은밀히, 하지만 무자비하게 그렇게 한다고 했다. 그러면서 그동안 우리에게는 계속 두 손을 깍지 낀 채로 있으라고 했다.

우리는 커트의 주장에 회의적 반응을 보였다. 하지만 어느 정도 불안하긴 했다. (분명 나만 그런 것은 아니었다!) 나는 이미 특수부대에 대해 어느 정도 알고 있었다. 그들이 무슨 짓을 할 수 있는 사람들인지 알았던 것이다. 이게 속임수 같은 걸까? 커트는 우리 모르게 우리 손에 접착제라도 발라놓은 걸까? 솔직히 말해서 전혀 알 수가 없었다.

물론 그다음 몇 분간 커트는 작업에 들어갔다.

그는 이렇게 읊조렸다.

"이제 두 손이 강력 접착제로 붙인 듯이 서서히 서로 붙는 느낌이 들 겁니다. 그런 느낌이 들면 접착과정을 촉진시키기 위해 손을 더 밀어붙여 가능한 한 단단히 붙게끔 해 주세요. 손가락 하나하나까지……." 그는 느긋하고 침착하지만 아주 권위 있는 목소리로 계속했다. "본인이 원하더라도 움직일 수 없을 정도로 두 손이 그대로 굳게 만드십시오."

그는 우리를 한 사람 한 사람 차례대로 돌며 두 손이 바위처럼 완전히 단단히 붙도록 하라고 말하며 우리 두 손을 자기 손으로 감싸고 더 꽉 눌러줬다. 실제로 깍지 낀 손이 너무 단단해 아무것도, 절대 아무것도 그것을 떼어낼 수 없도록 하라고 했다. 커트는 1분 정도 더 계속해서 자신 있고 꼼꼼하고 사무적인 투로 붙인 두 손을 더욱 굳히라고 독려했다. 나는 깍지 낀 손가락을 최대한 세게 조이며 이건 미친 짓이라고 생각했다.

그러다 갑자기 겁이 나기 시작했다.

우리가 바보가 되면 어쩌지? 우리 손이 정말 붙으면, 그럼 어떻게 되나? 우리를 털려고 했나? 자기암시 쇼가 다 우리 같이 속기 쉬운 얼간이들을 한 방에 모아놓고 비싼 등록금을 거두기 위한 저질 사기극일 수도 있지 않나. 봐라, 모든 게 다 시계처럼 계획에 따라 움직이지 않나! 우리가 수표를 써주면 나머지도 다 뽑아갈 속셈이었을 수도 있어. 우리 손이 강력접착제로 붙어 꼼짝 못 하는 사이에 우리 신용카드로 돈을 다 빼가겠지! 이런 못된 사기꾼이 있나! 바로 그거 때문이 아니었나? 물론 그렇지. 내가 어떻게 그렇게 어리석을 수가 있었을까? 정신이 나간 건 우리지 그가 아니야.

조용히 긴박하게 생각하기 시작했다. 내 지갑에…… 얼마나 들어 있지? 흠, 모르겠네. 카드 취소하려면 정말 귀찮을 텐데. 하지만 그래도 총에 맞는 거 보다는 낫지…… 사진이 있는 신분증은 어쩌지…… 가만, 우선 운전면허증부터…….

그러는 내내 두 손은 깍지를 낀 채였다. 그러다 갑자기 커트가 우리를 중단시켰다.

"자, 이제 두 손을 그만 누르고 서서히 손가락을 풀도록 하세요. 셋까지 세면 푸는 겁니다. 준비됐습니까? 하나, 둘, 셋."

우리는 모두 불안한 눈초리로 서로를 바라봤다. 내가 바로 옆 사람을 넘겨보자 그도 나를 돌아봤다. 그리고 입 모양으로 "뭐하는 짓인지 모르겠어요"라고 말했다. 나도 입 모양으로 "나도요"라고 답해 줬다. 진땀이 났다. 힘들어서인지 겁이 나서인지 알 수가 없었다. 그리고 우리는 손을 풀기 시작했다. 어떤 사람들은 금방 풀었다. 그리고 곧 바지 뒷주머니로 손이 갔다. 나를 비롯해 나머지 사람들은 좀 더 힘이 들었다. 그리고 한두 사람은 아예 손을 풀 수가 없었다. 그 사람들은 정말 손이 꽉 붙어 버린 것이었다! 커트가 예측했던 대로 아무리 애를 써도 두 손을 떼어낼 수가 없었다.

물론 분위기가 정리되고 가라앉자 그 사람들도 결국은 두 손을 풀 수가 있었다. 그리고는 고개를 저으며 허허 웃었다. 하지만 무대공연 마술사들이라면 누구나 알듯이 그 교훈은 분명했다. 누군가에게 같은 일을 계속 반복해서 말하다 보면 그중 일부는 언젠가는 그 말을 믿게 된다는 것이다.

무슨 소리를 하든 다 믿게 되는 것이다.

—♦—

이 장에서 우리는 고대부터 내려와 우리 두뇌 깊이 박혀 있는 순응 욕구가 우리 태도와 행동에 현대 광고 전문가나 법률가들이 활용하는 설득 전략에 못지않은 영향을 행사할 수 있음을 살펴봤다. 오랜 습관은 좀처럼 사라지지 않으며, 우리 주변 사람들의 행동, 특히 우리와 비슷한 이들의 행동은 우리 두뇌의 신념을 강력한 진화의 자석으로 끌어당긴다. 순응 속성은 우리 유전자 속에 각인되어 있다. 생존과 집단이 거의 동의어 수준이었던 과거에는 개인주의가 이렇게 만연하지 않았고 고개를 숙일 줄 아는 능력이 늘 유리했으며 우리는 그 교훈을 절대 잊지 않았다. 온갖 이념들이 경쟁하는 세상에서 우리의 종족주의적 뿌리는 때로 우려의 원인이 되기도 한다. 집단의 역학 관계는 일정 법칙을 따르므로 그 법칙을 아는 이들은 마음만 먹으면 '유전자 조작'을 통해 사회의 규범과는 동떨어진 가공할 극단주의 집단을 조성할 수가 있다. 하지만 모든 집단이 같은 법칙을 따르는 것은 아니다. 다수 집단의 힘은 우리를 위로부터 개조시키는 한편, 소수 집단은 '내부로부터' 작용하여 우리 머리가 현실에 대해 의문을 갖게 만들고 진실의 근본 구조를 다 해체했다가 재조립하게 만든다.

다음 장에서는 본격적으로 반전 기술에 초점을 맞춰 그것을 현미경으로 들여다보고 그 유전자 지도를 만들어보기로 하겠다. 마음이라는 멜로디 안에는 설득 음악의 대가뿐 아니라 거리의 악사까지 누구나 연주할 수 있는 설득의 황금 코드가 숨어 있을까?

그에 대한 답은 '그렇다'다. 우리는 분석을 통해 영향력의 이중 나선 구조를 발견했다. 거기에 설득의 비밀 암호가 숨겨져 있는 것이다.

원인 추정 스타일 테스트

다음 열 가지 서술문은 인생사를 보는 각기 다른 방식을 나타낸다. 각 서술문에 자신이 동의하는지 동의하지 않는지를 1에서 4까지의 점수로 표시하라.

1. 하고 있는 일의 성과가 좋거나 시험을 잘 보는 경우 대개 쉽기 때문이다.

1	2	3	4
전혀 그렇지 않다.			매우 그렇다.

2. 시험에 실패할 경우 더 열심히 공부하면 다음에는 더 잘 볼 수 있다.

1	2	3	4
전혀 그렇지 않다.			매우 그렇다.

3. 성공하려면 때와 장소를 잘 만나야 한다.

1	2	3	4
전혀 그렇지 않다.			매우 그렇다.

4. 정치 집회에 참석하는 것은 대개 별 효과가 없다. 눈여겨 봐주는 사람이 별로 없기 때문이다.

1	2	3	4
전혀 그렇지 않다.			매우 그렇다.

5. 지능은 태어날 때부터 결정되니 내가 할 수 있는 게 별로 없다.

1	2	3	4
전혀 그렇지 않다.			매우 그렇다.

6. 나의 성공은 우연이기보다는 내 능력 때문이라고 본다.

1	2	3	4
전혀 그렇지 않다.			매우 그렇다.

7. 사람들이 나에 대해 갖는 인상은 그 사람들에게 달려 있으니 내가 그걸 바꿀 수는 없다.

1	2	3	4
전혀 그렇지 않다.			매우 그렇다.

8. 병이 나려면 어차피 날 테니 그에 대해 내가 할 수 있는 게 별로 없다.

1	2	3	4
전혀 그렇지 않다.			매우 그렇다.

9. 운명을 이길 수는 없다.

1	2	3	4
전혀 그렇지 않다.			매우 그렇다.

10. 진정한 사랑이 있다면 그쪽에서 나를 찾을 것이다. 어차피 운명으로 정해져 있기 때문이다.

1	2	3	4
전혀 그렇지 않다.			매우 그렇다.

채점방식 : 2번과 6번은 4, 3, 2, 1로 점수가 반대로 된다. 그다음 열 개 문제에 대한 점수를 다 합하라. 총점이 15점 이하이면 내부 원인 추적 스타일이고 25점 이상이면 외부 원인 추적 스타일, 그 사이면 양쪽이 섞인 편이다.

6

반전기술

Flipnosis

런던발 케이프타운행 항공기가 중앙아프리카 밀림 상공에서 심한 기류 변화에 휘말렸다. 일부 승객들이 아주 불안해하고 있다는 말이 조종실에 전달됐다. 잠시 후 기장의 비명 소리가 기내 방송을 통해 들려왔다.

"하나님 맙소사, 우리 다 죽게 됐습니다! 다 죽을 거라고요! 아니, 이런! 엔진 비상등이 아니라 기내 방송 불이었네……"

비행기 안에는 폭소가 터졌고 다시 안정을 되찾았다.

> "죽은 앵무새 콩트(영국 BBC의 코미디 시리즈 〈몬티 파이손의 날아다니는 서커스〉에 나왔던 애완동물 가게를 소재로 한 코미디)의 공동 작가인 그레이엄 채프만은 더 이상 없습니다. 그는 살기를 그만뒀고, 삶을 떠나 영면했습니다. 그는 죽었습니다. 마지막 숨을 거두고 버라이어티 쇼의 총 책임자를 만나러 하늘나라로

갔습니다. 그렇게 재능 있고, 그렇게 친절하고, 그렇게 뛰어나게 똑똑한 남자가 마흔여덟밖에 안 된 나이에 자기 능력을 다 발휘하지도 못하고 재미도 보지 못한 채 갑자기 가 버리다니 얼마나 슬픈가! 다 그렇게 생각하겠지요."

"그런데 나는 말도 안 되는 소리라고 해야겠네요. 빈대 같은 인간 잘 죽었지요, 구워지고 있으라지요. 그렇게 말해야 할 것 같은 기분이 드는 것은, 안 그러면 나를 용서하지 않을 것 같습니다. 자기를 대신해 여러분 모두를 기겁하게 만들 이 좋은 기회를 놓쳐 버린다면 말입니다. 다른 건 몰라도 알맹이 없이 고상한 척하는 것 못 참지요."

"어젯밤 이 글을 쓰고 있는데 제 귀에 대고 속삭이는 게 들렸어요. '좋아. 클리스, 영국 TV 방송에서 처음으로 개똥 같다는 말을 썼다고 어지간히 자랑스러워했지. 이 장례식이 정말 나를 위한 거라면 영국 장례식에서 역사상 처음으로 젠장맞을이라고 말하는 사람이 되기 바란다'라고요."

- 존 클리스 (그레이엄 채프만의 장례식에서, 1989년)

♦♦♦

설득 천재

독일 어느 시골학교의 오후 수업시간이었다. 선생님은 아이들에게 이런 문제를 내줬다. 1에서 100까지 수를 다 더한 답을 내봐라. 선생님은 칠판에 수식을 써 보여줬다.

1 + 2 + 3 …… 98 + 99 + 100

그리고 다른 업무를 보기 위해 자리에 앉았다.

그가 가르치는 아이들은 일곱 살짜리들이었다. 그러니 그걸 풀다 보면 남은 시간이 다 갈 거라고 생각했던 것이다. 그에게는 잡무를 끝낼 시간이 필요했다. 그런 20초쯤 지났을 때 아이 하나가 손을 들었다.

"선생님, 저 다 풀었는데요."

"말도 안 되는 소리!"

"5,050이에요."

선생님은 어안이 벙벙해졌다. 그래서 아이에게 다가가 어떻게 그렇게 답을 빨리 알아냈는지 설명해 보라고 했다. 그 아이는 말했다.

"간단해요."

그리고는 칠판에 식을 쓰기 시작했다.

100 + 1 = 101

99 + 2 = 101

98 + 3 = 101

그러다 갑자기 멈추고 말했다.

"보세요, 다 똑같잖아요.. 1하고 100 사이에 합해서 101이 되는 숫자가 50쌍 있잖아요. 그러니까 답은 50×101 해서 5,050이 되지요."

몇 년 후, 칼 프리드리히 가우스는 갖가지 수학 법칙을 발견하며 수이론 분야에서 중요한 연산법을 개발했다. 그리고 오늘날 역사상 가장 위대한 수학자 중 한 사람으로 인정받고 있다.

나는 가우스에 대한 이 이야기가 마음에 든다. 그게 진짜인지 아닌지는 전혀 알 수 없지만 그게 정말 중요한 건 아니다. 내가 마음에 드는 것은 수학과 알고리즘의 비결이다. 지루하게 보이는 수열에 깔끔하고 단순한 패턴이 깔려 있다는 생각을 하면 기분이 좋아진다. 우리가 알아볼 줄만 알면 산뜻하고 멋진 답을 알려줄 수 있는 패턴이 있는 것이다. 수학이나 설득이나 마찬가지다. 해결해야 할 문제가 생기면 우리는 대부분 먼 길을 돌아서 우리가 전에 했던 대로 한다. 숫자를 있는 그대로 더하는 식이다. 하지만 천재들도 있다. 금방 알 뿐 아니라 급소를 바로 찌르는 사람들이다. 가장 친한 친구 장례식에서 조사를 읽어야 된다고 하자. 조객들 앞에 서서 정해진 수순대로 하는 것이다.

1 + 2 + 3 ……

"그는 훌륭한 친구였고 그리울 겁니다. 어쩌고, 저쩌고……"

나쁠 것은 없다. 어차피 목적지에 가게 되어 있으니까. 하지만 문제를 약간 다르게 푼다고 상상해 보라.

"죽은 앵무새 콩트 공동작가인 그레이엄 채프만은 더 이상 없습니다."

"5050."

이번에는 자기가 심한 기류변화를 겪고 있는 항공기 기장이라고 상상해 보라. 승객들은 겁에 질려 있다. 어쩔 것인가? 글쎄, 항공여행이 가장 안전한 교통수단이라고 설명할 수도 있다. 기류변화는 위험한 게 아니고, 곧 최악의 상황은 지나갈 것이라고…… 1 + 2 + 3…… 아니면 런던발 케이프타운행 항공기 조종사처럼 할 수도 있다. 단 한 마디로 불안을 가라앉히는 것이다. 마지막으로 베테랑 경찰 론 쿠퍼의 입장에 서 보라. 그는 경찰 생활 23년 만에 건물에서 뛰어내린다고 위협하는 사람을 앞에 놓고 있다. 그 사람을 내려오도록 설득하는 게 당신에게 달려 있다. 이제 계산기를 꺼내 두드리기 시작해 보자.

"잠시 몇 발자국만 뒤로 물러서 보세요. 우리 이 문제를 해결할 수 있을 거라 믿어요."

아니면 이렇게……?

"재킷 좀 벗어도 될까? 14층을 달려올라 왔더니 좀 덥네."

쿠퍼 경관은 그렇게 말했다.

"좋을 대로 해요. 난 상관 안 하니까." 그 남자의 대답이었다.

바람 소리가 요란하고 비가 쏟아지는 가운데 쿠퍼 경관은 천천히 경찰 코트 단추를 풀기 시작했다. 20분 전 전화를 받고 제일 먼저 현장으로 달려온 것이 그였다. 스물다섯 살 정도의 젊은이가 14층짜리 주차장 건물 꼭대기에 올라가 뛰어내리겠다고 위협을 하고 있었다.

"완전히 똥 같은 세상이야!"

남자는 밑에 몰려들어 올려다보는 구경꾼들을 향해 외쳤다.

"아무도 상관 안 해. 내가 죽든 살든 상관 않는다고. 그러니 나라고 왜 신경 써?"

쿠퍼 경관은 코트를 벗었다. 그다음에는 타이를 풀었다. 그리고 그 남자가 바라보고 있는 가운데 이번에는 셔츠 단추를 풀기 시작했다.

"허튼 짓 할 생각 말아요."

셔츠를 막 벗고 있는데 젊은이가 말했다.

"아니면 뛰어내릴 거예요!"

"물론 그럴 리가 있나."

쿠퍼 경관이 옷을 얌전히 개켜 한쪽 옆으로 놓으면서 말했다.

"그냥 좀 편안하게 있으려는 것뿐일세."

바람은 여전히 요란한 소리를 내며 불고 비는 진눈깨비로 변하고 있는 가운데 쿠퍼 경관은 이제 티셔츠만 입고 있었다. 그런데 티셔츠에는 이런 글이 박혀 있었다.

"꺼져. 친구는 얼마든지 많아."

쿠퍼 경관은 옥상 가장자리로 가 젊은이와 마주서서 눈을 똑바로 바라보며 말했다.

"자, 무슨 일인지 이제 얘기 좀 해 볼까?"

영향력 분석

론 쿠퍼, 존 클리스, 항공기 기장이 사용한 해결책들은 대성공이었다(건물에서 떨어진다고 위협하던 친구는 티셔츠의 재미있는 문구에 넘어갔다). 하지만 사람들은 전부 생각이 다르다. 그 해결책들이 그 순간에 운 좋게 통한 것이다. 장례식 조사, 뛰어내린다는 사람을 말로 내려오게 한 것, 겁먹은 승객들의 긴장을 풀어준 것 등, 이런 일들은 지금까지 우리가 살펴본 설득력 방식에 대해 중요한 점을 시사한다. 그런 문제에 대한 해결책은 이론적으로는 여러 가지가 있을 수 있다. 클리스처럼 불손하게 할 수 있지만 아니게 할 수도 있고, 가우스처럼 할 수도 있다. 자기가 누구냐에 달려 있다. 아니면 상대가 누구냐가 더 중요할 수도 있다.

반면에 우리는 거기에는 어떤 시스템 혹은 공식 같은 것이 있는 것을 보았다. 설득 알고리즘이 모든 변수, 다양한 스타일들을 분해해 세 가지 불변의 설득 법칙으로 다시 조합되었다.

1. 말할 내용, 즉 원재료, 상대가 관심을 가질 내용.
2. 원재료를 전달하는 방식, 상대가 내 말에 어떻게 접근하고 처리할지를 알 수 있다.
3. 상대가 남들과의 관계, 인간관계의 범위에 따라 나 혹은 내 말을 어떻게 평가할지에 대한 심리적 요인 파악.

성공적인 설득은 겉으로는 달라 보여도 결국은 다 3As에 들어 있는 것일까? 아니면 키스 배릿도 놓치고 있는 점이 있을까? 이 두 상반된 관점을 어떻게 조화시킬 것인가?

이 문제의 답을 찾기 위해 나는 설득 사례 수집가가 됐다. 18개월 이상 다양한 곳에서 150개가 넘는 갑작스럽고 극적인 반전 사례를 모아 『설득 은행(Influence Bank)』이라는 확실한 사례집을 엮었다. 론 쿠퍼 경관도 그 한 예이고, 또 서문 부분을 기억한다면 비행기 안에서 긴장 상황을 풀었던 뮤지션도 그에 속한다. 내가 반전 기술이라 부른 그런 예들은 설득력의 유전자 지도를 만드는 데 필수적이었다. 모든 설득에 정말 3As 법칙이 있다면, 그것들이 진정으로 마인드컨트롤의 기본 요소라면 어떨 때 제일 잘 드러날까? 위급하고 생사가 갈린 돌발 상황일 때일까? 아니면 주말 아침 맥도널드에서 커피를 앞에 놓고 있는 느긋한 상황에서일까?

데이터베이스가 본격화되자 연구 자원자들이 생겼다. 나는 그들에게 시나리오들을 읽힌 다음 이야기 하나하나마다 설득하는 데 가장 도움이 됐다고 여겨지는 요소들을 적도록 했다. 거기서 나온 결과는 참으로 놀라웠다. 분석을 해 보니 설득의 주축 역할을 하는 다섯 가지 요소가 드러난 것이다.

1. 단순성(Simplicity)
2. 본인에게 유리하다는 인식(Perceived self-interest)
3. 의외성(Incongruity)
4. 자신감(Confidence)
5. 공감(Empathy)

앞 글자만 따 줄이면 'SPICE'라 할 수 있다.

놀랍게도 이 다섯 가지 요소는 키스 배럿의 3As에만 딱 들어맞을 뿐 아니라 (단순성과 의외성은 즉시 관심을 끌고, 자신감은 접근을 돕고, 자기에게 유리하다는 인식과 동정심은 관계 수립을 도왔다) 동물 세계에서 영향력 행사에 필수적인 원칙들도 포함하고 있었다. 물론 신생아들의 호소력에도 필수 요소들이었다.

모든 영향력을 묶어주는 종합 영향력이 있었고, 불과 몇 초 안에 생각해내야 했다. 그 힘이 너무 즉각적이고 치명적이고 원시적이라 그저 판도를 바꾸는 정도가 아니라 완전히 뒤집어놓을 정도였다.

단순성

Simplicity

피부색이 문제가 아니라

몇 년 전 런던 신문에 카리브 해 출신 흑인 노인이 퇴근길에 버스에서 겪은 이야기가 실린 적이 있다. 어떤 정거장에서 술에 취한 남자가 탔는데 앉을 자리가 없었다. 그 남자는 흑인 노인에게 소리를 질렀다.

"당신! 깜둥이 뚱보, 좀 일어나!"

"나보고 뚱뚱하다고 했어요?" 그 흑인 노인이 반문했다.

그러자 버스 안에 폭소가 터졌고 술 취한 남자는 창피해서 바로 다음 정거장에서 내렸다.

말 한마디로 흉한 꼴을 피해간 것이다.

정치에서 광고, 계약 상담에서 대규모 인종폭동 예방에 이르기까지 설득의 황금률은 말하는 내용이 중요한 게 아니라 말하는 방식이 중요하다는 점이다. 대부분 경우 단순할수록 더 효과적이다.

연구조사 결과는 우리 뇌가 단순한 쪽을 선호한다는 것을 반복해서 보여줬다. 예를 들어, 아래 나오는 덧셈을 해 보라. 아래는 종이로 가리고 하나씩 암산으로 더하면 된다.[1]

1000

40

1000

30

1000

20

1000

+10

어떤 답이 나왔나? 만일 5,000이면 다시 해 보라. 정답은 4,100이다. 그럼 왜 틀리게 됐을까? 우리 뇌는 끝에서 두 번째 숫자까지 합쳐 4,090이 나오면 전체 합계는 읽기 쉬운 천 단위일 것으로 기대한다. 그래서 기대치에 가장 부합하는 숫자로 5,000이라는 답이 나오게 되는 것이다.

말 잘해 일등석 타기

두뇌가 정보를 처리할 때 술술 풀린다는 느낌을 주는 것이 그 정보의 설득력을 결정하게 된다. 따라서 단순한 것이 좋고 복잡한 것은 나쁘다. 반전기술이 강력한 힘을 갖는 것도 그 이유다. 현대 인간사회에서 과거 동물세계의 관건자극과 같은 영향력을 갖게 되는 것이다. 세계 최고의 무술 고수 중에는 80대 노인들도 있다. 그들처럼 반전기술자들은 거의 힘을 쓰지 않는다. 그림자나 바람처럼 움직이는 도사들이 신체의 급소를 찌르는 것과 똑같이 반전기술자들은 직접 심리적 급소를 향한다. 다시 말하면 반전기술에서 사용하는 메시지에는 의사소통에 필수적인 정보만이 담겨 있다.

몬태나 대학 심리학 교수인 루크 콘웨이는 정치 연설에서 단순성의 역할을 연구했는데 재미있는 결과가 나왔다.[2] 정치가들이 재선을 위해 출마할 때 어떤지 아는가? 기본으로 돌아가 정책이 아주 단순해진다. 콘웨이는 미국 대통령 41명의 첫 임기 중에 한 의회 국정연설 중 네 개를 분석한 결과 일정 패턴이 있음을 발견했다. 콘웨이는 대통령의 재임 기간이 길수록 복잡한 이념이 줄어드는 것을 발견했다. 취임 국정연설은 조심스럽고 반대 견해에 대해 좀 더 포용적인 논조였다. 그리고 좀 더 화려했다. 재선 직전에 정치가로서 마지막으로 하는 연설은 최대한 초점을 살렸다. 콘웨이는 단순한 것이 통하며 "내가 맞을 수도 있고 틀릴 수도 있으니 우리 대화합시다" 같은 구호를 따라갈 사람은 아무도 없다고 말한다.

영국 처칠 총리는 1940년 6월 4일 영국 파견군이 던커크에서 후퇴한 후 "우리는 바닷가에서 그들과 맞서 싸울 것입니다……"라는 불후의 연설을 했다. 그런데 이 말을 "해안지역에서 적군과 교전이 벌어질 것입니다……"라는 식으로 했다면 '불후의 연설'은 남지 못했을 것이다. 처칠이 왜 꼭 그렇게 말을 했는지는 유감스럽지만 확인할 길이 없다. 사람들은 궁지에 몰리면 이상한 짓을 하지 않는가? 약간 덜 극적인 예로 막스&스펜서 마케팅부서에서 최근 백화점 차 옆면에 "특별히 여러분 모두에게(Exclusively for Everyone)"라는 광고 문구를 써넣은 이유는 알고 있다. 막스&스펜서 대변인은 전화로 이렇게 말했다.

"트럭 옆면에 글씨를 써넣을 공간이 별로 없어요. 밴은 더 그렇고요. 그리고 차가 주행 중일 때는 글씨를 읽을 시간도 별로 없습니다. '품질 좋은 제품들을 싼 값에 많이 준비해놓고 있습니다'라고 할 수도 있었겠지만 뭔가 같은 분위기가 안 나지요. 광고에서는 간결한 것이 최고입니다."

매튜 맥글론과 제시카 토피그 박사는 시를 갖고 실험을 했다.[3] 정확히 하자면 정식 시는 아니고, 각운이 있는 격언이었다. 두 사람은 각운이 들어가면 없는 것보다 좀 더 진실되게 들리는지를 조사하기로 했다. 그리고 이를 위해 간결하지만 애매한 의미의 격언들을 추려냈다. 그리고는 그중 일부를 약간 다르게 바꿨다. 예를 들어 "조심하고 재면 재물을 얻는다(Caution and mea<u>sure</u> will win you trea<u>sure</u>)"를 "조심하고 재면 부를 얻는다(Caution and measure will win you riches)"로 바꾸고 "맨 정신이 가리는 것을 알코올이 드러낸다(What sobriety conc<u>eals</u>, alcohol rev<u>eals</u>)"는 "맨 정신이 가리는 것을 알코올이 벗겨낸다(What sobriety conceals, alcohol unmasks)"로 바꿨다. 그리고는 실험에 자원해 참여한 그룹에게 그 격언들을 원문과 바꾼 것 둘 다를 읽은 다음 어떤 게 더 정확하게 현실을 반영하는 것 같은지를 평가하게 했다.

그리고 예상대로 사람들은 운이 맞는 것을 골랐다. 각운이 있는 원문이 바꾼 것보다 덜 꾸미고 더 진솔해 진의를 더 정확히 반영한다고 느끼는 것이었다.

그 이유는 뭘까?

연구진은 그런 말들은 우리 뇌가 통째로 받아들일 수 있기 때문이라고 추측했다. 그것들은 소화할 수 있게 더 잘게 쪼갤 필요가 없으니 더 금방 거침없이 처리할 수가 있는 것이다. 그리고 우리가 정치에서 보았듯이 거침없이 자연스럽게 흐르는 것은 신뢰감을 준다.

어릴 때 권투선수 모하메드 알리가 경기 시작하기 전에 자기가 몇 회에 이길 것인지를 예언하곤 하던 게 기억난다. 재미있는 것은 그 예언에 각운을 사용한 것이었다.

"벼룩처럼 치니 3회에 잡겠어.(He hits like a flea so I'll take him in three)"

"하늘나라에 가고 싶어 하니 7회에 눕히겠어(He wants to go to Heaven so I'll drop him in seven)."

"자기가 잘난 줄 아니 8회에 잡겠어(He thinks he's great so I will get him in eight)."

알리는 부지중에 설득의 비법을 활용하고 있었던 것은 아닐까? 그의 각운 창작 능력이 상대의 의지를 더 흐물흐물하게 만들었을까? 예언까지 했으니 주먹이 더 세게 느껴졌을까? 다 가능한 일이다. 알리의 예언은 실제로 많이 적중했다.

몇 해 전 처음으로 반전기술 연구를 시작했을 때 항공사 체크인 직원들을 만나러 돌아다녔다. 물론 순전히 연구 목적으로 일등석 타는 법을 묻고 다닌 것이다. 단 한 가지 방법으로 '일등석 승급 알고리즘'을 뽑아내는 것은 불가능했지만 (알아도 여러분에게 알려줄 리는 절대 없다)

이야기한 항공사 직원 중 몇 명은 유머감각을 들었다. 더블린에서 만난 남자직원은 희한한 경우를 이야기해 줬다. 상대가 '일등석…… 창가 좌석 있어요?'라고 하자 그 말에 그냥 넘어가 생각이고 뭐고 없었다는 것이다.

"그냥 말 내용 때문은 아니었습니다. 아마도 말하는 방식 때문이었지요. 정말 여호와의 증인 집회에서도 마약장사를 할 수 있는 그런 사람이었어요. 나를 바라보는 눈길부터 예사롭지가 않았지요. '자 우리 잘 해 봅니다. 그쪽에서 안 해 주면 나도 말 안 합니다.' 그런 모습이었어요. 그리고 자신감이 있었지만 어떤 사람들처럼 건방지게 굴지도 않았습니다. 그리고 그냥 한번 해 보는 거면서도 아주 쉽게 하더라고요. 그런 건 전혀 예상치 못했지요."

바로 그것이다. 설득에 대해 많은 사람들이 착각하고 있는 것은 그게 복잡한 것이라고 여기는 것이다.

절대 그렇지가 않다.

기억하기 쉬운 곡조가 머릿속에서 계속 맴도는 것과 마찬가지로 설득에서도 단순한 것이 가장 잘 기억된다. 신선하고 대담한 것들이 남는다. 에어링구스(Aer Lingus) 직원의 말을 다시 읽어보면 의외성, 자신감, 동정심 등 분명한 특징이 나온다. 거기에 '그쪽에서 안 하면 나도 안 할 것'이라는 호혜주의에 그게 당신에게도 득이 된다는 메시지까지 은근히 끼워 넣으면 막강한 힘을 가지는 명언이 나오는 것이다.

본인에게 유리하다는 인식
Perceived self-interest

약삭빠른 사람들

록밴드 오아시스가 최근 영국 맨체스터에서 공연을 하던 중 기술적 문제가 발생해 공연이 중단되었다. 그 후 밴드가 다시 무대에 나왔다. 그리고 리드 싱어인 리암 갤러거는 7만 관중에게 이렇게 선언했다.

"정말 죄송하게 됐습니다. 이제 이 공연은 무료공연입니다. 모두 다 환불해 드리겠습니다."

다음날 관객 중 2만 명은 그가 제안한 대로 환불을 받아 밴드는 1백만 파운드가 넘는 손실을 보게 됐다.

이런 경우 어떻게 해야 할까?

오아시스는 약속대로 돈을 게워냈다. 하지만 예상치 않은 일이 벌어졌다. 환불 수표는 리암과 노엘 갤러거가 직접 서명을 해 보낸 것으로 독특한 '버니지 은행' 로고가 찍혀 있었다(버니지는 밴드가 처음 활동을 시작한 맨체스터의 지역 이름이다).

밴드 대변인은 이렇게 말했다.

"사람들은 수표를 현금으로 바꿀 수 있었습니다. 하지만 수표가 워낙 특별한 것이라 그냥 갖고 있기로 결정한 이들도 꽤 있었습니다."

그중 일부는 이베이에 등장하기도 했다.

짧고 간단히 말하자면 설득 비결은 상대방한테 득이 된다는 것을 강조하는 것이다. 아니 더 정확히 말하자면 상대가 자기한테 득이 되는 것처럼 느끼게 하면 된다. 이는 비즈니스의 황금률 중 하나이다.

상사에게 뭔가 설득하고 싶은가? 그러면 상사가 원하는 게 뭔지를 알아내라. 다시 잠깐 복습하겠다. 말 탈 때 제일 좋은 방법이 무엇인가? 맞다. 말이 가는 방향을 따라가는 것이다. 학교 운동장에서 잠시 관찰해 보라. 내가 뭘 말하는지 금방 알게 될 것이다. 아이들은 두 가지 방법 중 하나로 자기가 원하는 것을 얻어낸다. 거래(네 플레이스테이션 갖고 놀게 해 주면 초콜릿 줄게)를 하거나 아니면 협박(네 플레이스테이션 갖고 놀게 해 주지 않으면 선생님한테 내 초콜릿 훔쳤다고 이른다!)하는 것이다.

완전히 정글의 법칙인 것이다.

영리한 아이들은 어른도 꼼짝 못 하게 만든다. 12월 마지막 날 친구 집에서 열린 송년파티에 참석했을 때였다. 그 친구가 아홉 살짜리 아들에게 자러 가라고 하자 아이가 사정했다.

"엄마, 8시 반밖에 안 됐는데 조금만 더 놀게 해 줘요."

하지만 친구는 단호했다.

"너 밤에 늦게 자면 다음에 어떤지 알잖아. 며칠 동안 피곤하잖아."

그러자 그 아이는 금방 이렇게 대꾸했다.

"그럼 내일 엄마가 자고 있는데 아침 7시부터 뛰어다니면요?"

참 대단했다.

외교는 다른 사람을 자기가 원하는 대로 하게 만드는 거라고 누군가가 말했다. 그것도 기분 좋게 하도록 만들어야 한다는 것이다.

내 이익이 최고

평소 갤러거 형제들은 외교술로 유명한 사람들은 아니었다. 하지만 그 환불 사건을 통해 예전에는 없던 솜씨를 보인 것이다. 아마 그 수표들은 몇 년 있으면 수집품이 되어 지금보다 훨씬 가치가 올라갈 것이다. 그래서 현금으로 안 바꾸고 갖고 있다고 해도, 아무튼 수표를 써주기는 한 것이니 그 형제들에게 약속 안 지켰다고 비난할 사람은 없다. 참 현명한 처사가 아닐 수 없다. 오아시스 밴드가 한 일은 그리 복잡한 일도 아니다. 그 '한정판' 수표들을 써줌으로써 고대로부터 내려오는 설득법인 희귀성 원리를 활용한 것이다. 희귀성 원리는 심리학자 로버트 치알디니가 6대 진화설득원칙[4] 중 하나로 꼽은 것으로, 뭔가가 적을수록 더 원하게 되는 것을 말한다. 나머지는 우리가 이미 여러 번 다룬 호혜주의(우리는 남의 호의에 보답해야 할 의무를 느낀다), 약속과 일관성(갤러거 형제처럼 우리는 말한 것을 지키려고 한다), 권위(우리는 힘 있는 사람을 존경한다), 호감(우리는 좋아하는 사람들 말을 더 잘 들어준다), 사회적 증거(우리는 스스로 확실치 않을 때는 남들 하는 것을 본다)다.

그 진화적 배경과 원시사회에서 생존을 위한 역할 때문에 이 원칙들은 하나하나가 다 개인의 이익과 직접 관련되어 있다. 사회적 증거를 예로 들어보자. 애버딘 대학의 최근 연구 조사에 따르면 남자가 바에 갈 때 여자를 동반하고 가면 한 사람마다 매력도가 15퍼센트씩 올라간다고 한다.[5] (다음에는 여동생이라도 데리고 가도록 해라.) 이는 동물 세계에서도 마찬가지다. 뇌조와 거피 열대어 암놈을 대상으로 수컷의 매력을 측정해 보면 암놈들은 다른 암놈과 짝짓기를 한 적이 있는 수

컷을 고른다고 한다. 그 이유는? 정보가 제한되어 있어 확실치 않은 상황에서는 사회적 증거가 자기 이익을 위한 강력한 경험적 지식 역할을 하는 것이다. 다른 암컷이 끌렸다면 좋아할 이유가 있는 것 아니냐고 두뇌가 조용히 계산을 하는 것이다. 자기 이익이 갖는 설득 효과는 글로 증명하기 힘들 때가 많이 있다. 아무도 자기들이 이기적이라고 생각하고 싶어 하지 않기 때문이다. 그렇게 생각하지 않는 것이 우리에게 이익이 된다.

자신이 다른 스물아홉 명과 함께 좀 이상하기는 하지만 사례금이 꽤 괜찮은 실험에 참가했다고 상상해 보라. 실험 장소에 가면 한 사람씩 칸막이 된 작은 방으로 안내되고 방 한가운데에는 버저가 설치되어 있다. 방으로 들어가기 전에 내가 실험 방식에 대해 설명을 해 준다. 방 안에서 10분 동안 머물게 되는데 언제든지 원하면 버저를 누를 수가 있다. 하지만 한 사람이라도 버저를 누르면 실험은 거기서 중단된다. 그리고 한 가지 더, 칸막이 방에 있는 다른 사람들과는 서로 이야기할 수가 없다. 이제는 중요한 실험 조건에 대해 말하겠다. 10분이 다 지날 때까지 아무도 버저를 누르지 않으면 본인을 포함한 서른 명 모두가 자기가 원하는 곳으로 21일짜리 무료 휴가를 갈 수 있다. 반면에 10분 사이에 누군가가 버저를 누르면 그 사람만 6일간의 무료 휴가 기회를 받고 나머지 사람들은 아무것도 받지 못한다.

자, 시간이 흐르고 있다. 어떻게 할 것인가?

미국의 게임 이론가 더글러스 호프슈태더가 고안한 위와 같은 울프 딜레마(Wolf's dilemma)를 처음 접하게 되면 대부분 사람들은 두 번 생각할 필요도 없다고 여긴다. 어떻게 해야 할지 너무나 당연한 것이다. 10분간 참는 것이다. 모든 사람이 다 협조하면 다 함께 21일 동안 일광욕을 즐길 수 있지 않은가? 그럴 수도 있지만, 큰 문제가 있다. 과연 전부 단결할까? 그럴 수도 있고 아닐 수도 있다. 그룹 중 누군가가 완전히 이기심에서 아니면 멍청해서 '사고로' 버저를 누르게 될 가능성은 어느 정도일까? 그런 위험을 정말 감수할 수가 있을까?

생각을 하면 할수록 합리적인 선택은 자기가 버저를 누르는 것이 된다. 단 한 사람이라도 일을 망쳐 나머지 사람들은 놔두고 자기 혼자 6일간 휴가를 떠나게 될 가능성이 있다면…… 내가 그렇게 하면 안 될 이유라도 있나? 사실 제일 좋은 방법은 생각할 필요 없이 방에 들어서자마자 그냥 누르는 것이다. 그 버튼을 누르는 것이 나한테 제일 이익이라는 사실을 내가 깨달았으면 다른 사람들도 그럴 것 아닌가? 그래서 그 사람이 지금 당장 누르려고 한다면 어떻게 한단 말인가?

시간 실험

17세기 영국 철학가 토마스 홉스는 정부가 없는 세상을 묘사하기 위해 '만인의 만인에 대한 투쟁'이라는 용어를 만들어냈다(신용위기, 아프가니스탄 사태, 최근에 일어난 의원들의 경비 스캔들을 보면 한번 그렇게 해 보는 것도 괜찮다는 생각이 들기는 하지만 말이다).

하지만 나는 고프 위틀램 전 호주 총리의 말이 더 마음에 든다.

"경마 도박사들은 '도덕'이라는 경주마는 결승점에 닿기도 힘든 반면 '자기이익'이라는 경주마는 늘 잘 달린다는 사실을 알고 있다."

금년 초 영국 라디오 방송 진행자인 테리 워건은 연봉이 80만 파운드라는 뉴스가 새어나간 후에 여러 곳에서 공격을 받았다. 평일 아침에 그가 진행하는 BBC 라디오 2 방송이 유례없는 인기를 누리고 있고 수년에 걸쳐 상당한 팬을 만들었음에도 불구하고 여러 방면에서 그가 돈을 너무 많이 받는다는 불평이 들려왔다. 거기에 현 재정 상황, 방송계 동료 두 명이 연루된 최근의 스캔들 사건 등으로 흙탕물이 튈 수 있었다. 하지만 워건은 다른 생각이 있었다. 그리고 특유의 능청스러운 태도로 이렇게 농담으로 받아쳤다.

"그러면 청취자 한 명당 2펜스가 되겠군요."

그걸로 이야기는 끝이었다. 자기가 가지는 이익 문제를 언급하지 않고 자신을 비난하는 사람들을 위해 계산까지 대신 해줬으니 더 이상 무슨 말을 할 것인가?

의외성
Incongruity

두뇌 속이기

과학 서적에서는 속임수 수법에 대해서 잘 언급하지 않는데, 여기서 한 가지 예를 들겠다. 아래 그림 6-1a에 카드 여섯 개가 나와 있다. 그

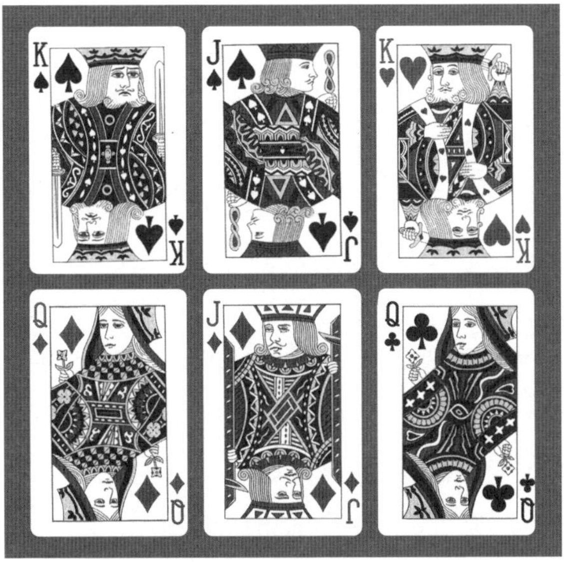

그림 6-1a 카드 한 장 고르시오.

중 한 가지를 직접 고르고 5초 동안 보고 기억한 다음 책을 뒤집어놓고 머릿속에서 세세하게 되살려라. 굳이 나에게 말할 필요 없다. 그냥 머릿속에서 간직하고 있으면 된다.

그렇게 했나? 그러면 이제 내가 카드들을 섞은 다음 다시 그 페이지에 놓겠다. 단, 이번에는 카드를 뒤집어 놓고 여러분은 볼 수 없게 하면서 그중 하나를 빼도록 하겠다.

준비됐는가? 자, 그러면…… 현재까지 문제없다.

이제 앞에 있는 카드는 다섯 개로 뒤집어져 있다. 잠시 전에 보여줬던 여섯 개 중 다섯 개인 것이다. 그중 하나는 지금 내가 갖고 있다. 카드를 꺼낼 때 보지 않았으니, 내가 어떤 카드인지 확인할 때까지 기

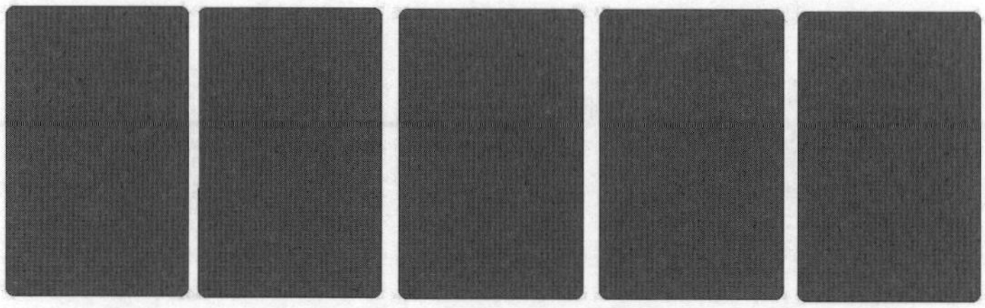

그림 6-1b 원래 것에서 한 개 빠짐.

다려라. 자, 이제 어떤 건지 알았다. 어떤 건지 보여줄까? 내가 손에 들고 있는 카드가 어떤 것인지 확인하려면 6장의 제일 마지막 페이지를 보면 된다. 지금 바로 확인해 보시라.

어떤 카드였나? 본인이 고른 것 맞던가? 정말 마술 같지 않은가.

뇌 훔쳐내기

그리스 철학자 플라톤은 관점 전환의 비결은 "눈을 심어주는 게 아니다. 왜냐하면 눈은 이미 존재하고 있기 때문이다"라며 그 비결은 "눈이 가지고 있지 않은 올바른 방향을 주는 것"이라고 했다.

아주 정확한 말이다. 마술사들은 물론 수 세기 동안 그 사실을 알고 있었다.[6] 소매치기들 또한 마찬가지였다. '큰 동작이 작은 동작을 가린다'는 그 업계에서 가장 많은 시험을 통해 확인된 원칙 중 하나로 두 동작이 동시에 일어나면 보는 사람은 둘 중 더 크거나 두드러진 것을 보게 된다는 사실을 말한다.

위의 '독심술' 마술을 보라. 이제는 그것이 마음을 읽는 것과는 전혀 관계가 없고 다 마음을 훔치는 것이라는 사실을 알았을 것이다. 마술 이론에서는 수동적 교란, 인지심리학에서는 외인성 주의집중(Exogenous Attentional Capture)으로 알려져 있다. 자기가 고른 단 하나의 카드에만 주의를 집중함으로써 나머지 다섯 개에 대해서는 알아차리지를 못하는 것이다. 그것들이 거기 있었다는 것은 봤으니 알고 있지만 신경을 쓰지 않은 것이다.

그게 큰 실수였다.

자기가 고른 카드에만 신경을 쓰다 보면 나머지 카드들이 어떤 것인지는 전혀 모르게 된다. 그러니 나는 하나를 그냥 뽑은 다음 나머지는 다 다른 것으로 바꾸면 된다. 그러면 그중 없는 것이 자기 것처럼 보이는 것이다. 여러분이 뽑은 그 단 하나의 카드는 시각적 표적 역할을 한다. 그 카드는 취객을 처리하는 술집 경비처럼 우리의 주의력을 의식의 옆문을 통해 빼돌리는 것이다. 설득법에 대해 우리는 마술사와 소매치기에게서 한두 가지 배울 수 있다. 비바람 속에서 자살 위협을 하던 남자를 설득해야 했던 론 쿠퍼의 예를 보자. 아무리 덥다 해도 제정신인 사람이라면 그런 상황에 누가 옷부터 벗겠는가? 여러분이라면 그러겠는가? 물론 쿠퍼는 그럴 만한 이유가 있었다. 티셔츠 때문이었다. 하지만 자살 위협을 하고 있던 남자는 그걸 알지 못했고 그냥 쿠퍼의 수에 말려들 수밖에 없었다. 그리고 단추를 하나 풀 때마다 대치 상황은 점점 기묘해졌다.

그리고 "꺼져! 친구는 얼마든지 많아!"가 그 대미를 장식했다.

더 의외인 말이 심리적 폭발성을 발휘한 것이다. 그런 상황들은 보통 요령을 요한다. 기대서 울 수 있는 어깨가 되겠다는 식의 접근법이 필요하다는 것은 누구나 안다. 뛰어내리려는 남자도 그걸 알았다. 그리고 그 남자가 그걸 안다는 것을 쿠퍼는 알았다. 하지만 이번에는 그게 아니었다. 위험한 모험이기는 했지만 유머가 효과적일 것이라고 쿠퍼는 계산한 것이다. 빗속에서 수십 층 주차장 건물 옥상 끝에 서 있는 남자를 이길 정도로 더 강할 것이라고 여겼던 (혹은 바랐던) 것이다.

의외성은 마술에서와는 정반대 이유로, 너무 예상 밖이기 때문에 설득력을 가진다. 하지만 큰 것이 작은 것을 가리는 원리는 똑같다.

스트루프 태스크

돌아가고 있는 두뇌를 멈추게 하고 뒤에서 살짝 다가와 깜짝 놀라게 하는 의외성의 위력은 완전히 새롭게 발견된 것은 아니다. 사실은 아주 옛날부터 있던 것이다. 고대 선사들은 "동쪽을 시끄럽게 하고 서쪽에서 공격하라"고 했던 바, 이것은 다양한 무술에서 아직도 필수적인 개념이다. 예를 들어 공수도에서 Teishin(停心)이라는 개념은 마음이 일시적으로 위험하게 중심에서 벗어난다는 뜻이다. 고대 그리스 소피스트 시대부터 언어 유술(柔術) 전문가들의 본거지인 법정에서도 승리는 어느 정도 기습력에 좌우된다.

재기발랄한 영국 변호사 프레드릭 스미스는 언젠가 버스 기사의 과실로 팔에 부상을 입은 승객으로부터 소송을 당한 기사의 변호를 맡은 적이 있었다.[7]

스미스는 원고에 대해 공격적인 심문을 할 것이라는 예상과는 반대로 부드러운 투로 이렇게 물었다.

"문제의 사고가 난 이후 팔을 이제 어느 정도 들 수 있는지 법정에 보여주시겠습니까?"

원고는 고통스러운 표정이 역력한 채 팔을 어깨 높이까지 들어 올려 보였다.

"고맙습니다." 그리고 스미스 변호사는 말을 이었다.

"수고스럽지만 사고 전에는 팔을 얼마나 들 수 있었는지 보여주실 수 있습니까?"

그러자 원고의 팔이 번쩍 머리 위까지 올라갔다.

설득에 있어 정신 교란을 통한 의외성이 막강한 영향력을 행사하는 상세한 과정을 다음 예를 통해 더 자세히 보기로 하자.

아래 그림 6-2a에서 네모 칸들을 보라. 네모 칸에는 각기 다른 위

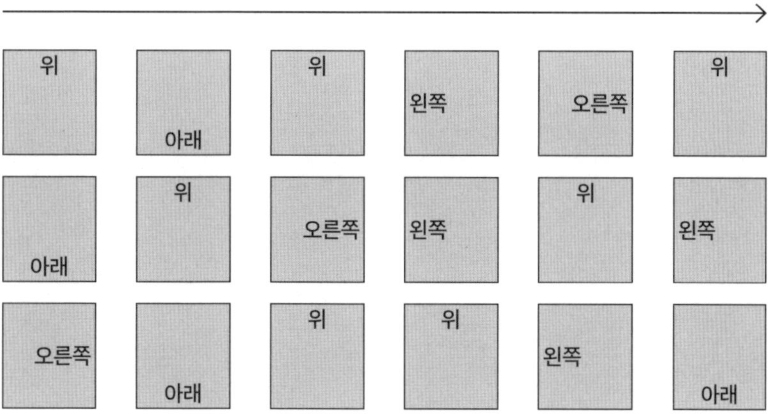

그림 6-2a 단어들이 있는 위치는 : 위, 아래, 왼쪽, 오른쪽?

치에 단어들이 쓰여 있다. 왼쪽 맨 위부터 오른쪽 맨 아래까지 한 줄씩 각 단어가 있는 위치(왼쪽, 오른쪽, 위, 아래)를 큰 소리로 말하면 된다. 가능한 한 빨리 하도록 하라. 그런데 단어를 읽지 말고, 눈으로 보고 위치를 말해야 한다.

함께 시작해 보자……

어땠는가? 꽤 쉬웠을 거다. 잘했다.

그럼 이번에는 6-2b의 단어들을 보고 똑같이 하면 된다. 다시 한 번 말하겠는데 단어 위치를 말해야 한다. 다시 반복하는데 단어들을 읽지 말라.

준비됐는가? 시작하자.

이번에는 어땠나? 전과 달랐나?

그럴 줄 알았다. 대부분 사람들은 이 두 번째 리스트를 더 하기 어렵다고 느낀다. 그런데 왜일까? 그 이유는 아주 간단하다. 두 번째 리

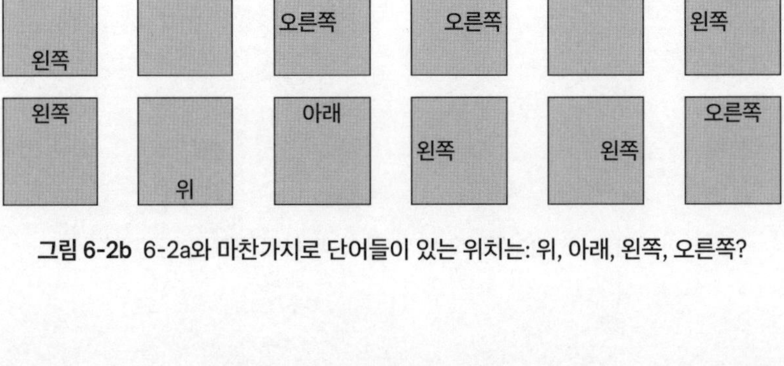

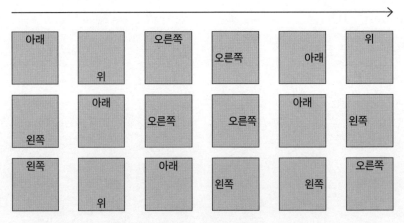

그림 6-2b 6-2a와 마찬가지로 단어들이 있는 위치는: 위, 아래, 왼쪽, 오른쪽?

스트에서는 단어의 위치를 말하라는 의식적 지시와 나온 단어들을 그냥 읽고자 하는 무의식적 기대가 겨루기 때문이다. 기어 바꾸기가 특히 더 어려워지는 것은 단어 자체와 그 위치가 완전히 틀리게 되어 있기 때문이다. 다시 말하자면 갑자기 예상과 현실이 더 이상 같지가 않은 것이다. 그래서 하기가 힘들어진다. 위와 같은 스트루프 태스크(Stroop Task)의 변형 모델은 특히 주의 집중 과정과 작용에 관심을 가진 인지 심리학자들이 오래전부터 애용해온 이론으로 그럴 만한 이유가 있다.[8] 글씨를 보면 읽고자 하는 자연스러운 성향과 그를 무시하고 그냥 위치를 말할 것을 지시하는 두 가지 상반된 요구에 따른 혼란스러움은 언어에만 한정되어 있는 게 아니다. 실제로 그런 상황은 늘 벌어진다. 예를 들어 낯선 환경에 처하거나 예상치 못한 사태에 놀랄 때마다 비슷한 반응을 보이게 된다.

미국 아칸소 대학의 바버라 데이비스와 에릭 놀스가 방문 판매 세일즈맨과 거리 행상인을 대상으로 행했던 두 가지 실험을 통해 그 과정을 보여줬다.[9] 연구팀은 우리의 소비 행태와 관련해 흥미로운 사실을 발견했다. 크리스마스카드 방문 판매 세일즈맨이 카드 가격을 달러가 아닌 센트 단위로 말하거나, 길가에서 컵케이크를 파는 사람이 케이크를 '반 컵케이크'식으로 약간 특별나게 부르면 구매 확률이 두 배가 된다는 것이었다. 하지만 양쪽 다 예상 외의 말로 흥미를 부추긴 다음에는 크리스마스카드 경우에는 "아주 싸요!", 컵케이크 경우는 "아주 맛있어요!"라는 식으로 선전하는 말을 덧붙여야 했다.

물론 이게 특별히 복잡한 전략은 아니다. 그냥 수준 낮은 심리적 속임수일 뿐이다. 크리스마스카드 36장 한 세트가 2,844센트라는 엉뚱한 '첫인상'은 소소한 것들을 놓치게 만든다. 그리고 다시 생각할 틈이 없이 "아주 싸요!"로 자신 있게 공감할 것을 호소한다. 의외성, 자신감, 공감(ICE: Incongruity, Confidence and Empathy)이 한 조가 돼 특수기동대처럼 돌진해 들어오는 것이다. '의외성'이 제일 앞장서 폭탄처럼 뛰어들어 혼란을 야기한다. 당하는 사람이 한순간 넋이 빠지게 해놓고는 번개처럼 최면을 거는 것이다. 지각은 저항을 못 하고 설득에 대해 무방비 상태일 때 자신감과 공감이 뒤를 따라와 은근하게 "아주 맛있어요"라고 속삭여 뒷마무리를 한다.

대 실언

문을 박차고 창문을 부수고 침입자가 들어오면 두뇌 내부에서 어떤 현상이 일어나는지에 대한 의외성의 신경작용은 실제로 잘 입증되어 있다. 원숭이 단일세포를 기록한 결과 예상했던 것보다는 예상 외의 자극에 대해(긍정적, 부정적 양쪽 다) 편도체가 더 예민한 것으로 나타났고,[10] 인간의 두개 내의 뇌전도(EEG) 기록은 희귀하고 이상한 사태에 노출되면 뇌의 이상 감지 부위인 편도체와 측두정엽 활동이 증가하는 것을 보여줬다.[11] 실제로 2장에서 봤듯이 신생아의 울음소리가 감정을 심하게 자극하는 것도 급변하는 음조의 의외성 때문이고, 음악과 농담이 통하는 것도 그 때문이다.[12]

하지만 앞서 데이비스와 놀스 실험이 암시하듯이 의외성에는 부차

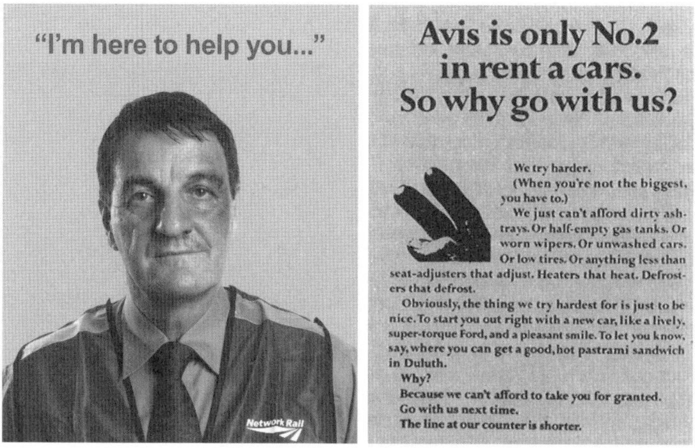

그림 6-3 의외성의 베일들. 역경에 맞서는 힘.

적 기능이 있다. 폭탄처럼 쳐들어가는 것과는 별도지만 연관되어 있는 것으로 상황 '재설정' 기능이 있는 것이다.

그 예로 그림 6-3의 두 광고[13]를 보라. 두 개가 서로 아주 다르지만 나름대로 강한 효과를 갖고 있다. 이런 광고들은 게릴라 전법의 대표적인 경우다. 우리의 예상에 기습공격을 가해 감정을 인질로 삼는 것이다. 그리고 의문을 품게 하고, 재평가하게 만든다. 보통 고객 서비스 부서의 직원들은 웃는 얼굴을 하지 흉터나 멍든 모습을 절대 보이지 않는다. 도대체 어떻게 된 것일까? 렌터카 회사 역시 과시하기 위해 광고하지 흠을 잡으려고 하지 않는다.

뭘 어쩌자는 건가?

에모리 대학 정치심리학 교수인 드류 웨스틴은 그 이유를 안다.

"가슴과 마음을 얻으려면 가슴으로 시작해야 합니다."

웨스틴 교수와 동료들은 광고가 아니라 정치 논리에서 내집단 편견의 영향을 살펴보기 위한 일련의 연구조사를 실시했다.[14] 철저한 공화당원 그룹과 철저한 민주당원 그룹을 뽑아 공화당의 조지 부시, 민주당의 존 케리 등 당 지도자들이 모순되는 이야기를 하는 것을 보여주면 어떻게 반응할지를 살폈다.

신경이 거슬릴까? 거슬린다면 누구의 말이 그렇게 만들까? 웨스틴은 2004년 대선 경선과정에서 나온 이야기 중 앞뒤가 안 맞는 주장 열두 개를(각 정당별로 여섯 개씩, 그저 가벼운 모순 정도가 아니라 완전히 틀린 소리들을 뽑았다) 선정해 사실과 대조한 다음 슬라이드로 만들어 공화당과 민주당 지지자들에게 보여주며 그들의 뇌를 fMRI로 관찰했다. 그리고 놀라운 사실을 알게 됐다. 중립적 입장 사람들에게는 명백히 드러나는 모순이었다. 또 공화당원이든 민주당원이든 그 모순이 반대편 것일 때는 역시 금방 알았다. 하지만 이들이 자기 당 후보의 모순된 주장도 분별할 능력이 있었을까? 절대 아니었다. 1에서 4까지 점수를 매겼을 때 (1은 전혀 모순되지 않는다, 4는 아주 모순된다) 자기 당 이야기에 대한 평균 점수는 2 근처에서 맴돌았다. 하지만 반대 당 이야기에 대해서는 거의 4에 근접했다. 다시 말해 공화당원들은 케리의 말에서, 민주당원들은 부시의 말에서만 잘못을 발견했다. 하지만 더 중요한 것은 그렇게 틀린 말들을 보고 있는 동안 그들의 머릿속에서 일어나는 현상이었다. 웨스틴 연구팀이 예측했던 대로 모순되는 주장을 처음 접할 때는 뇌에서 부정적인 감정이 솟는 것으로 나타났다. 하지만 실험이 뒤로 가면 재미있는 현상이 생기기 시작했다. 감정조절 담당 신경회로가 움직이는 것이었다. 그러면 당초 부정적인 감정이 사라질 뿐 아니라 긍정적 감정과 관계있는 두뇌 부위도 반응해 그냥 기분이 좀 나아지기 시작하는 정도가 아니라 정말 좋아지기 시작했다.

두뇌가 처음 모순을 접했을 때의 충격을 극복하자마자 자기들이 원하는 것을 감정이 아닌 이성으로 대했다. 두 가지 모순된 말을 조화시키기 위해 그렇게 한 다음에는 스스로에게 보상을 해줬다.

대조법

드류 웨스틴의 연구는 정치뿐 아니라 일상생활에서의 설득 작용에 대해서도 많은 것을 보여줬다. 우선 사실이 늘 중요한 것은 아니다. 사실의 영향력은 과대평가되어 있다.[15] 위급하고 어려운 상황이 되면 두뇌는 대부분 가슴 뒤에 숨어 지내는 것 같다. 웨스틴의 연구에서 나타난 모든 움직임들이 두뇌의 감정적 위치를 보여주는 반면 인지 담당 부위들은 잠잠했다.

웅변에서도 의외성은 혁신을 불러온다. 존 F. 케네디(국가가 당신을 위해 뭘 해 줄지를 묻지 말고 당신이 국가를 위해 뭘 할 수 있을지를 물으라)와 마가렛 대처(원하면 되돌아가세요, 하지만 숙녀는 방향을 바꾸지 않습니다)는 대조법을 사용해 긍정적인 것과 부정적인 것을 나란히 제시함으로써 대담하게 자기의 주장을 내세웠다. 실제로 조사결과에 따르면 박수갈채를 받는 명연설 중 평균 3분의 1은 대조법을 사용했다.[16]

어느 날 뉴욕 지하철을 타려고 가는 장면을 생각해 보라. 보도를 사이에 두고 두 거지가 마주 보고 앉아 있었다. 한 사람은 누더기 차림에 처량한 모습으로 종이 팻말을 들고 있었다.

"배고프고 집도 없습니다. 제발 도와주세요."

그런데 다른 거지는 말쑥한 줄무늬 양복에 여유 있는 웃음까지 띠고 이런 팻말을 들고 있었다.

"더럽게 부자지만 돈이 더 필요해요!"

지나가는 행인들의 반응이 재미있었다. 경멸, 동정심, 재미있다는 표정이 섞여 있었다. 마케팅 전략에서 보자면 줄무늬 양복 거지는 완전 실패였다. 그의 동냥통은 시작할 때와 마찬가지로 거의 비어 있었다. 하지만 누더기를 입은 '정말' 거지는 돈을 긁어모으고 있었다.

좀 수상했다. 그들 사이에는 다른 뭔가가 있을 것 같았다. 그래서 나중에 그들이 일을 끝내고 떠나려 할 때 가서 물어봤다. 어떻게 된 거예요? 알고 보니 내 생각이 맞았다. 사기였다.

사실은 둘 다 거지였다. 그런데 동업을 하면 네 배는 더 벌 수 있다는 사실을 알게 된 것이었다.

두 사람은 이렇게 말했다.

"사람들에게 선택권을 주잖아요. 부자 아니면 가난한 사람? 보통 혼자 있으면 사람들은 그냥 지나가 버려요. 쳐다보지도 않지요. 그런데 양복 입은 남자가 있으면 관심을 끌 뿐 아니라 생각하게 만들지요. 옆에 불쌍한 사람에게 줄 수도 있는데 왜 저런 뻔뻔한 인간에게 한 푼이라도 주겠어? 매일 지나다니는 사람들은 그게 사기라는 걸 알지만 그래도 통한다니까요. 옷은 교대로 돌아가며 바꿔 입어요."

큰 것이 작은 것을 가리는 것이다.

자신감
Confidence

시계 강도

다음 이야기는 프레드 삼촌을 생각하면 안 해야 하지만 자신감의 상황 반전 위력에 대한 너무 좋은 예라 안 할 수가 없다.

프레드 더튼은 2차 대전 중 낙하산 부대에서 복무했다. 체구가 별로 크지 않은 그는 키 155센티미터에 체중 58.5킬로그램에 지나지 않았지만 그야말로 매운 고추로 사자 같은 용기를 갖고 있었다. 어느 해 크리스마스, 프랑스의 아르덴에서 아저씨와 다른 세 명의 군인들은 독일 진지에 들어가게 됐다. 놀란 독일군들은 다 도망치고 배낭을 재빨리 벗지 못한 무전병 한 명만 남아 있었다. 그래서 통솔자인 프레드 삼촌이 앞으로 나섰다.

"일어서!"

삼촌은 무전병에게 외쳤다.

삼촌이 시킨 대로 일어선 독일 병사는 키가 190센티미터가 넘어 보이는데다가 떡 벌어진 체구였다. 몇 초 동안 양쪽 군인 두 사람은 그냥 서로를 마주보고 서 있었다. 말 그대로 상대방을 잰 것이었다.

155센티미터인 삼촌과 190센티미터인 독일군이 대치하고 있는 모습이 참 가관이었을 것이다. 마침 삼촌의 눈에 독일 병사의 시계가 들어왔다. 번쩍거리는 것이 금이었고 비싸 보였다. 프레드 삼촌은 여차하면 뒤에서 동지들이 엄호할 것이라는 것을 추호도 의심치 않았다. 그래서 배짱을 부리며 악을 썼다.

"시계 내놔!"

더 잘 알아듣게 하느라 시계를 손가락질하고 다음에는 자기를 가리켰다. 그러자 독일 병사는 미쳤나 하는 표정으로 바라봤다.

삼촌이 다시 악을 썼다.

"네 시계! 내놔!"

독일 병사는 무슨 소리냐는 눈초리로 삼촌을 바라보며 가만히 서 있어서 그 기괴한 대치는 계속됐다. 더 이상 참을 수가 없어진 삼촌은 독일 병사 앞으로 바짝 다가가 그의 손목을 가리키며 씩씩댔다.

"네 시계! 내놓으라고!"

삼촌이 세 번째 같은 소리를 하자 독일 병사는 좀 망설이며 자기 시계를 풀어 넘겨줬다. 삼촌은 시계를 낚아채 코트 주머니에 쑤셔 넣고 만면에 웃음을 띤 채로 동료들을 돌아봤다. 그런데 알고 보니 그들은 그 독일군의 체구를 보자마자 다 도망가고 하나도 없었다.

라틴어로 하면 뭐든 다 더 멋있어 보인다

미국의 에세이 작가 로버트 앤턴 윌슨은 현실은 자기가 쟁취하기 나름이라고 했는데 프레드 삼촌도 분명 동감할 것이다. 독일 무전병이 삼촌에게 시계를 넘겨주게 만든 요인은 단 한 가지로, 물론 절대로 주고 싶은 마음이 있었기 때문은 아니었다. 사실은 삼촌이 뭘 몰라서 그랬던 거긴 하지만 프레드 삼촌의 자신만만한 태도 때문이었다.

그레그 모랜트도 자신감에 대해 좀 아는 사람이다. 뉴올리언스의 후덥지근한 여름 저녁, 5성급 호텔 바에서 함께 샴페인을 마시며 그는 이렇게 말했다. 빳빳이 다린 흰 와이셔츠에 손목에는 롤렉스 시계가 번쩍이고 있었다.

"설득은 99퍼센트가 자신감이고 나머지 1퍼센트는 운입니다!"

모랜트는 그것을 누구보다 잘 아는 사람이다. 40대 중반인 그는 30년 동안 미국의 모든 주를 하나도 안 빼놓고 도망 다니며 사기를 친 사람이다.

"어떤 사람을 신뢰할 수 없으면, 그 사람들이 말하는 대로 될 거라는 확신이 없으면 뭐 하러 말을 듣겠습니까? 우리 직업에서는 그랬다가는 아무 소용이 없지요. 우리한테는 말이 담보인데요! 자신 없는 사기꾼 이야기 들어본 적 있어요? 그건 완전히 미친 짓이지요."

물론 모랜트의 말이 맞다. 자기가 자신이 없으면서 남의 신뢰를 받을 수는 없다. TV를 예로 들어보자. TV 인터뷰를 하는 전문가들은 왜 하나같이 다 책이 잔뜩 꽂힌 서가를 배경으로 하고 있는지 궁금해한 적이 있다면 이제 알 것이다. 지식을 상징하는 장식물이 그들이 하는 말을 한층 더 그럴듯하게 들리게 하는 것이다. 아니면 스탠리 밀그램이 60년대에 예일 대학에서 실시한 전기충격 실험을 생각해 보라. 점잖은 중산층에서 무작위로 뽑은 실험 참가자들은 학생(실험보조자)들을 상대로 교사 역할을 했다. 그냥 평범한 교사가 아니라 학생들이 실수를 하면 전기충격으로 처벌하는 역이었다. 처음에는 최소한으로 시작했다가 계속 실수를 하면 450볼트까지 올리는 것이었는데, 사실은 전기스위치를 올리라는 지시를 얼마나 따르는가를 보는 것이 목적이었으며 학생에 대한 전기충격은 가짜였다. 그런데 이때 흰 가운을 입은 선량해 보이는 교수가 지시하면 실험 참가자 중 무려 65퍼센트가 전기 스위치를 최고까지 올렸다. 하지만 교수가 가고 청바지에 티셔츠, 스니커 차림인 실험실 조수가 대신하자 취조관들의 태도가 달라졌다. 고풍스러운 예일 대학 교정에서 실시됐던 원래 실험과 달리 시내의 사무실 빌딩에서 이루어져 권위와 과학적 엄격함이 줄어든 후속 연구에서는 25퍼센트만이 스위치를 끝까지 올렸다. 그 정도도 충격적이기는 하지만 65퍼센트에는 한참 못 미친다.

자신감이 사라지면 모든 게 다 사라진다.

눈으로 보는 그림 하나가 천 마디 말보다 낫다는 말이 있다. 하지만 그 그림이 너무 많은 것을 말할 수도 있지 않을까? 그냥 들으면 이상한 질문 같을 수 있다. 하지만 법정에서는 심리 때 fMRI 영상을 보여주는 것이 득보다 해가 될 수 있다는 증거가 있다. 콜로라도 주립대의 데이비드 맥캐비 교수와 UCLA의 앨런 카스텔 교수가 실시한 최근 연구 조사는 뇌 영상 사진이 재판과정에 어떤 이점을 제공하던 간에 그것을 본 사람들이 편파적인 판단을 하게 만들 수 있으며 그에 따른 반작용이 더 클 수 있음을 보여준다.[17] 맥캐비와 카스텔 연구진은 실험 자원자들에게 거짓 주장이 담긴 (예를 들어 TV 시청과 수학이 양쪽 다 대뇌 측두엽을 활성화시키기 때문에 TV를 보는 것이 수학 능력에 도움을 준다는 등) 일련의 가짜 신경과학 기사를 보여줬다. 이때 일부 참가자들에게는 그냥 잘못된 주장만 보여준 반면 다른 이들에게는 두뇌 영상 혹은 막대그래프 등 보충 자료까지 보여주었다. 그 주장이 더 일리가 있다고 생각한 게 어느 쪽일까?

맞다, 두뇌 영상 사진을 받은 사람들이었다.

통계학도 잘 사용하면 똑같은 심리적 영향력을 행사할 수 있다.[18] 1995년 O. J. 심슨의 살인 혐의 재판 서두에서 무죄방면 가능성은 지극히 희박했다. 하지만 앨런 더쇼위츠라는 탁월한 피고 측 변호사는 다른 생각이 있었다. 그는 법정에서 매년 약 400만 명의 미국 여성들이 배우자에게 폭행을 당한다고 자신 있게 말했다. 하지만 그중 정말로 살해되는 배우자는 1,432명(1992년 수치)뿐이라는 것이었다. 이 수치로 볼 때 자기의뢰인이 유죄일 가능성은 실제로 2,500분의 1이라고 그는 주장했다. 배심원들은 더쇼위츠의 수학 계산에 넘어갔다. 그리고 심슨은 251일 만에 법정에서 자유인으로 걸어 나왔다.

하지만 그 수학은 잘못된 것으로 밝혀졌다. 검찰 측은 모르고 있었지만 데이터에는 완전히 다른 가능성이 감춰져 있었다. 니콜 브라운 심슨은 이미 죽었기 때문에 더쇼위츠의 확률 계산은 방향이 완전히 틀려 있었다.

그 1,432명 중의 90퍼센트는 배우자의 손에 죽었다.

자신감 후광효과

일리노이 대학 심리학자 폴 자노스와 동료들은 인지능력에 있어서 자신감의 영향력을 조사했다.[19] 더 구체적으로 말하자면 자신 있는 분위기가 사람들을 진실의 너울로 감싸는 것을 보여주고자 했다. 자노스는 실험 자원자들에게 여러 종류의 문제(수학, 추리, 예측 등)를 제시하고는 각 문제에 대한 자신의 답에 대해 얼마나 자신하는지를 표시하도록 했다. 실험 참가자들은 처음에는 개인으로 그다음에는 소그룹으로 대답했는데 양쪽 다 성적은 알려주지 않았다. 결과는 대단했다. 그룹이 내는 답은 일정한 패턴을 따르는 것으로 나타났다. 그룹 중 가장 자신만만한 사람들의 답을, 그게 틀릴 때조차도 그대로 따라 하는 것이었다. 다시 말하자면 가장 자신 있게 보이는 사람들을 가장 능력 있는 사람, 가장 정답을 맞히는 사람으로 인식했다.

그리고 자신감을 내보이는 것은 그다지 힘들 게 없다. 사실은 의외로 간단하다. 정치 분야에 대한 연구조사에서는 후보의 인기를 가장 잘 예측할 수 있는 것은 그의 접근 태도인 것으로 나타났다. 예를 들어 질의응답을 할 때, 후보는 제자리에 머물러 있는(방어적 태도) 대신 관중들에게 다가간다(은근한 자신감과 솔직성 발산).

심리학자 낼리니 앰버디와 로버트 로젠탈은 이에서 한 걸음 더 나아가 '초단편 검사'라는 실험을 했다.[20] 어떤 실험에서는 학기 초에 대학 강사의 30초짜리 비디오를 보고 거기 드러난 성격에 따라 평가를 했다. 이 미니 평가(초단편)를 통해 3개월 후 학기말 때 그 강사의 성과를 예측할 수 있을까? 그 때는 당초 평가한 사람들이 아니라 학생들의 판정을 받게 되어 있었다. 신기하게도 그런 것으로 나타났다. 단 30초 만에 자신 있고, 활발하고, 낙천적이고, 호감 가고, 열의에 찬 것으로 인식된 강사들은 학기말 학생들이 하는 강의평가에서 더 좋은 성과를 거뒀다.

아, 한 가지 잊고 말하지 않은 게 있다. 더 대단한 것은 당초 평가자들은 비디오테이프의 소리를 끈 상태에서 강사들을 진단했다. 소리 없이 그림만 본 것이다. 자기들의 눈밖에 의지할 것이 없었다.

자신감은 신체적 매력과 마찬가지로 후광 효과를 갖고 있고 또 독자적으로 영향력을 행사한다. 그렇지 않았더라면 프레드 삼촌은 일찌감치 저 세상 사람이 됐을 것이다.

공감
Empathy

불안 때고 연기 내기

금요일 밤 런던 지하철이 한창 붐비고 있을 때였다. 피커딜리선 전철은 신호 장애 때문에 레스터 스퀘어와 코벤트 가든 역 사이 지하에 5분 동안 멈춰 서 있었다. 만원 전철 안의 승객들은 짜증이 일기 시작했다. 거기에 기관사는 방금 또 5분 더 지연될 것이라고 안내 방송까지 했다.

운동복 차림을 한 남자가 담배를 꺼내 불을 붙였다. 정말 말도 안 되는 것이었다. 1987년 31명의 사망자를 낸 킹스크로스 화재 사건 이후 (조사 결과, 누군가가 버린 성냥불 때문에 화재가 발생한 것으로 밝혀졌다) 지하철에서의 흡연은 전면적으로 금지되고 있었다. 사방에 '금연' 표지판이 붙어 있음에도 불구하고 그 남자는 담뱃불을 붙인 것이었다. 전철 안에 불안한 침묵이 흘렀다. 사람들의 얼굴에 다 드러났지만 그럴 때 대개 그렇듯이 아무도 나서서 말하는 사람이 없었다. 그런데 불쑥 한 말쑥한 양복 차림의 남자가 침묵을 깼다.

"죄송하지만 불 좀 빌려주시겠습니까?"

그러면서 담배를 내미는 것이었다. 더 이상 참을 수가 없었다. 즉시 다른 승객이 끼어들며 퉁명스럽게 말했다.

"여기서 담배 필 수 없다는 거 아십니까?"

양복 차림 남자는 그제야 '금연' 표지판을 바라보고는 말했다.

"미안합니다. 몰랐어요." 그리고는 앞의 남자에게 말했다. "우리, 담배를 끄는 게 낫겠습니다."

우리 누구나 그런 상황에 처해 봤다. 그리고 철갑옷을 입고 있는 게 아니라면 올바른 길을 따르기가 그리 쉽지 않다. 금연 구역에서 버젓이 담뱃불을 켤 정도의 사람이라면 '조용히' 물러날 리가 없기 때문이다. 아마 싸우자고 대들 것이다. 그러니 함께 있는 승객들이 어쩔 것인가? 직접 대결하는 방법 대신 그는 완전히 반대 길을 택했다. 운동복 차림을 한 남자의 (담배를 끄라고 할 것이라는) 예상과는 정반대로 그는 "불 있어요?" 하며 접근했다. 물론 그렇게 하면 차 안에 있는 다른 사람들이 가만히 있지 않으리라는 것을 너무나 잘 알고 있었다. 그리고 실제로 그렇게 됐다. 하지만 주위 사람의 반응이 나오기 전에 게임은 이미 끝나 있었다. 이제 반칙꾼은 한 사람이 아니라 두 사람이 됐고 그에 따라 전체 그림이 완전히 바뀌었다. 갑자기 눈 깜박할 사이에 내 집단이 형성되며 숫자에 따른 안전망이 생긴 것이다.

다른 사람들이 정식으로 담배 끄라고 요구하기보다는 '잘 모르고 규칙을 위반한' 동지가 부드러운 요청을 통해 운동복 차림의 남자가 담뱃불을 끄게 하는 최상의 성과를 거뒀다.

그리고 상황은 정상으로 돌아갔다.

현실 직시

효과적인 설득 재료들이 포커 패와 같다면 우리가 남들에 대해 느끼는 점과 그들이 실제로 말하고 행동하는 방식은 다를 것이다. 방금 본 상황을 생각해 보라. 그 남자가 담배를 끈 이유는 끄라고 해서가 아니라 (물론 당연히 그것도 부분적 이유이기는 했지만) 말한 방식과 그 말을 한 사람 때문이었다. 그렇게 최대한의 효과를 거두기 위해 메시지를 상대에 맞출 수 있는 능력을 공감능력이라고 한다. 그리고 거기에는 두 가지 중요한 방식이 있다. 자신과 상대 사이의 심리적 거리를 줄이고 동질성을 늘리는 것이다. 아니면 말하는 방식을 좀 더 친근하게 해 귀에 잘 들어오게 할 수가 있다.

롤렉스 시계가 남부 석양에 번쩍이는 가운데 사기의 달인인 그레그 모랜트는 샴페인을 더 주문하고는 웃으며 말했다.

"아이에게 감자를 먹이고 싶다고요? 그러면 프렌치프라이로 해서 주면 되지요."

애버딘 대학의 리사 드브루인은 동질성의 작용, 더 구체적으로는 동질성이 신뢰에 미치는 영향에 대해 아주 재미있는 조사를 했다.[21] 우선 드브루인은 두 사람이 한 조로 하는 컴퓨터 게임을 고안했다. 게임에서 각 플레이어는 다음 두 가지 중 선택할 수가 있었다.

1. 작은 금액이라도 파트너와 다 나눈다.
2. 큰 금액이 될 때까지 파트너에게 맡긴다.

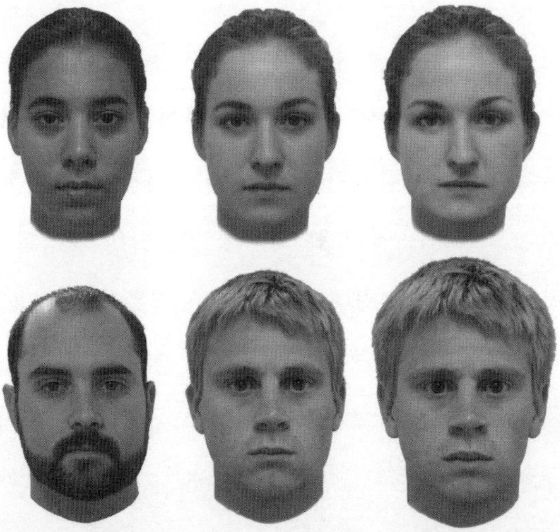

그림 6-4 안면 변조. 게임 참가자들의 얼굴(왼쪽)을 낯선 사람들(오른쪽)의 얼굴과 합친 후 합성 얼굴(가운데)을 만들어냈다. 위와 아래 패널은 변형 정도를 보여준다. 변형된 여자 얼굴(위)은 참가자 얼굴의 형태와 색을 다 통합했고 남자 얼굴(아래)은 낯선 사람의 얼굴 형태만 통합했다.

실험 참가자들에게는 열여섯 명의 다른 파트너들을 정해 줬고 그들의 얼굴이 모니터에 보이게 했다.[22] 그런데 이들은 모르고 있지만 그 열여섯 명 파트너들의 얼굴은 전부 다 안면 변형기술을 이용해 조작한 것이었다. 다시 말해 그중 한 사람도 진짜가 없었다. (그림 6-4 참조)

그뿐이 아니다. 그중 반은 이들이 모르는 사람 두 명의 얼굴을 합성한 것이지만 나머지 반은 바로 참가자 자신의 얼굴을 낯선 사람 것과 조합 한 것이었다. 드브루인은 조사 참가자들의 선택 패턴을 보고자 했다. 파트너가 자기 와 더 많이 닮았으면 혈연선택 원칙(동물들이 자기들과 유전자가 가장 흡사한 다른 동물을 선호하는 경향)의 예측대로 주도권을 '게임 파트너'에게 넘길 것인가? 아니면 얼굴의 유사성이 신뢰에 아무 영향도 끼치지 않게 될까?[23]

드브루인은 참가자들이 자기들과 얼굴이 닮은 파트너들은 평균적으로 3분의 2 정도로 신뢰한 반면 익숙지 않은 얼굴일 때는 2분의 1 정도만 신뢰한다는 것을 알게 됐다. 다른 사람에게서 내 모습을 보는 것 때문에 대가를 치러야 할때도 있다.

동질성의 함정

세일즈와 마케팅 세계에서는 드브루인의 발견이 새삼스러운 일도 아니다. 온갖 영향력의 용광로 같은 그 세계에서는 동질성이 아주 중요하다는 것이 이미 오래전부터 알려져 있었다. 그리고 그 동질성 영역이 어디인지는 문제가 되지 않으며, 그냥 있는 것만으로 충분하다.

이를 증명한 재미있는 조사가 있다.[24] 학생들을 두 그룹으로 나눠 한쪽 그룹 학생들에게는 '러시아의 미친 수도승'으로 악명 높은 그리고리 라스푸틴의 생일이 자기들과 같다고 말해 줬고 다른 쪽 그룹에는 생일이 다르다고 말해 줬다. 그러고는 양쪽 그룹 학생들 모두에게 라스푸틴의 비열한 행동에 대한 이야기를 읽도록 한 다음 그가 얼마나 '착한지' 아니면 '나쁜지'를 평가하도록 했다. 두 그룹 모두 그의 사악한 이력을 똑같이 읽었다. 그중 어느 편이 그를 좀 더 긍정적으로 평가했을 것 같은가? 맞다, 바로 생일이 같다고 한 학생들이었다.

이런 연구 결과는 우리가 남들에게 영향을 미치는 방식을 강력히 시사해 준다. 18분 53초에 걸친 버락 오바마 대통령의 취임 연설에서는 '우리'라는 말이 무려 155번이나 나왔다. '우리' 모두가 한 배를 탄 사람들이라는 것을 전달하는 것이었다. 미국 국민 모두가 역사에 의해, 메이플라워, 게티즈버그, 9.11에 의해 서로서로 다 연결되어 있고 함께 미래를 맞게 되어 있다는 것을 이야기하는 것이었다. 민주당 대통령 후보 지명 연설에서는 마틴 루터 킹의 이름을 직접 거론하는 대신 '조지아의 젊은 목사'라고 좀 더 은근하게 접근했다. 이는 수사학에서 환유법으로 알려져 있는데,[25] 오바마 대통령은 우리는 다 '같은 집단의 일원'이니 내가 누구를 말하는지 모두 알 것이라는 암시를 통해 단번에 자신과 청중들 사이에 자연스럽게 친밀감을 조성했다. 이 말은 또 마틴 루터 킹이 숭상받는 인물이 되기 전에 우리와 똑같은 평범한 사람이었음을 상기시켜 더 인간적으로 접근할 수 있게 했다. 또 조지아 등 지역 이름을 열거함으로써 자신의 연설에 현실감을 부여했다.

"우리의 유세 활동은 …… 디모인의 뒷마당, 콩코드의 거실, 찰스턴의 앞베란다에서 시작했습니다……."

세일즈맨과 정치가들이 공감을 호소하고 공통분모를 얻으려 노력하는 데는 그만한 이유가 있다. 그게 효과적이기 때문이다. 그 공통분모가 적절하고 의미 깊을수록 사람들은 더 넘어간다.

한번은 미국 켄터키주 렉싱턴에서 구두를 사러 가게에 들어갔다가 그곳에서 판매원으로 일하고 있는 고향 출신을 만나게 됐다. 우리가 함께 자란 런던 서쪽 끝에서 8천 킬로미터나 떨어진 곳에서 다시 만나게 됐으니 얼마나 신기한 우연인가. 왠지 꼭 신발을 팔아줘야 할 것 같아 며칠 만에 쓰레기통에 들어갈 신발을 두 켤레나 사게 됐다.

이는 다른 상황에서도 마찬가지다. 얼마 전에 미국으로 가는 비행기에서 20대의 젊고 잘생긴 청년 옆자리에 앉게 됐다. 그런데 입국신고서에 써 넣을 미국 내 주소가 없는데도 전혀 걱정을 안 하는 것이었다.

"상관없어요. 보기나 하세요."

정말 괜찮을까 싶었다. 그래서 JFK 공항 입국심사대에서 그 청년 바로 뒤에 서서 지켜봤다. 정말 별일이 없을까? 어떻게 하면 그럴 수 있을까? 입국 심사 이민국 직원과 몇 마디 나눈 다음 신고서와 여권을 제시한 다음이었다. 그 여자 관리가 그 청년의 입국신고서를 막 처리하려고 하는데 갑자기 그녀의 이름을 갖고 말을 붙이는 것이었다.

"와, 베로니카에 r자가 두 개네요! 정말 신기해요! 지금까지 이름 철자를 그렇게 쓰는 사람은 우리 엄마밖에 못 봤는데요. 참 반갑습니다!"

그러자 그 여자 관리의 얼굴이 미소로 환해졌다. 그리고 참 신기한 일이라고 맞장구를 쳤다. 자기도 r자 두 개 쓰는 베로니카는 처음 들어본다는 것이었다. 그러면서 여권에 스탬프를 찍어 넘겨줬다. 그렇게 넘어간 것이었다. 약간 정신을 분산시키고 공감대를 찾아냄으로써 입국 허가를 받아냈다.

걱정 말라던 말 그대로였다.

육감 도사

세상에는 남의 마음을 읽을 줄 아는 천재들이 분명 있다는 사실을 나는 추호도 의심하지 않는다.[26] 그런 사람을 만나봤기 때문이다. 무술에서 최고 경지에 오르려면 거치는 시험이 있다. 양팔을 옆으로 내리고 무릎을 꿇고 앉아 있으면 다른 사람이 뒤에서 칼을 높이 들고 있다가 아무 때나 내려치는 것이었다. 무릎 꿇고 있는 남자가 어떻게든 그 순간 알아채 몸을 빼고 칼을 빼앗지 못하면 머리에 심각한 부상을 입거나 죽을 수도 있다. 거의 불가능한 일처럼 보이지만 그래도 불가능한 것이 아니다. 이는 실제로 있는 일이다. 일본의 외딴 무술도장이나 히말라야 고산에서 실시되는 고대로부터 내려온 정밀하게 계산된 시험으로, 검은 띠보다 한참 위인 도사들이 위대한 경지에 오르려면 이를 통과해야 한다. 다행히 요즘에는 플라스틱 칼을 쓰지만 진짜 칼을 쓰던 시절도 있었다.

80대인 한 늙은 무술 스승은 그 비결을 이렇게 설명했다.

"마음을 완전히 비워야 한다. 그리고 현재에만 집중해야 한다. 그런 경지에 들어서면 시간의 냄새를 맡을 수가 있다. 시간의 파장이 자신의 감각으로 흘러 들어오는 것을 감지하는 것이다. 그러면 아주 먼 곳의 가장 미세한 떨림조차도 감지하고 신호를 차단할 수가 있다. 흔히 두 상대가 동시에 움직이는 것처럼 보이겠지만 사실은 그렇지 않다. 그건 그렇게 힘든 일이 아니다. 연습하면 숙달될 수 있다."

언어 분야에서도 소리에 대해 비슷한 능력을 얻을 수가 있다. 20년 이상 경력을 가진 매춘 여성이 들려준 바에 따르면, 전화 목소리를 30초만 들으면 위험 고객인지 아닌지, 다시 말해 불러들일지 말지를 알 수 있다고 했다.

"뭐라고 설명할 수는 없어요. 그냥 감으로 알게 되죠. 이 업계에서는 죽느냐 사느냐를 가를 수 있는 문제이니 알아야 하지요. 처음 일을 시작했을 때는 얻어맞는 일이 꽤 있었어요. 하지만 지금은 전혀 안 그래요. 목소리를 듣자마자 그림이 그려지니까요. 육감 같은 건데 거의 틀리는 법이 없어요."

대부분의 사람들은 절대 그 정도로 남의 마음을 읽지 못할 것이다. 다행히도 그래야 할 필요가 없기 때문이다. 하지만 남에게 영향을 미치기 위해 꼭 독심술 전문가가 될 필요는 없다. 물론 우리는 어떤 신호를 가장 또렷이 감지할 수 있는 나름대로의 주파수를 갖고 있다. 하지만 우리 모두가 공유하는 공동 파장망도 있다.

로욜라 대학의 빅터 오태티와 멤피스 대학 공동 연구진이 실시한 연구조사는 바른 주파수를 찾는 것, 자신의 메시지를 올바른 심리 대역을 통해 전달하는 것의 중요함을 보여줬다.[27] 오태티 연구진은 스포츠 용어 비유법을 사용한 메시지(대학생들이 최고들과 공을 굴리고 싶으면 이 기회를 놓치지 말아야 한다)와 그렇지 않은 메시지(대학생들이 최고들과 일하고 싶다면 이 기회를 놓치지 말아야 한다)를 비교했다. 오태티 연구팀은 이 두 가지 중 어느 쪽이 더 흥미를 유발하게 될지를 알고자 했다. 또한 어떤 쪽이 학생들에 대해 더 영향력을 발휘할지도 조사했다. 결과는 분명했다. 스포츠 비유를 사용한 메시지는 더 주의 깊게 고려됐을 뿐 아니라 더 큰 영향을 미쳤다. 하지만 가장 중요한 사실은 스포츠팬인 학생들에 대해서만 그랬다는 점이다. 스포츠에 관심이 없는 학생들에게는 비유가 아무 효과가 없어 흥미 유발과 설득력이 줄어들었다.

기원전 4세기 사람인 아리스토텔레스는 화자가 말로 청자를 감동시키는 것은 청자에 달려 있다고 말했다. 왜냐하면 우리의 판단은 기쁨 혹은 슬픔, 사랑 혹은 미움 등 자신의 감정에 따라 달라지기 때문이다.

물론 fMRI를 포함한 현대 데이터들은 그의 말이 맞았음을 증명해 준다. 앞에서 본 드류 웨스틴의 '정치견해 차이' 실험을 기억해 보라. 웨스틴은 우리가 처음부터 특정 정당에 대한 강한 충성심을 갖고 있으면 그다음 아무리 뭐라 해도 마음을 바꾸게 할 수 없음을 보여줬다.

우리 뇌는 동정심에 취해 자신의 논리를 눌러 버리는 것이다.

최근 CIA는 테러와의 전쟁을 위한 비밀 무기를 하나 발견했다.[28] 바로 비아그라다. 아프가니스탄의 군벌들은 많은 경우 부인이 대여섯 명이나 되니 좀 도움이 될 수도 있겠다고 누군가가 생각해낸 것이다. 어떤 예순 살 된 부족장에게 비아그라를 한 상자 선물했던 어떤 관리는 다음 번 갔을 때 엄청난 환대를 받았다고 한다.

"만면에 웃음을 띠고 '당신은 아주 좋은 사람'이라고 하더군요. 그 후에는 그 사람 구역에서는 뭐든 원하는 대로 할 수 있었습니다."

단순성, 본인에게 좋다는 인식, 의외성, 자신감, 공감능력. 그것들이 탈레반에 대한 저항의지까지 굳힐 수 있는 거라면 우리한테는 어떻겠는가 생각해 보라.

인생의 양념

"거짓말해서 뭐하겠어요? 맥주 마시고 싶습니다."

"나보고 뚱뚱하다고?"

"꺼져. 친구는 얼마든지 많아."

이 상황반전의 세 가지 예에는 공통점이 있다. 전부 다 진한 긍정적 감정을 자아내는 것이다. 그것은 설득도구로써 아주 유용하다. 연구조사에서 사람들이 자선행위를 할 것인가를 가장 잘 예측할 수 있는 것은 그 사람의 기분 상태인 것으로 나타났다.[29] 내가 기분이 좋으면 구걸하는 사람이 덕을 보고, 기분이 나쁘면 거들떠보지도 않고 지나가는 것이다.

남을 야유할 때조차도 기분 좋게 하는 것이 중요하다. 오스트레일리아의 전설적 크리켓 선수인 글렌 맥그래스가 경기 중 짐바브웨 선수 에도 브랜디스를 놀리기 위해 왜 그렇게 뚱뚱하냐고 하자 브랜디스는 특유의 점잖은 태도로 당신 여자와 놀아날 때마다 비스킷을 줘서 그렇다고 대꾸했다. 그 대답에 오스트레일리아 사람들까지도 웃을 수밖에 없었다. 그리고 박수갈채를 보냈다. 기분 좋게 만드는 요소는 다섯 가지 상황반전 요건 모두에 깔려 있다. 자신감, 공감능력, 본인에게 좋다는 인식은 당연하게 보일 수도 있지만 단순성과 의외성까지도 그럴까? 그렇다는 확실한 증거들이 있다. 안면근육에 대한 근전도 검사(EMG)를 사용한 연구조사는 자극 처리의 원활성과 대관골근, 혹은 '미소'근육의 활동 증가 사이에 직접적 관계가 있음을 증명해 보여줬다.[30] 게다가 자극이 예상외로 매끄럽게 처리되면 익숙한 느낌, 긍정적 감정파가 더 깊이 퍼져나갔다(이웃을 집으로 찾아가 만나는 것과 야구장에서 우연히 마주치는 것을 생각해 보라).

반전기술에서 유머가 효과적일 때가 많은 것도 이 때문이다. 누군가가 우리의 원래 생각을 바꾸려고 하면 대부분 경우 별로 달가워하지 않는다. 하지만 그것이 아주 부드럽게 진행되고 즐겁기조차 할 때도 있다. "거짓말해서 뭐하겠어요? 맥주 마시고 싶습니다"와 "월남전 참전용사, 살날이 6개월밖에 안 남았습니다"를 비교해 보라. 그러면 그 사람이 누구인지 알고 싶을 뿐 아니라 찾아가 보고 싶을 수 있는 것이다. 남을 진정시키는 데서 용기를 주는 데까지, 계약을 따내는 것에서부터 길거리에서 잠자리를 얻는 것까지 기대 배반, 각본 역행, 안티테제 등 어떤 이름을 붙이던 간에 의외성은 상황반전의 중심에 있다. 우리가 방금 보았듯이 뚝심을 더 돋보이게 할 뿐 아니라 우리 두뇌의 감독 기능을 마비시키고 SPICE 모델의 나머지 특공대들이 레이더망을 피해 들어와 우리의 행복 신경중추를 가동하게 만든다.

그 위력에는 저항할 수가 없다. 그 설득 작용은 우리 뇌를 인질로 삼는 정도가 아니라 계속 인질로 머물기 위해 몸값을 안 내고 싶게까지 만든다. 전환점(티핑 포인트) 정도가 아닌 반전점(플립핑 포인트)을 생각하라. 마음을 해킹하는(마인드 해킹) 정도가 아니라 마음을 잡는 것(마인드 재킹)을 생각하라.

언어로 무뎌지기 전의 자연세계 설득력을 생각하라.

2차 대전 중 독일 폭격기들은 런던 밤하늘의 익숙한 풍경이 됐고 도시 일부 지역은 폭격으로 완전히 무너져 내렸다. 이스트엔드는 그 중에서도 특히 타격을 받은 지역이었다. 그런 밤을 지낸 다음 날 아침, 화이트채플 하이 거리는 완전히 폐허가 되어 있었다. 아마 그곳 주민들의 심정도 마찬가지였을 거라고 생각할지 모르겠다. 그런데 아니었다. 한 식료품가게의 유리창에(실제로 그 건물에 서 깨지지 않은 유일한 유리창이었다) 가게 주인은 이렇게 써서 붙여 놨다.

"이게 심하다고 생각되면 베를린에 있는 우리 지점 꼴이 어떤지 좀 보셔야 돼요."

아무도 범하거나 저항할 수 없는 불굴의 정신, 바로 인생의 SPICE이다.

—♦—

이 장에서는 설득력의 비밀구조를 해독해 봤다. 세상에서 가장 강력한 영향력의 유전자 서열을 분석했고 그 핵을 이루는 다섯 가지 핵심 요소를 발견했다. 완벽한 설득력을 발휘하는 그 요소들은 단순성(Simplicity), 자기에게 유리하다는 인식(Perceived self-interest), 의외성(Incongruity), 자신감(Confidence), 공감능력(Empathy)이다. 그리고 그것들을 다 함께 활용할 경우 우리가 원하는 것을 얻을 확률이 극적으로 높아진다. 다음 장에서는 이론 모델에서 눈을 돌려 그런 능력을 지닌 개인들을 살펴보도록 하겠다. 우리는 지금까지 설득이 직업인 사람들을 이미 많이 만나봤다. 그중에는 월급 받고 일하는 부류도 있고 운 좋으면 수백만 달러를 벌어들이는 부류도 있었다. 설득하는 솜씨로 떼돈을 버는 사람들은 남들과 어떻게 다를까? 우리가 알지도 못하는 사이에 그들이 우리 뇌의 가장 정교한 감시체계를 뚫고 들어오게 하는 것은 도대체 무엇일까?

그 답은 의외일 수도 있다.

이제 사이코패스를 만날 준비를 하라.

카드 마술. 어떤 카드가 없어졌는가? 혹시 뽑은 카드가 이것이었나?

7

사이코패스-타고난 설득의 천재

The Psychopath-Natural Born Persuader

"그는 막히는 게 없었습니다. 뭐든 다 척척 해결했습니다. 부인이나 여자친구 문제가 있는 사람이 있으면 몇 초 안에 핵심을 파악했어요. 사람 심리에 대해 레이저 광선 같다는 느낌을 풍겼습니다. 우리 뇌 속에 파고 들어와 있는데도 우리는 모르고 있는 것처럼 말입니다. 그가 어떤 남자의 목을 따고 손가락 사이에 피가 흐르고 있는데도 얼굴은 씩 웃고 있는 모습을 만약 보지 못했다면 아마 예수님 같은 사람이라고 했을 겁니다."

- 특수부대 대원, 전직 동료에 대해

> "나는 남들의 두뇌를 지하철 지도처럼 읽고, 카드처럼 뒤섞어 놓을 수 있습니다."
>
> - 키스 배릿

◆◆◆

절대자

보안감방.

1995년 여름.

"오늘 밤 뭐 할 거예요?"

"글쎄요. 아마 나가겠지요. 술집이나 클럽 같은 데요. 왜요?"

"가서 뭐 할 건데요?"

"뭐 하다니, 무슨 말이에요? 뻔하죠, 뭐. 여자들 좀 만나고, 맥주도 좀 마시고……."

"여자 좀 잡고요?"

"네, 운이 좋으면요."

"아니면요?"

"뭐가 아니면요?"

"운이 없으면요."

"늘 다음 기회가 있으니까요."

그는 고개를 끄덕이고, 아래를 내려다보다 다시 위를 올려다봤다. 더웠다. 창문이 닫혀 있어서였다. 일부러 안 여는 것이 아니라 열 수 없게 되어 있는 곳이었다. 정신과 의사는 내게 머리로 그 사람을 이기려 들지 말라고 했다. 승산이 전혀 없다는 것이었다. 그냥 정석대로 하는 것이 제일 낫다고 했다.

"케브, 본인이 운 좋은 사람이라고 생각해요?"

이건 또 무슨 소리인가.

"그게 무슨 말이에요?"

그는 미소를 지었다.

"그럴 줄 알았어요."

나는 침을 삼키고 물었다.

"뭘요?"

약 10초 정도 침묵이 흘렀다.

"케브, 늘 생각하는 사람이 하나 있지요? 집에 가는 길에 핫도그를 먹으면서도 생각하는 사람이요. 가버린 사람 말입니다. 너무 겁이 나서 한 번도 제대로 접근하지 못한 사람이요. 접근했다가는 금요일 밤마다 매번 겪는 일을 또 겪게 될까 봐 겁이 났지요."

생각해 보니 그의 말이 맞았다. 나쁜 자식. 수많은 얼굴이 떠오르며 어딘가 텅 빈 댄스 플로어에 나 혼자 서 있는 광경이 그려졌다. 거기서 뭘 하고 있는 거지? 누가 함께 있나? 아무 소용이 없다는 생각이 들며 다시 현실로 돌아왔다. 얼마 동안 딴생각을 했을까? 5초, 10초? 아무튼 빨리 대답을 해야 했다.

"당신 같으면 어떻게 하겠어요?" 한심하기는.

"작업을 걸지요."

거침없었다. 내가 되물었다.

"작업이요?"

내가 궁지에 몰렸다.

"상대 여자가 관심이 없으면 어떻게 해요?"

"다음에 할 게 있잖아요?"

"다음 거라니요? 무슨 뜻이에요?"

"내가 무슨 말 하는 건지 알잖아요."

또 10초 정도 침묵이 흘렀다. 나는 그가 무슨 말을 하는지 알았다. 그리고 이제 마무리할 시간이었다. 나는 가방을 챙기며 노트북 스위치를 껐다. 유리문을 통해 간호원이 들여다봤다.

"마이크, 이제 나는 가야 돼요. 이야기 잘 나눴어요. 잘 지내시길 바랍니다."

마이크는 일어나 악수를 하고는 팔로 부드럽게 내 어깨를 감싸 안았다.

"케브, 나 때문에 기분 상한 건 알겠는데요. 그럴 의도는 아니었어요. 미안해요. 오늘 밤에는 즐겁게 지내길 바랍니다. 그리고 그 여자, 보면 누군지 알 거예요, 보거든 내가 한 말 생각하세요."

그리고는 윙크를 했다. 갑자기 그에 대한 애정이 느껴짐과 동시에 스스로가 역겨워졌다.

"기분 나쁘지 않았어요, 마이크. 정말이에요. 많은 걸 배웠으니까요. 우리 두 사람이 얼마나 다른지를 절실하게 깨닫게 됐고요. 완전히 다르지요. 도움이 됐습니다. 정말이에요. 결론적으로는 그 때문에 당신은 여기 있고 나는 (창문을 가리키며) 저 바깥에 있는 겁니다."

나는 그게 내 잘못은 아니라는 듯이 어깨를 으쓱했다. 다른 세상이었다면 만사가 완전히 반대였을 수 있다는 듯이. 또 침묵이 흘렀다. 갑자기 방 안의 냉기를 느낄 수 있었다. 몸으로 느껴졌다. 피부에 느껴졌고, 몸 속에서도 느껴졌다. 온몸으로 느껴졌다.

책에서 읽어는 봤지만 그 순간까지는 체험하지 못했던 일이었다.

5초 동안 싸늘한 시선을 견디며 서 있었다. 모르는 사이에 배기창을 통해 무거운 공기가 스며들기라도 한 것처럼 그의 팔이 너무나 느리게 내 어깨에서 떨어졌다.

"머리 때문에 일을 망치지 마세요, 케브. 온갖 생각들이 끼어들어 방해할 때가 있지요. 당신하고 나 사이에 차이점은 딱 한 가지예요. 정직성이요. 나는 원하는 게 있으면 가져요. 당신은 원하면서도 그러지 못하고요. 겁먹고 있는 거예요. 뭐든 다 겁을 내요. 당신 눈에 드러난다고요. 결과가 두려운 거지요. 들킬까 봐 겁나고. 남들이 뭐라고 생각할지 겁나고. 집으로 잡으러 와서 어떻게 할지 겁나고. 나도 겁나고."

"자신을 보세요. 맞아요, 당신은 밖에 있고 나는 이 안에 있지요. 하지만 자유로운 사람이 누구입니까, 케브? 진짜 자유요. 당신입니까, 납니까? 오늘 밤 그걸 생각해 보세요. 진정한 철창이 어느 쪽에 있는지 말입니다. (창문을 가리키며) 저기요? 아니면 (그는 약간 앞으로 다가오며 내 왼쪽 관자놀이를 가볍게 쳤다) 여기요?"

너무나 제정신인 사이코패스

신경 세계 깊은 속에서 사이코패스의 뇌는 먼 궤도를 돌고 있다. 빙하기처럼 황폐하고 차갑고 섬뜩한 매력이 있고, 달도 없이 캄캄한 암흑의 세계다. 사이코패스라는 말을 들으면 즉시 연쇄살인범이나 강간범, 자살 테러범, 조직폭력배들의 모습이 떠오른다.

그런데 완전히 다른 그림을 보여주면 어떨까?

당신의 여자친구를 강간하는 사이코패스가 불타는 건물에서 그녀를 구해내는 사람일 수도 있다고 하면 어떤가? 아니면 오늘 어두운 주차장에서 칼을 들고 기다리는 사이코패스가 내일은 아프가니스탄 육박전에서 같은 무기로 특수부대 영웅이 될 수 있다면? 아니면 남을 정신적으로 죽이는 냉혹한 암살자, 상큼한 매력과 재빠른 속임수로 평생 저축한 재산을 훔쳐가는 사기꾼이 마음만 먹으면 망해가는 당신을 구해줄 때도 있다면 어떨까?

이런 이야기는 정말 믿기 힘들지만 그래도 사실이다. 영화에 등장하는 인물들과는 달리 사이코패스가 다 폭력적인 것은 아니다. 그와는 거리가 멀다. 인정사정없고 겁 없는 것은 사실일 수 있지만 폭력 성향은 완전히 다른 차원의 길로 사이코패스가 가는 길과 만날 수도 있지만 전혀 만나지 않고 따로 나갈 때도 많이 있다. 또 카리스마를 빼놓을 수가 없다. 사이코패스의 파괴적이면서도 눈부신 자신만만한 면모는 잘 알려져 있다. 우리가 자주 듣게 되는 사이코패스의 이런 특성들은 물론 본인들이 아니라 그 피해자들이 하는 말이다.

이들이 갖는 아이러니는 너무나 분명하다. 이런 남자들은 (보통 남자일 경우가 많다.*) 많은 사람들이 너무 갖고 싶어 하는 성격을 갖추고

* 사이코패스 장애는 남자들 사이에서는 1~3퍼센트에 이르는 반면 여자들은 0.5~1퍼센트이다.

있고 실제로 많은 이들이 사이코패스의 그 매력에 넘어가 파멸에 이르게 된다. 그들은 어떤 압박에도 침착함을 유지하고 그 얼음 같은 심장은 가장 위급한 상황에 처해도 꿈쩍도 하지 않는다. 그들은 매력적이고 자신만만하고 무자비하고 절대 당황하지 않는다. 또 양심의 가책이라고는 없다. 무슨 일이 있건 자기 이익이 전부다.

그들은 또 설득의 제왕이다.

자, 진짜 사이코패스들은 앞으로 나와 주시겠습니까?

처음부터 분명히 짚고 넘어갈 일이 있다. 사이코패스라고 해서 다 범죄자가 되지는 않는다. 또 연쇄 살인범이 되는 것도 아니다. 실제로 사이코패스 중 많은 이들은 자기들이 감옥에 들어가는 게 아니라 남들을 잡아넣는 일을 하고 있다. 많은 사람들에게 뜻밖이겠지만 사실이다. 지하철 지도에서와 마찬가지로 사이코패스 장애에도 중심부와 외곽이 있으며 지극히 소수만이 그 중심부에 있다. 사이코패스 증세는 스펙트럼으로 우리 모두가 그중 한 자리를 차지하고 있다. 그리고 모든 저울이나 범위에 정도 차이가 있듯이 그중에 A급 인사들이 있는 것이다.

사이코패스와 비 사이코패스를 엄격히 양분하는 것은 임상적 진단으로 대부분 법의학계에서 표준 심리 측정 결과를 사용해 나온 것이다. 사이코패스 판정 도구 PCL-R는 캐나다 범죄 심리학자 로버트 헤어 박사가 고안한 것으로 매력이나 설득력, 두려움, 공감 능력 및 양심 부재 등 사이코패스의 중요한 특성을 측정하는 잘 정리된 표준 검사이다. 총 점수는 40점이며 일반인들은 대개 4~5점 사이에 분포하고 30점부터 사이코패스로 분류된다.[1] 앞에 나온 마이크는 PCL-R 테스트에서 완전히 홈런을 친 경우로, 법의학 차원에서 그런 부류와 일반인 사이에는 당연히 엄청난 차이가 있다. 하지만 우리는 모두 법의학 세계에서 사는 게 아니다. 〈양들의 침묵〉에 나오는 한니발 렉터가 될 수도 있지만, 사이코패스 기질은 성격과 마찬가지로 일반인들에게도 널리 분포되어 있다. 피아노를 치는 사람과 콘서트 피아니스트, 테니스 치는 사람과 로저 페더러나 라파엘 나달을 정확히 갈라놓는 공식적 경계선이 없는 것과 마찬가지로, 세계적 사이코패스와 그 기질을 갖고 있는 사람 사이의 경계도 모호하다.

한번 생각해 보라.

어떤 사람이 압력을 받아도 냉정을 유지하고 동정심이 전혀 없지만 동시에 폭력적이거나 반사회적이거나 양심이 없는 것은 아닐 수 있다. 그 두 가지 특성이 높기 때문에 사이코패스 스펙트럼에서 남들보다 높게 나타날 수는 있지만 전 항목이 다 높은 사람처럼 '위험 부류'에는 속하지 않는다. 녹음 스튜디오의 음향 장비 조절 다이얼처럼 성격에도 다양한 단계가 있다.

심리학자 스콧 릴리엔펠드와 브라이언 앤드류스 팀은 사운드트랙을 바탕으로 한 PCL-R 대안 테스트를 고안했다.[2] 법의학 밖에 있는 일반인들의 사이코패스 기질 탐지에 더 효과적인 정신병질 성격 평가(PPI, Psychopathy Personality Inventory)는 정신병 기질을 좀 더 정확히 측정할 수 있으며 사이코패스를 단독 장애로 보기보다는 연속선상에 분포되어 있는 사이코패스 기질에 주안점을 두고 있다. 이는 물론 사이코패스 접근 방식에 깊은 의미를 가진다. 사이코패스는 완전히 그렇거나 아니거나 한 상태일까? 아니면 '양성 반응'이 나와도 본격적 증세는 나타나지 않는 바이러스 같은 것일까? 사이코패스들은 질적으로 우리와 다를까? 아니면 모든 게 뒤섞여 있는 유전자 늪의 심층부에 깔려 있는 한 가지 특성일 뿐일까? 그리고 사이코패스의 특성들을 잘 뽑아 적당히 배합하면 개인과 사회에 위험 요소가 되기는커녕 오히려 우리의 경쟁력 확보에 특별히 도움이 될 수도 있을까?

과학자들이 사이코패스들을 미스터리로 여기는 것이 바로 이 부분이다. 대학원생으로 사이코패스들의 면모를 처음 알게 됐을 때 가장 흥미로웠던 것도 상대의 정신을 훔치는 그들의 놀라운 기술이었다. 어떤 기준으로 사이코패스를 측정해도 중요한 특성으로 나오는 것이 설득 능력, 남들에게 영향을 끼치는 능력이다. 정말 이상한 것은 같은 기준이 공감 능력 측정에도 사용된다는 사실이다.

공감 능력이 없는 사람이 사교 능력은 어떻게 그렇게 좋을 수가 있는 건지 궁금했다. 사이코패스들은 어떤 것이 상대에게 통하는지를 가장 잘 아는 사람들로 인정받고 있다. 남의 마음속, 머릿속에 들어갈 줄 아는 것이다. 키스 배릿이나 직전에 본 마이크를 생각해 보자. 마이크는 여자 여덟 명을 강간했고 그중 두 명을 살해했다. 정신과 의사에 따르면 영화 속의 한니발 렉터가 걸어나온 것 같다는 것이다. 심리학의 검은 띠 유단자로, 그런 사람은 함부로 다뤄서는 안 됐다. 나는 뒤늦게 대가를 치르고서야 그 사실을 깨달았다.

키스나 마이크 같은 소프트웨어, 그런 설득 프로그램을 돌리려면 우선 그런 특별한 하드웨어를 갖추고 있어야 한다. 공감 능력 하드웨어인데, 사이코패스로서는 갖추기 힘든 장비다.

그래서 갑자기 생각하게 됐다. SPICE가 인류 공통의 영향력 행사 모델이라면 사이코패스들은 무엇인가?

코앞에 놓고도 모른다

fMRI, MEG 같은 정교한 뇌 영상기술의 등장은 때로 인류의 달 착륙에 비교되곤 한다. 마침내 우주 공간이 아니라 우리의 내면세계로 들어갈 수 있는 기술을 갖게 된 것이다. 우리가 모두 너무 잘 알고 있으면서도 아직 들어가 본 이가 거의 없는 신비로운 세계에 '착륙'하는 것이 가능해질 터였다. 양쪽 귀 사이에 있는 세계다. 그중에는 분명 더 개방적인 세계가 있다. 따뜻하고 밝고 편안히 살 수 있는 곳들이다. 반면 어떤 곳들은 춥고 어둡고 먼, 신경계의 최고 외곽에 있어 알아보기조차 힘들다.

사이코패스의 세계가 바로 그런 곳이다.

사이코패스계의 A급 인사들인 완전 사이코패스와 비 사이코패스 사이의 차이점을 알아보는 것조차 힘들 때가 자주 있다. 해병대 출신으로 나이트클럽 경비인 데이비드 비버는 이미 부상을 입고 공포에 질려 살려 달라고 호소하는 교통경찰에게 바로 총을 대고 '침착하게'

쏴 죽였다. 한 순찰차 무전기를 통해 총에 맞기 직전 그의 다급한 마지막 애원이 들려왔다.

"제발, 쏘지 마세요. 안 돼요……"

그에게 형량을 선고하며 담당 판사는 그가 '자신이 저지른 잔인한 범죄에 대해 아무런 양심의 가책이나 이해하는 기색'을 보이지 않고 자기 범죄 증거를 설명할 때조차도 내내 '차갑고 초연한' 태도였다고 말했다. 세 살 난 아들을 베개로 눌러 질식사시킨 죄로 2008년에 무기징역형을 받은 스물네 살의 타라 헤이그는 아들을 죽인 후 몇 시간도 되지 않아 인터넷 데이트 사이트에 들어가 있었다. 그녀는 자기 아들이 귀 뒤에 있는 종양으로 막 죽었다는 메시지를 올리며 데이트 신청을 했다. 혹시 몰랐다면 다시 알려 드리지만, 사이코패스는 그런 사람들이다. 정상에서 너무 벗어나 도저히 이해할 수 없는 이런 예들은 사이코패스들의 동정심 결핍을 적나라하게 보여준다.

아니, 정말 그런가?

연구조사들은 그게 그렇게 간단한 문제가 아님을 보여준다. 사이코패스의 공감능력 유무 문제는 실제로는 '어떤' 공감능력을 말하느냐에 달려 있다. 거기에는 '뜨거운' 공감과 '차가운' 공감이라는 두 종류가 있다.[3] 뜨거운 공감은 감정이 들어 있는 것이다. 다른 사람들이 하는 일을 보며 느끼는 공감으로 우리 자신이 그 일을 할 때 작동되는 체성감각* 두뇌 회로를 전용하며 감정처리 두뇌부위인 편도체도 사용

* 피부감각, 운동감각, 평형감각을 통틀어 이르는 말.

한다. 반면에 차가운 공감은 계산적이다. 다른 사람의 생각을 냉정하게 지적으로 측정하는 능력으로, 사용하는 신경회로도 완전히 다르다. 두 공감은 완전히 반대이며 그 차이 역시 하늘과 땅이다.

차가운 공감은 온갖 기호가 들어가 있지만 그 의미를 전혀 느낄 수 없는 상세한 지도나 마찬가지다. 지도를 읽고 돌아다닐 수는 있지만 아무런 느낌이 없는 것이다.

어떤 사이코패스는 이렇게 표현했다.

"말하자면 이런 겁니다. 날건달이라도 넘어서는 안 되는 선이 있다는 걸 알죠. 하지만 전 전혀 모른다는 겁니다."

안전 궤도

뜨거운 공감과 차가운 공감을 통한 사이코패스와 비사이코패스 비교는 두뇌 영상 조사 결과를 통해 가장 잘 드러난다.[4]

예를 들어 영국 철학자 필리파 풋이 처음 제시한 다음 시나리오(Case 1)를 생각해 보라.[5]

> 전차가 멈출 도리가 없이 질주하고 있다. 앞에는 미친 철학자의 소행으로 다섯 명의 사람이 꼼짝 못하고 선로에 묶여 있다. 다행히 스위치를 내리면 전차가 샛길로 들어서 안전한 궤도로 갈 수가 있다. 그런데 그 샛길에도 한 사람이 묶여 있다.

문제: 스위치를 내려야 할까?

이 시나리오에서는 대부분의 사람들이 결정을 내리는 데 별 어려움이 없다. 그 상황에서 스위치를 내리는 것이 내키지 않는 일이기는 하지만 그렇게 함으로써 한 사람만 죽게 되니 그나마 제일 덜 나쁜 것을 선택하는 공리주의적 결정이다.

그렇지 않은가?

이제는 미국 도덕철학자 주디스 톰슨이 제시한 두 번째 시나리오(Case 2)를 생각해 보자.[6]

전과 마찬가지로 전차가 다섯 명을 향해 돌진하고 있다. 그런데 이번에는 내가 선로 위의 육교에서 어떤 엄청나게 체구가 큰 사람 뒤에 서 있다. 그리고 그 다섯 명을 구하는 유일한 길은 그 앞에 있는 사람을 밀어 떨어뜨리는 것이다. 그러면 그 남자는 죽을 수밖에 없지만, 워낙 체구가 커서 전차의 진로를 막아 다섯 명의 생명을 구할 수 있는 것이다.

문제: 그 남자를 밀어야 할까?

이는 정말 난제다. 살리는 사람 비율은 다 똑같지만 (다섯 명 대 한 명) 행동을 결정하기가 훨씬 더 어렵다. 그 이유는 무엇일까?

하버드 대학의 심리학자 조슈아 그린은 그 답을 알고 있다고 믿었다. 결국은 모두 공감 능력의 온도 문제라는 것이다. 그 이유는 두뇌

구조, 각 딜레마를 푸는 데 관련된 두뇌 부위에 놓여 있다는 것이다.[7]

그는 첫 번째 경우는 당사자와 직접 관련이 없는 도덕적 난제로 전전두엽, 후두정엽 등 주로 사리분별 및 이성적 사고를 담당하는 두뇌 부위와 관련이 있다고 했다. 바로 차가운 공감 능력 회로다. 반면 두 번째 경우는 개인적 도덕 딜레마로 두뇌의 감정 중추인 편도체, 뜨거운 공감 능력 회로가 담당한다.

사이코패스들은 보통 사람들과 마찬가지로 첫 번째 같은 문제에서는 별 어려움을 느끼지 않는다. 그냥 스위치를 내려 다섯 명 대신 한 명을 죽게 만드는 것이다. 하지만 흥미로운 것은 두 번째 경우에서 사이코패스들은 보통 사람들과 달리 별 어려움을 느끼지 않는다는 것이다. 잠시도 망설일 필요 없이 아무렇지 않게 뚱뚱한 남자를 선로 위로 밀어버릴 수 있는 것이다. 또한 이 서로 다른 행동에 개입되는 신경작용도 판이하다. 개인적 도덕 문제와 관련이 없는 경우에는 정상인과 사이코패스의 두뇌 활동 패턴이 같은 반면, 개인적 도덕 문제에 직면하면 완전히 달라진다.

정상인에게 이 두 가지 문제를 제시하고 fMRI로 관찰한다고 상상해 보자. 그 문제들을 푸는 동안 fMRI에 어떤 모습이 보일까?

딜레마가 개인적이지 않은 문제에서 개인적인 것으로 바뀌는 바로 그 순간, 정상인의 두뇌 회로에서는 크리스마스 트리의 전구처럼 불이 들어오기 시작할 것이다.

바로 감정이 발동하는 순간이다.

하지만 사이코패스에게서는 아무 변화도 보지 못할 것이다. 완전

히 캄캄한 채로 남아 있고, 객관적인 것에서 개인적으로 넘어가는 걸 전혀 알아챌 수가 없다.[8]

감정 측정

다트머스 대학 인지신경과학센터 헤더 고든 연구팀도 표정 평가과정을 통해 비슷한 연구를 실시했다.[9] 감정 인식 검사를 통해 (참가자들은 컴퓨터 화면에 나와 있는 일련의 얼굴 표정을 보고 그 감정 상태를 맞춰야 했다) 고든 연구팀은 일반인들의 사이코패스 기질을 측정하기 위해 고안된 PPI에서 높은 점수를 받은 사람들과 낮은 점수를 받은 사람들의 검사

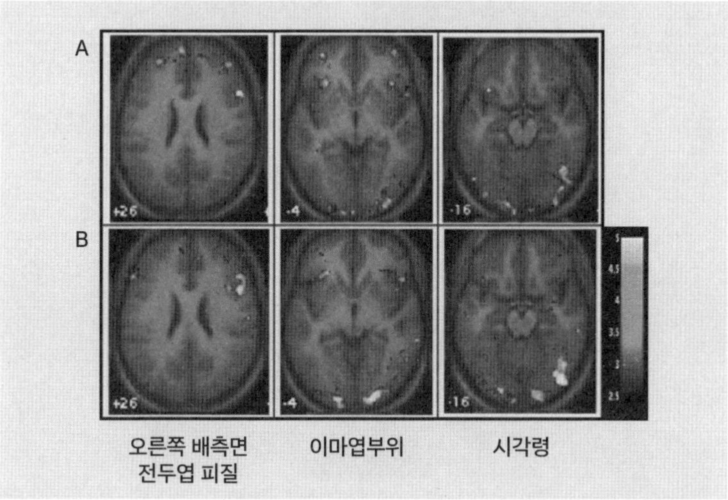

그림 7-1 감정 인식 동안 혈중 산소 수준에 따른 활동 (A) PPI 점수가 평균 이하인 사람들 (B) PPI 점수가 평균 이상인 사람들. 하얀 부분은 그 부분의 뇌 활동이 증가했음 을 의미한다.

결과를 비교했다. 그리고 fMRI를 사용해 뇌의 활동을 지켜본 결과 흥미로운 현상이 나 타났다. PPI 테스트 점수가 높은 사람들은 낮은 사람들에 비해 편도체 활동이 감소한 반면 (뜨거운 감정 처리능력 결여 현상과 일치) 시신경및 배측 면전전두엽 활동은 증가해 고든 연구팀이 지적했듯이 PPI 고득점자들은 감정을 인식하는 일을 할 때도 지적 인식 담당 부위에 의존하고 있음을 나타냈다. (그림 7-1 참조)

더 흥미로운 사실은 연구팀이 인식 정확도에서는 아무런 차이를 찾아 내지 못한 것이다. 두뇌활동 패턴과는 달리 사이코패스 특성이

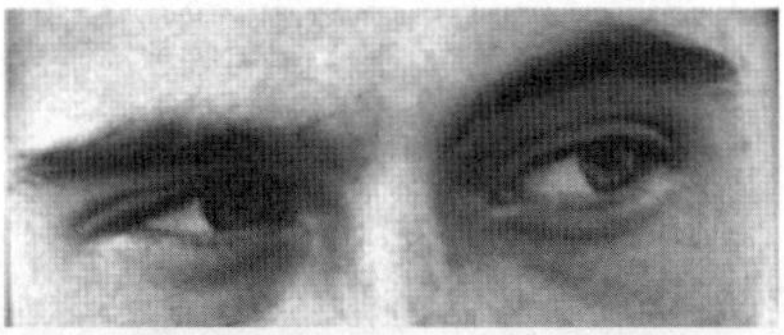

미안함 : 친애 : 불안 : 의기소침

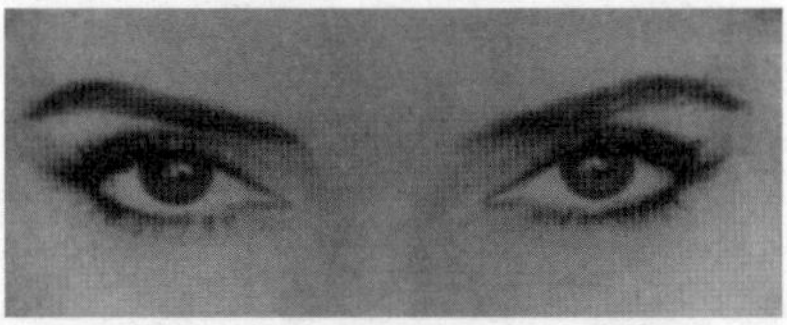

단호 : 즐거움 : 겁에 질림 : 지루함

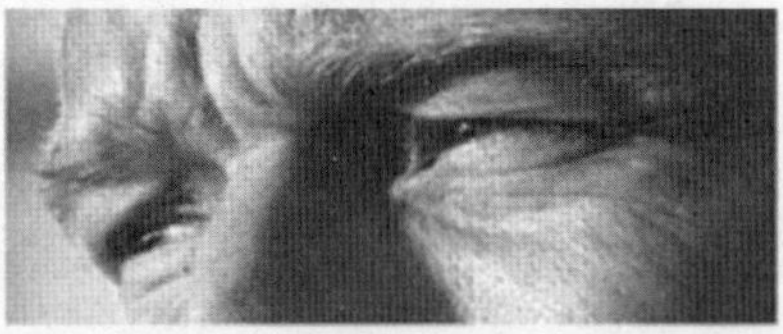

낙담 : 안도 : 부끄러움 : 흥분

그림 7-2 눈 보고 감정 읽기 테스트. 세 개의 사진에서 어떤 감정을 느낄 수 있나? 각 사진의 네 가지 보기 중 하나를 선택하시오.

높건 낮건 인식 기능에서는 차이가 드러나지 않아 사이코패스들의 감정 분석을 위해 어떤 전략을 사용하건 효과가 다 똑같음을 강하게 시사했다. (그림 7-2 참조)

생각만큼 쉽지 않지 않은가?

대부분 사람들은 세 개 중 두 개 정도를 맞춘다(여기 나온 것들은 또 제일 쉬운 것들이 아니다). 여기서는 세 개 중 하나만 맞춰도 꽤 잘한 것이다(답은 이 페이지 밑에 있다).* 이미 추측했겠지만 눈을 보고 감정 읽기 테스트는 뜨거운 공감능력이 아니라 차가운 공감능력 지수 역할을 한다. 맞추는 사람들은 그림에 보이는 감정을 굳이 느낄 필요가 없이 어떤 것인지 인식만 하면 된다. 그래서 배론-코헨 연구진은 뇌파를 살펴보기로 했다.[10] 사이코패스들이 정상인과 비교해 테스트 성적이 어떨지 알아보기 위해서였다. 앞에서 본 뇌 영상 결과에 따르면 사이코패스들의 성적은 일반 정상인들과 별 차이가 없어야 했다.

하지만 실제 실험 결과는 어떻게 나타날까?

이를 위해 배론 코헨은 런던의 감옥 세 곳을 방문하여 수감되어 있는 사이코패스 죄수 19명과 비 사이코패스 기준집단 18명을 비교했다. 그는 각 실험참가자들에게 눈 사진 40개를 보여주고 위에서 한 것처럼 각 사람의 감정을 알아맞히도록 했다.

누가 더 잘했을 것 같은가? 스탈링 요원이 렉터 박사를 이겼을까? 아니면 사이코패스가 이겼을까?

---

* 답: 1) 불안 2) 단호 3) 낙담

결과는 분명했다. 예상했던 바와 똑같이 사이코패스와 비 사이코패스 사이에 전혀 차이가 없이 동점이었다. fMRI 데이터와 함께 사이코패스들이 감정을 느끼지는 못하지만 적어도 그에 대한 개념은 두뇌에 냉장 보관돼 있다는 점을 재확인시켜준 것이다.

"나는 당신의 머릿속을 지하철 지도처럼 읽을 수 있어요."

키스 배릿은 뉴욕 거리가 내려다보이는 대리석 깔린 호텔 방에서 그렇게 말했다.

"전 당신 머릿속을 카드 섞듯이 뒤섞을 수 있는 사람이죠. 심리학 딜러랄까요. 카드 패를 돌리고, 회전판을 돌리고, 칩을 나눠준 다음 뒤로 기대앉아 어떻게 되는지 보는 겁니다. 초조할 일이 뭐가 있어요? 기분 나쁠 일도 없지요. 사실, 이거고 저거고 느낄 필요도 없지요. 도박장을 이기는 손님은 아무도 없어요. 장기적으로 보면 그래요. 사람들이 슬롯머신하고 얼마나 비슷한지 알면 놀랄 겁니다. 언제 참고 언제 당길지를 알면 토큰이 쏟아져 나오게 되어 있어요. 감정 같은 건…… 약한 사람들한테나 있는 겁니다."

시장 휘어잡기

설득이 활발히 이루어지는 상황들(법정, 이사회, 사건 대책 본부, 침실 등)을 생각해 보면, 사이코패스들처럼 계산하지만 감정을 느끼지는 않는, 단발 엔진에 의존하는 독특한 능력이 유리할 수도 있다는 것을 어렵지 않게 생각할 수 있다. 그들의 수정 같은 신경은 말 그대로 순간적 흥분을 제거할 수 있다. 냉정하고 차가운 논리가 중요한 그런 긴박한 상황에서 그런 사람들이 남들이 놓치게 되는 세부적 사실들에 뚫고 들어가도록 해 보라. 그리고 모험에 나서 보통 사람들은 꺼리는 일을 감행한다고 해 보라.

"나는 세상에서 가장 차가운 놈입니다."

4년 이상 기간 동안 여자 35명을 죽여서 목을 자른 다음 성행위를 한 테드 번디가 한 말이다.

그리고 그의 말이 맞다.

하지만 냉정함이 분명 도움이 될 때도 있다. 번디 경우처럼 생명을 앗아가는 게 아니라 구할 수도 있는 것이다.

'주식 프리미엄 수수께끼'는 오랫동안 금융 전문가들을 어리둥절하게 만드는 현상이었다. 이는 장기적으로 보면 주식의 수익률이 채권보다 훨씬 높음에도 불구하고, 특히 주식시장이 침체기일 때 대다수 투자가들이 주식 대신 채권에 투자하는 경향을 말한다. 근시안적 손실 기피증으로 알려진 이런 알 수 없는 성향 덕분에 신경경제학이라는 새로운 학문 분야가 생겨났다.

신경경제학은 금전 문제를 결정하는 정신과정에 초점을 맞추고 있으며, 지금까지 밝혀진 중요한 사실은 감정은 겁쟁이라는 점이다. 감정은 너무 위험을 기피하는 쪽으로 치우쳐 있어, 손실보다 이득이 많을 때조차도 일을 그르칠 정도로 조심하게 만든다는 것이다.

스탠퍼드, 카네기멜론, 아이오와 대학이 공동으로 실시한 2005년의 연구 조사는 이와 같은 주장에 대한 현실적 증거를 제시했다.[11] 실험은 20회에 걸친 도박 게임으로 이루어져 있었고, 게임이 시작할 때 참가자들은 모두 도박 자금으로 20달러씩을 받았다. 그리고 동전 던지기 게임에서 본인이 원하면 한 번에 1달러씩을 걸어, 지면 그 1달러를 잃고 이기면 2.5달러를 상금으로 받았다. 바바 시브, 스탠퍼드 대학 마케팅학 부교수는 논리적으로 따지면 매번 투자를 하는 게 맞지만, 우리가 다 알다시피 언제나 논리가 이기는 건 아니라고 했다. 실험을 시작할 때 참가자들은 두 그룹으로 나눠졌다. 두뇌의 감정 부위에 문제가 있는 사람들과 그렇지 않은 사람들로 나눈 것이다. 신경경제학 이론이 시사하듯이 감정이 위험을 기피하게 만든다면, 게임 참가자 중 첫 번째 그룹 사람들의 승률이 두 번째 그룹 사람들보다 높아야 했다.

그리고 그게 정확한 사실로 나타났다.

게임이 진행될수록 '정상적인' 사람들은 판돈 걸 기회를 사양하고 이미 번 돈을 지키는 데 주력했다. 반대로 두뇌 감정부위에 문제가 있는 사람들은 계속 돈을 걸어 결국 상대 그룹보다 훨씬 돈을 많이 땄다.

카네기멜론 대학의 조지 로웬스타인 교수는 이 실험에 따르면, 뇌 손상이 있는 사람들이 정상인보다 금전적 결정을 더 잘한다는 걸 보여준 최초의 연구 사례일 것이라고 말했다.

아이오와 대학 신경학 교수인 안트완 베카라는 더 놀라운 주장을 들고 나왔다.

"감정이 언제 유리하고 언제 불리한지, 어떤 상황에서 인간 행동의 지침 역할을 할 수 있는지를 알려줄 연구가 필요합니다. …… 성공한 주식 브로커들을 '기능적 사이코패스'라고 불러야 할 수도 있습니다.

감정 조절을 잘하는 사람들일 수도 있고 아니면 남들만큼 강하게 느끼지 않는 사람들일 수도 있지요."

바바 시브 교수는 많은 CEO들과 정상급 변호사들 역시 그 기질을 갖고 있을 수 있다고 말했다.

타고난 자신감

시브 교수와 베카라 교수의 말은 맞다. 눈 하나 깜짝 않고 양심의 가책이라고는 모르는 신경구조를 갖고 있어 감정과 생각을 손쉽게 분리할 수 있는 얼음 같은 천재는 유사시에는 남들을 다 죽일 수도 있다.

최근 빌 게이츠의 TV 인터뷰를 봤다(A급 사이코패스는 아니지만 사업에 있어서는 확실히 공감 능력이 무뎌진 사람이다). 마이크로소프트는 수천억 달러 규모의 다국적 기업인데, 왜 친구 둘이 집에서 시작하는 작은 사업까지 굳이 짓밟느냐고 사회자가 따져 물었다. 왜 매번 완벽하게 이기려 하냐는 것이었다. 그러자 게이츠는 그 여자 사회자를 제정신이냐는 듯이 바라보더니 이렇게 대답했다.

"그 말, 칭찬으로 여기겠습니다."

하지만 사이코패스들의 얼음 같은 머리와 탁월한 신경 조절능력은 공감능력에만 영향을 미치는 게 아니다. 이는 자신감에도 큰 몫을 한다. 사이코패스라고 해서 다 감옥에 들어가 있는 건 아니라는 사실을 기억하라. 법조계나 금융업계, 군대, 언론계 등에서 남보다 뛰어난 능력을 발휘하고 있는 사람들이 훨씬 더 많이 있다. 한 가지 간단한 이유

그림 7-3 비즈니스맨과 연쇄살인범, 둘 다 사이코패스랍니다.

는 그 사람들은 남들 같으면 견디지 못할 압박을 받아도 자신감을 유지할 수 있기 때문이다.

신경외과는 외과 중에서도 가장 위험한 분야로 꼽힌다. 위태위태한 상황에서 뇌 깊은 곳의 수술을 해야 하기 때문에 신경외과의들은 완벽에 가까운 정확성을 유지해야 하고 오차범위는 극도로 작아야 한다. 심장이 약한 사람이 할 짓이 아닌 것이다. 그러면 의식과 자아, 영혼의 한계를 유지하는 그런 일을 제대로 할 사람들은 누구일까? 22년 경력의 신경외과의 앤드류 톰슨이 그 의문에 대한 실마리를 제공한다. 본격적 사이코패스라고 할 수는 없지만 자신감 점수는 높은 사람이다.

"이 일에서 짜릿한 도전감을 맛보지 않는다고 하면 솔직하지 못한 거겠지요. 수술은 피를 갖고 하는 스포츠입니다. 그리고 난 늘 안전한 것만 찾는 사람은 아니에요. 뭐가 잘못됐다고 해서 겁먹고 마비 상태에 빠져 있을 수는 없습니다. 한창 전투가 진행 중인데 당황해 허둥댈 수는 없지요. 결과가 어떻든 100퍼센트 집중하도록 노력해야 합니다. 냉혹해야 하고 자기 일에 대해 최상의 자신감을 갖고 있어야 해요. …… 두뇌가 현대 의학이 직면한 거센 바다라면 21세기 뇌외과의는 그 바다에서 활동하는 해적입니다."

수술을 앞둔 환자들에게는 이 같은 말이 충격일 수도 있다. 하지만 그럴 게 아니다. 그 업계 종사자들 사이에서는 실제로 이런 분위기가 아주 일반적이라는 것이 80년대에 실시된 일련의 연구조사에서 드러났다. 하버드 대학 스탠리 래크먼의 이 연구조사는 이제 고전으로 여겨지고 있다. 폭탄제거 전문가들을 실험 대상으로 선정한 것도 한 몫을 했다. 래크먼은 그 직업이 요구하는 자질에 대해 알아보고자 했다. '훌륭한' 폭탄제거 전문가와 그저 '괜찮은' 부류 사이에는 어떤 차이점이 있을까?[12] 래크먼 실험에서는 아주 흥미로운 사실이 발견됐다. 그 분야 경력이 10년 이상인 관록 있는 전문가들을 필두로 그는 뛰어난 성과로 상을 받은 사람들과 그렇지 못한 사람들 사이에 어떤 근본적 차이가 있는지를 관찰하기 시작했다. 그런데 그 차이는 근본적 생리 기능에 기인하고 있는 것처럼 보였다. 고도의 주의를 요하는 작업, 다시 말해 가장 위험한 케이스를 맡는 전문가 중 상을 받지 못한 사람들의 심장박동은 변동이 없었다. 이상한 일이었다.

그러나 더 이상한 현상은 상을 받은 전문가들의 심장박동이었다.

그들의 심장박동은 그저 안정되어 있는 정도가 아니라 더 감소한 것으로 나타났다. 특정 성격이 심장 기능에 미치는 영향을 더 정밀 분석한 결과 그 이유가 드러났다. 두 가지였다. 물론 얼음 같은 피가 흐르는 사람들도 있었다. 하지만 더 중요한 한 가지 결정적인 요소는 자신감이었다.

물론 어떤 일을 하든 자신감은 도움이 된다. 타이머와 전선 다발, 수술용 메스와 두개골 절단 톱을 다루는 사람이 아니라도 그 정도는 알 수 있다. 골프 코스, 취업 인터뷰, 주식 거래소, 댄스 플로어에서 자신의 능력에 대한 믿음이 능력 자체만큼이나 승패를 가르는 데 중요하다. 세계 정상급 사기꾼의 피해자들에게 물어보라.

로버트 헨디-프리가드는 자신감의 한니발 렉터라고 해도 좋을 정도의 A급 사기꾼이다.[13] 남들을 설득하는 능력이 너무 좋아 경비가 철저한 교도소 내에서도 동료 수감자와 간수들이 그에게 넘어가는 것을 막기 위해 독방으로 옮겨졌을 정도다. 자동차 세일즈맨에서 사기꾼으로 변신한 그는 거의 10년 이상 구교도 무장단체 아일랜드공화군(IRA) 체포를 담당하는 영국 비밀첩보원 행세를 했다. 그리고 사기 피해자들에게 본인들이 원하면 비밀첩보원으로 넣어줄 수 있다고 속였다. 그러는 사이 '국가 안보를 위해' 필요한 자금들이 피해자들의 은행 구좌에서 빠져나가는 것이었다.

런던경찰국 로버트 브랜든 형사는 헨디-프리가드를 "25년 경찰 생활에서 본 중 최고 사기꾼"이라며 그의 수법에 대해 이렇게 말했다.

"일단 친절한 모습으로 시작해 상대의 말을 끝없이 들어줍니다. 그러다가 성격의 약점이나 어떤 허점이라도 보이면 가차 없이 그걸 이용하는 겁니다. 일단 피해자들을 손에 넣고 나면 그들의 돈과 인간적 품위를 뺏기 위해 온갖 수단 방법을 다 동원했습니다."

더 대단한 것은 피해자 중에는 아동 심리학자를 포함하여 아주 고학력자들도 끼어 있었다는 사실이다. 정작 헨디-프리가드는 열네 살 때 학교를 자퇴한 인물이다.

어떻게 그럴 수가 있었을까? 한 피해 여성이 그에 대한 실마리를 제공했다.

"자신감이 대단했고 그런 행동이 완전히 전염되는 거였어요."

헨디-프리가드의 기소를 지휘했던 앤드류 웨스트 검사가 재판이 끝난 다음 또 다른 면을 이야기해 줬다.

"사건을 이해하느라 아주 애를 먹었습니다. 그런데 그 사람은 아주 멀쩡했습니다. 증거를 제시할 때도 자신만만했고요. 완전히 유능한 변호사 같았습니다."

감옥에 갇혀 있는 또 다른 사이코패스 사기꾼 말을 들어보자.

"누구라도 어떤 역할을 할 수는 있습니다. 문제는 제대로 그 인물이 되느냐이지요."

정상과 광기

1964년 영국 극작가 조 오튼은 『슬로언 씨를 위하여 (Entertaining Mr. Sloane)』라는 희곡을 썼다. 연극에서 카리스마가 넘치는 사이코패스

슬로언은 외로운 남매와 살며 두 사람과 모두 관계를 맺는다. 슬로언의 성격에 대해 오튼은 이렇게 말했다.

"그는 극히 위험하면서도 매력적이어야 합니다. 질긴 가죽 같은 뻔뻔스러움과 소년 같은 순수함을 겸비하는 겁니다."

사이코패스는 그런 사람들이다. 오튼이 묘사한 슬로언의 변화무쌍함, 정상과 광기의 혼합은 사이코패스들에게는 일반적이다. 2006년 데이비드 베인즈는 〈캐나디안 비즈니스〉의 잡지 서평 기사에서 『직장으로 간 사이코패스』에 대해 이렇게 썼다.

> "직장에서 그런 사람들을 본 적이 있을 것이다. 그들은 영리하고 카리스마가 있고 매력 있고 사교성이 대단하다. 그리고 아주 좋은 첫인상을 준다. 그들은 즉흥적이고 규칙에 얽매이지 않는다. 함께 어울리면 재미있다. 적어도 처음에는 말이다. 그 카리스마 이면에는 양심이 없다."[14]

그런 양면성은 최면 효과를 갖는다. 사이코패스의 매력은 우리와 비슷한 점과 완전히 다른 점이 교차하고 있다는 데 있다.

미국 캔자스 주 위치타에서 세일즈 보조 일을 하는 44세의 패트리샤 데이비슨은 우리에게 너무 익숙한 이야기를 들려준다. 그녀는 잔인한 조직 폭력 세계에 관련된 살인죄로 무기징역을 살고 있는 남자와 데이트를 하기 위해 일리노이 주 시카고 감옥까지 찾아갔다. 그녀의 말을 들어보자.

"그 사람에게 '정말 그랬느냐?'고 물었어요. 그랬더니 '그랬다'고

하더군요. 하지만 나한테는 전혀 그런 식으로 행동한 적이 없어요. 정말 로맨틱했어요. 나한테 시도 써서 보내고 한 걸요. 날 특별한 사람처럼 느끼게 해 줬죠. 평생 기다리던 그런 사람인 것처럼요."

그런데 그게 아니었다. 6주 후 그들의 관계는 끝이 났다. 다른 여자들의 등장으로 패트리샤는 귀향길에 올랐다. 질긴 가죽 같은 뻔뻔스러움과 소년 같은 순수함이라는 위험한 결합의 결과였다.*

여자 낚기

사이코패스들은 매력적인 겉모습으로 자신들을 위장할 줄 알며 그것이 막강한 자신감과 결합하면 치명적 결과를 낳는다.

스무 살의 리암 스펜서는 A급 사기꾼 실습생으로 6장에서 만난 그레그 모랜트의 수제자다. 스펜서에게 6개월째 사기기술을 전수하고 있는 모랜트는 그가 이미 훌륭한 사기꾼이 될 자질이 있다고 평했다.

"아주 타고났어요. 얼음처럼 냉철하고 남들의 약점에 대해 독수리처럼 날카로운 눈을 갖고 있습니다. 누구나 아킬레스건이 있기 마련이죠. 그걸 찾아내는 건 시간문제인데, 리암은 대부분의 사람들보다

* 안토니 홉킨스가 자신의 또다른 자아인 한니발 렉터와 관련해 이야기했다는 재미있는 일화가 있다. 〈양들의 침묵〉이 배급되고 얼마 지나지 않아 그는 웨일스의 조그마한 지방 극장을 찾았다. 상영 후 영화관으로 들어간 홉킨스는 영화의 절정부라고 할 수 있는 한니발 렉터가 철장을 피로 물들이며 탈출하는 장면 즈음에 다소 시끄럽게 일부러 감자칩 봉지를 열었다. 그의 앞좌석에 앉아 있던 한 여인이 화를 내며 돌아봤고, 몇 분 후 그 여인은 구급침대에 실려서 앰뷸런스로 옮겨졌다고 한다.

좀 빨라요."

스펜서는 큰 키에 잘생겼고 청색 아르마니 양복에 앞 단추를 푼 와이셔츠가 잘 어울리는 등 금방 눈에 띄었다. 자리에 앉은 지 5분 만에 내 지갑을 돌려주었다. 물론 이미 마실 것을 산 다음이었다. 이미 모랜트에게서 들은 게 있어 어떻게 여자들을 잘 꾀는지 물어봤다. 스펜서는 금요일 저녁 데이트 상대를 구하는 게 주 활동무대로 꽤 성공적이었는데 그가 쓰는 수법들을 듣고 나니 별 놀랄 일도 아니었다.

그가 칵테일을 마시며 들려준 수법 중 하나를 소개하겠다.

1단계: 병원, 대학 부근 등 혼자 사는 여자들을 꼬일 만한 동네를 물색한다.

2단계: 금요일 저녁 8시경, 그 부근 멋진 레스토랑에 두 명의 자리를 예약해 놓았다는 각본과 함께 와인 한 병을 들고 이미 정해놓은 집에 불쑥 나타난다.

3단계: 벨을 누르고 남자가 나오면 주소를 잘못 알았다고 사과하고 다른 집으로 가 처음부터 다시 시작한다.

4단계: 만약 여자가 나오면 카멜라(아니면 드문 이름 아무거나 사용해도 된다)를 찾는다고 말한다. 물론 카멜라는 꾸며낸 사람이니 있을 리가 없다.

5단계: 카멜라라는 사람이 없다고 하면 준비하고 연습한 대로 실망과 당혹감을 적당히 섞은 표정으로 며칠 전 카멜라를 바에서 만났고 그날 저녁식사에 초대했는데 그 집 주소를 줬다고 설명한다. 그러면서 완전히 바람 맞았다고 탄식한다.

6단계: 약간 유머를 섞어 넣는다. "어쩐지 내게 너무 과분한 것 같더라고요."

7단계: 잠깐 상대의 반응을 기다린다. 동정할 가능성이 많다(아니면, 귀찮게 해 미안하다고 사과하고 다음 집으로 이동한다).

8단계: 실망감과 당혹감에 약간의 희망을 섞어 보이며 이렇게 물어본다. "저, 미친 짓처럼 보이는 줄은 아는데요, 혹시 오늘 저녁에 다른 계획이 없으시면(금요일 저녁 8시에 집에 있다면 없을 가능성이 높다) 제가 이렇게 온 김에 혹시 저와 저녁이라도 함께 할 의향이 있으실지……."

9단계: 함께 저녁을.

스펜서의 작전은 SPICE의 다섯 개 요소를 다 결합해 사기극을 연출한다. 여기서 단순성과 본인에게 이익이 된다는 인식은 굳이 설명할 필요도 없다.

의외성 - 잘생기고 잘 입고 재미있는데다가 (가장 중요한 것은) 나한테 편리하게도 누군가에게 채인 멀쩡한 남자가 빛나는 아르마니 양복을 입고 금요일 저녁에 찾아오는 일이 평생 몇 번이나 있겠는가? 그걸로 모자라 멋진 식당에 저녁 예약까지 되어 있다면?

자신감 - 당신은 그렇게 할 수 있겠는가?

공 감 - 금요일 밤에? 그것도 저녁 8시에? 저녁 준비하던 것을 팽개쳐 버리는 데 얼마나 걸릴 것 같은가? 내가 물어본 여자 친구들 여럿이 당장이라고 했다. 특히 스펜서 같은 남자가 나타나면 더 할 것 아닌가.

하지만 사이코패스가 늘 선한 동기를 갖고 나타나는 게 아니라는 점이 문제이다. 그냥 저녁을 사주려고 찾아올 리가 없는 것이다.

사자 굴에 들어가기

2007년 영국 맨체스터의 어떤 가정집에 경찰이 출동했다. 그 집에서 소동이 있어 이웃이 신고를 한 것이었다. 처참한 꼴이라면 이미 신물나게 봤다고 여겼던 노련한 경찰들에게조차 사고 현장은 충격적이었다. 30대 여성과 그녀의 열여덟 살 딸, 열세 살 아들이 망치로 무자비하게 살해된 사건이었다. 집안 전체가 피범벅이었다. 이 살인 사건은 곧 톱뉴스가 됐다. 그날 밤 형사는 TV를 이용해 모험을 했다. 용의자 이름을 밝히기로 한 것이었다. 그 남자가 틀림없었고, 잔인한 살해 방식으로 보아 그 살인자는 일반 시민들에게 큰 위협이 되므로 그게 가장 안전한 길이라고 생각한 것이다. 용의자의 이름을 감추는 법적 절차도 중요하지만 시민들의 생명이 더 중요했고, 그런 위험을 감수할 수가 없었다. 그래서 폴 새빌 맨체스터 경찰국 형사부장은 시민들의 주의를 당부했다.

"우리는 피에르 윌리엄스를 수배 중입니다. 그의 소재를 알면 어떤 경우라도 접근하지 마십시오. 그는 잔인하고 극도로 위험한 인물입니다. 그리고 무장하고 있을 가능성도 있습니다. 그의 소재에 대한 정보를 갖고 있는 분들은 즉시 경찰에 연락해 주십시오."

몇 시간 후에 새빌은 전화를 받았다. 아주 차분한 목소리였다.

"여보세요. 저는 피에르 윌리엄스입니다. TV에서 살인 혐의로 나를 수배 중이라는 뉴스를 봤는데요. 출두하겠습니다."

새빌 형사부장은 장난전화에 짜증이 났다.

"지금 농담할 기분 아닙니다."

그런데 농담이 아니었다.

잠시 후 윌리엄스가 정말 나타난 것이다. 새빌 형사부장은 당황하기 시작했다.

시간이 부족한 것이 문제였다. 새빌 형사부장과 윌리엄스 양쪽 다 경찰이 일단 용의자를 구속하면 그로부터 92시간 안에 필요한 증거자료들을 갖춰 고발해야 한다는 것을 알고 있었다. 만일 그 시간 안에 물적 증거를 확보하지 못하면 용의자를 석방해야 했고, 그러면 영영 사라질 수도 있었다. 큰 문제였다. 수사본부가 채 문을 열기도 전에 가장 유력한 용의자가 태연하게 제 발로 걸어 들어온 것이었다. 경찰이 단서가 없는 것이 아니라 단지 아직 조사를 시작하지 않은 것이었으니 윌리엄스 편에서 보면 엄청난 모험이었다. 윌리엄스는 물론 수사에 협조하지 않았다. 아직 경찰 단서가 부족하다는 것을 잘 알고 있었으므로 자기 권리를 지켜 묵비권을 행사했다. 그뿐 아니라 그는 이전에도 경찰 수사망에 들어온 적이 있었다. 유명한 맨체스터 갱단에서 범죄 흔적을 숨기고 법적 증거를 없애는 일을 담당했던 것이다. 그러니 자기 범죄 흔적도 완벽하게 숨길 수 있을 것임을 새빌 형사부장은 깨달았다. 경찰로서는 정말 엄청난 골칫거리였다.

결국 경찰은 그를 잡을 수 있었다. 맨체스터 살인 현장에서 채취한 맨눈으로는 보이지 않는 윌리엄스의 족적이 거기서 160킬로미터 떨어진 윌리엄스의 아파트에서 채취한 족적과 일치했던 것이다. 판사는 그에게 무기징역을 선고했다. 정말 아슬아슬했다. 수사에 돌파구가 생긴 것은 석방 시간을 겨우 3시간 남겨놓고 있을 때였다. 긴 안도의 한숨을 내쉰 새빌 형사부장은 나중에 이렇게 인정했다.

"윌리엄스가 자의로 즉시 출두한다는 것은 완전히 예상 밖이었습니다. 그걸 예측한 사람은 아무도 없었습니다. 처음부터 우리의 허를 찌른 겁니다. 사정이 어땠건 그가 수사망을 빠져나가게 했더라면 스스로를 절대 용서할 수 없었겠지요. 그가 범인이라는 걸 알고 있었으니까요. 그리고 끈기와 정석 수사를 통해 마침내 승리한 겁니다. 우리가 그에 대해 할 수 있는 마지막 노력까지 다 했다는 것을 추호도 의심치 않습니다."

SPICE 요소 중 한 가지는 빠져 있지만 (윌리엄스를 풀어주지 않고 잡고 있었던 것은 윌리엄스가 아니라 경찰에 이익이었다) 여기서도 그 위력은 무시할 수 없다. 그는 나머지 네 가지 요소, 다시 말해 단순성, 의외성, 자신감, 공감 능력을 대담하게 동원해 살인을 하고도 거의 빠져나갈 뻔했던 것이다.

잡소리 제거하기

〈양들의 침묵〉에서 한니발이 탈출했을 때 FBI요원 스탈링은 그가 자기를 찾아오지 않을 것이라고 확신했다. 그녀를 찾아오는 행동을 한니발이 실례라고 생각할 거라는 그녀의 추측은 과연 맞았다.

하지만 모든 사이코패스들이 렉터처럼 예의범절을 따지지는 않는다. 그들이 사회 규범을 조롱하고 뜻밖의 행동을 아무렇지도 않게 하는 것은 방금 피에르 윌리엄스의 예에서 보았듯이 짜릿한 충격을 줄 수 있고 따라서 사람들을 매혹하고 넘어가게 하는 능력이 크게 향상될 수 있다.

하버드 대학 심리학자 스티븐 핀커는 자신의 저서 『생각할 것들(The Stuff of Thought)』에서 함축어법에 대해 이야기했다. 이는 우리가 하고자 하는 말을 직접 하지 않고 넌지시 암시하는 어법이다. 그 대표적 예는 식탁에서 자주 듣고 있다. 낯선 사람들과 함께 식사를 하고 있는데 누가 소금과 후추를 집어주기를 원한다고 해 보라. 옆 사람에게 정확히 뭐라고 하나? 아마 대부분 경우 그냥 소금과 후추를 달라고 하지 않을 것이다. 대신 "소금, 후추 좀 주시겠어요?" 아니면 "혹시 소금, 후추 어디 있는지 아세요?"라는 식으로 말할 것이다. 아무튼 짧고 간단히 "소금, 후추 주세요!"라고 하지는 않는다.

핀커는 그런 함축어법이 있는 것은 체면을 위해서라고 주장한다. 무례함을 피하게 해 주는 것이다. "소금, 후추 좀 집어주세요" 하면 명령조로 들릴 수가 있다. 부탁보다는 노골적인 도전처럼 들릴 수 있는 것이다. 반면에 "혹시 소금, 후추 어디 있는지 아세요?"라고 하면 그런 실례를 피할 수 있다. 물론 누구나 그 진짜 의미는 (소금, 후추나 그냥 달라!) 알고 있다. 하지만 말하는 사람의 원하는 것을 주장하기보다 넌지시 비추면 왠지 기분 나쁘지 않게 들린다. 함축어법에 대해 들었을 때 나는 핀커 교수와 이야기를 나누기 위해 하버드 대학에 갔는데 처음에는 반전기술과 상관이 없는 것처럼 보였다.

그런데 다음 예를 생각해 보라.

어떤 부부가 동네 술집에서 소리를 지르며 말다툼을 벌이고 있었다. 8월 공휴일인데 양쪽 모두 화가 나 있었다. 술집에는 단골손님들이 그득했는데 이 부부의 말다툼은 거의 15분 동안이나 계속됐었다.

남편이 악을 썼다.

"당신은 있는 그대로 말하는 적이 없어! 그게 항상 문제라고. 나한테 정직할 때가 없단 말이야. 쓸데없는 딴소리 그만하고 핵심을 말하면 안 돼?"

그러자 바텐더가 맞장구를 쳤다.

"맞아요. 이제부터 잡소리 다 제거하고 짧고 굵고 꾸밈없는 사실만 말하면 되잖아요?"

무슨 말인지 알겠는가? 이런 말들은 행간을 읽을 일들이 없다. 이쪽이 멋대로 생각할 여지가 별로 없는 것이다.

하지만 핀커의 견해는 달랐다.

"기본적으로 우리가 그런 우회적인 언어 전략을 개발한 것은 우리 자신을 보호하기 위해서입니다. 효과가 있지요. 하지만 동시에 성가십니다. 그래서 누군가가 규범을 깨기로 작정하고 그야말로 잡소리를 다 제거하고 있는 그대로 말해 버리게 되면 내용에 따라 신선하게 느껴질 수도 있지요. 시원할 수 있습니다. 농담 소재가 될 때도 많지요. 뭐가 공손한 것인지를 다 알고 있으니 누군가가 그 규범을 깨면 그걸 장본인도 안다는 것을 상대는 알고, 그래도 안전망 같은 게 받쳐주고 있어요. …… 내가 보기에는 반전기술의 힘이 그 신선함에 있는 것 같은데요. 근본적으로 쓸데없는 잡소리를 뺀 영향력이라고 할까요."

핀커의 해석이 마음에 들었다. 아이러니하긴 하지만 함축어법이 있기 때문에 SPICE가 요술을 부릴 수 있다는 말이었다. 다르기 때문이다. 다들 남들 기분 상하지 않게 하느라고 신경 쓰다가 누군가가 나타나서 그런 언어 습관을 간단히 무시해 버리면 두뇌는 안도의 한숨을 내쉬게 되는 것이다.

갑자기 사이코패스에게로 생각이 미쳤다.

그들이 설득의 제왕이 된 게 전혀 이상할 게 없었다. 스탈링이 한니발에 대해 뭐라 생각했든 (사실 그는 그다지 예의가 바른 것도 아니었다) 이거야말로 사이코패스들의 장기였다. 타고난 충동성과 짜릿한 카리스마로 그들에게 의외성은 거의 제2의 본성이 되어 버렸다. 그뿐 아니라 잘하는 게 또 있었다. SPICE에 대해 핀커가 한 말과 직접 관련되어 있는 것으로 사이코패스들은 위기에 처하고 자기가 뭔가 이득을 볼 상황이 되면 그대로 달려든다. 자기 사업을 돌보는 데는 그 누구 못지않고 수단보다는 목적에 초점을 맞춘다.

언어학자 말을 빌면 "모든 잡소리를 제거하는 것"이다.

정당한 보상

이제 64개 카드를 컴퓨터 모니터로 하나씩 보여준다고 상상해 보라. 각 카드에는 1에서 99까지 두 자리 숫자가 쓰여 있고, 숫자 종류는 여덟 가지로 각 숫자는 총 여덟 번씩 나타날 것이다.

임무는 간단하다.

우선 어떤 숫자에 대해 반응할지를 결정하기 위해 그 숫자가 나왔을 때 자판의 X를 쳐라. 그다음에는 자신이 고른 숫자가 뜰 때마다 Y를 쳐야 한다. 단, 틀리게 되면 그때마다 고통스러운 전기 충격을 받게 된다.

그러면 어떻게 될 것 같은가?

몇 년 전, 심리학자 미국 USC의 아드리안 레이니 연구팀은 그에 대해 알아보기 위한 실험을 했는데 놀라운 결과가 나왔다.[15]

대부분의 사람들은 '규칙'을 아주 빨리 배운다(예를 들어 X=홀수, Y=짝수 등). 한 번 전기 충격을 받고 나면 또 받지 않기 위해서다. 그런데 예외적으로 사이코패스에게는 묘한 일이 벌어진다. 수동적 회피 학습 과제라고 하는 이런 테스트에서 사이코패스들은 계속해서 다른 사람들보다 훨씬 많은 실수를 했다. 당장 처벌(전기 충격)을 받게 된다는 위협도, 위험이나 불편을 겪게 된다는 예상도 이들에게는 전혀 걱정이 되지 않는 것 같았다. 전혀 상관하지 않는 것으로 보였던 것이다. 이와 같은 결과만 놓고 보면 사이코패스들은 매사에 그냥 관심이 없는 것으로 보일 수 있다. 그냥 감정 결여로 주변 일에 등을 돌리는 것으로 보면 일리가 있어 보인다.

하지만 이제 약간 다른 시나리오를 상상해 보자. 이번에도 똑같은 카드, 번호, 전기 충격을 사용하지만, 답을 제대로 맞힐 때는 처벌을 피할 뿐 아니라 한 번에 5달러씩 상금까지 받는다고 해 보자.

그러면 뭔가 달라질 것 같은가? 테스트의 규칙을 더 빨리 이해할 것 같은가? 대부분 사람은 아닐 것으로 생각한다. 하지만 상황이 이렇게 되면 양측의 운은 극적으로 바뀐다.

마술에라도 걸린 것처럼 사이코패스들의 성적이 일반인들을 능가하게 된다. 부정적 결과 회피에 중점을 둔 시나리오와는 반대로 그 일을 통해 뭔가를 얻을 수 있게 되면, 사이코패스들은 규칙을 훨씬 빨리 익히는 것이다. 사이코패스는 이익이 관련되면 그들을 방해할 요소 같은 것은 거의 없어진다.

친구 만들어 가두기

어떤 압박을 받아도 꿈쩍 안 하고, 남들 같으면 다 버리고 달아날 상황에서도 목적을 관철하는 사이코패스의 능력은 영화에서도 단골 소재이다. 2차 대전을 무대로 한 〈특공대작전 (The Dirty Dozen)〉이라는 영화는 독일 고급장교들로 그득한 프랑스의 성을 파괴하기 위해 생명을 건 작전에 나서는 열두 명의 특급죄수들을 다루고 있다. 결국 열두 명 중 한 명만 살아남으면서도 이들은 성공적으로 임무를 완수한다. 하지만 이 속죄 이야기 저변에는 흥미 있는 의문이 깔려 있다. 왜 그런 임무를 위해 죄수들을 뽑았느냐 하는 것이다. 그렇게 전략적으로 중요한 작전에 왜 하필이면 강간범과 살인범 집단을 투입했을까? 꿈을 생산하는 할리우드가 거기서는 오히려 더 '현실적'이 된 것일까? 독수리들은 난폭한 사람들이 부르면 더 잘 내려오게 될까?

그럴 수도 있다는 증거가 있다.

영국에서 전공십자훈장은 적과의 교전 중 용맹성을 인정받은 군인들에게만 주어진다. 1993년 제정한 이래로 훈장 수여는 단 열다섯 번에 지나지 않았다.

다음은 〈인디펜던트〉가 어떤 수상자에 대해 상세히 묘사한 내용이다.

> "영국 특수부대 소속 주임원사 밥 존스가 심한 부상을 입고서도 단도 하나에 의지해 적과 맞선 것은 탈레반 요새인 토라보라 동굴에서 벌어진 격렬한 전투 중이었다. 그는 이미 적탄에 두 번이나 맞은 상태였으나 그래도 일어서 단도만 갖고 하는 치열한 육박전이 될 때까지도 계속 싸웠다 (……) 장교들은 단도를 빼 들고 적을 향해 돌진한 그의 탁월한 리더십이 탄약이 떨어지고 전투 결과가 의심되는 상황에서도 주위 동료들에게 용기를 줬다고 했다."

세계 최고의 사기꾼들에게서도 유사한 집념을 볼 수 있다. 그레그 모랜트는 뭔가 큰 건이 나타나면 '올림픽 출전선수'처럼 준비에 나선다고 스스로도 인정했다.

"사업 방식에서부터 주말에 뭘 하는지에 이르기까지 그 사람에 대해 가능한 한 모든 것을 다 알아냅니다. 정상의 운동선수들은 경쟁자의 비디오를 연구하고 그들의 경기방식을 분석합니다. 나도 똑같이 해요. 정보를 수집하고 내가 맞설 인물에 대한 그림을 그려봐야지요. 생각하기 힘든 일도 아닙니다. 상대에 대해 잘 알수록 자기한테 유리해지는 거니까요."

"측량사나 마찬가지입니다. 단지 건물 대신에 심리를 측정하는 거지요. 촘촘한 빗으로 빗고 또 빗어내리는 겁니다. 그리고 숨겨져 있는 문을 찾는 거지요. 결국은 찾게 됩니다. 밀고 들어갈 수 있는 길이 있어요. 눈에 안 보이는 뒤쪽으로 돌아가야 할 때도 있지만, 버젓이 앞문으로 들어갈 수 있을 때도 있어요."

"남보다 앞서려면 누구나 그렇게 해야 합니다. 무시하고 싶지는 않지만 남들을 설득하는 법에 대한 책들이요? 대부분들은 쓰레기 같은 소리입니다. 심리학에 대해 아무리 말해 봤자 정작 중요한 것은 미리 숙제를 해야 한다는 겁니다. 불을 붙이려면 태울 게 있어야 해요. 그렇다고 뭐든지 다 타는 건 아니거든요, 안 그래요?"

사이코패스는 뭔가 얻어낼 상황이 되거나 보상이 있으면 그대로 달려든다. 그리고 위험이나 나쁜 결과 같은 걸 상관치 않고 돌진한다. 위협이나 불리한 점이 있어도 침착할 뿐 아니라 한 술 더 뜨기까지 한다. 그런 캄캄한 위험 속에서 필요한 것은 무엇이든 레이저 광선처럼 포착하는 능력이 있다.

SPICE 요소와 함께 그런 집중력을 갖춘 친구가 있다. 내 대학 동창 폴이다. 그는 한니발 렉터와는 전혀 닮은 구석이 없지만 (평생 주차

위반 외의 죄라고는 지은 적이 없다) 사이코패스였다. 내가 테스트를 해 봤기 때문에 알기도 하지만 상냥하고 영리하고 거침없고 자신만만한 것 등 겉으로 봐서 드러나는 표시들도 있다. 누구나 아는 폴의 가장 눈에 띄는 특징은 가공할 만한 설득 능력, 신뢰를 얻는 능력이다. 말 그대로 뇌 속에 비밀 소프트웨어가 깔려 있어 남들의 가장 깊은 생각까지도 꿰뚫어볼 수 있는 것 같다. 그리고 일단 남의 머릿속으로 들어가면 모든 걸 뜻대로 할 수 있는 것이다. 폴이 혹시 상대의 감정에 파고드는 암호를 모르고 있다 해도 그걸 간파하는 데는 채 5분도 걸리지 않는다. 그는 내가 아는 한, 가장 재능 있는 심리 해독가다.

내가 마지막으로 폴을 본 것은 7년 전쯤이다. 그리고 상황을 자기에게 유리하게 돌리는 능력을 그대로 유지하고 있었다. 다음 장면을 그려보라. 런던의 복잡한 전철 안이다. 말끔하게 다린 양복을 입은 폴은 흙과 페인트 범벅인 건설노동자 두 사람과 마주보고 앉아 있다. 거의 하루 종일 비가 내려 밖에서 일한 건설노동자들은 옷이 다 후줄근하게 젖어 있다.

그들은 폴에게 시비를 걸기 시작한다.

1번 노동자 (폴에게): 참 세상 편한 양반이네. 양복에 넥타이 차려 입고 편안하게 앉아서 일하고, 하루라도 진짜 일을 하면 힘들어 죽을걸, 아마.

폴 (1번 노동자에게): 누구 일을 하고 싶어요, 당신 일이요. 아니면 내 일이요?

1번 노동자 (폴에게): 지금 비웃는 거야? 하지만 난 단 1초도 당신 같이 될 생각 없다고!

폴: 좋아요. 그럼 무엇 때문에 불평하는 겁니까?

2번 노동자 (폴에게): 참 잘나셨네? 이봐요, 저 친구가 싫다고 하면 내가 할게요!

폴 (1번 노동자에게): 그것 봐요. 그러면서 뭘 불평해요? 그냥 부러워서 그러시는 거죠.

폴의 애인 중 한 명이(애인이 꽤 많았다) 그의 천재적 설득력을 유감없이 보여주는 이야기를 해 줬다. 어느 날 자다가 한밤중에 도둑이 들어 잠이 깼다. 대부분 사람들 같으면 그냥 자는 척 하거나 너무 당황해 나중에 후회할 짓을 하겠지만 폴은 침착했다.

그는 어둠 속에서 차분한 목소리로 말했다.

"이봐요. 지금 이불 속에서 당신을 겨누고 있는 (있지도 않은!) 권총을 내려놔야 되긴 하지만 당신하고 싸우고 싶은 생각 없어요. 나도 소싯적에는 밤손님 짓 좀 했는데 (거짓말이다) 칼로 흥한 자는 칼로 망한다더니 정말 맞네요. 그러니 파워북(매킨토시 노트북)을 집어가더라도 할 말 없어요."

"아예 흥정을 합시다. 노트북에 있는 파일 몇 개만 복사하게 해 주면 도난 신고도 안 할게요. 우선 그쪽 얼굴이 보이지도 않고요. 생각이 있는 양반이면 어차피 장갑도 끼고 있을 것 아닙니까. 그러니 경찰에 가 봤자 소용없지요, 안 그래요? 내 말대로 하는 게 어때요?"

복도에 켜놓은 어스름한 불빛으로 윤곽만 보이는 도둑이 그의 제안을 생각해 보는 사이 폴의 여자친구는 공포에 질려 꼼짝도 못 하고 곁에 누워 있었다. 그런데 한없이 길게 느껴지는 시간이 지난 다음 신기하게도 도둑은 폴의 제안을 받아들이기로 마음먹었다. 폴의 마력이 다시 효과를 본 것이다. 그런데 이건 겨우 시작일 뿐이었다. 일단 상황을 장악하고 나자 폴은 다시 일을 꾸몄다.

우선 도둑에게 자기가 파일을 다운로드 받는 동안 잠시 밖에 나가 있으라고 했다. 컴퓨터 모니터 불빛에 얼굴이 드러날 텐데 그래서 정체가 밝혀지면 신경 쓰일 것 아니냐는 것이었다. 도둑은 폴이 권하는 대로 했다. 그다음 폴은 화장대에 앉아 컴퓨터 파일을 정리하면서 도둑에게 말을 붙이기 시작했다. 자기가 도둑질하러 들어갔던 집들에 대한 자세한 설명으로 시작해 그다음에는 자기가 어렸을 때 계부에게 학대받아 범죄 세계로 들어간 사연을 늘어놨다(사실은 아주 행복한 어린 시절을 보냈다). 그랬더니 이게 웬일인가! 도둑도 상처뿐인 어린 시절에 대해 이야기를 꺼내며 두 사람은 본격적 대화에 들어갔다. 서로 죽이 맞기 시작한 것이다.

폴은 파일 다운로드를 끝내자 도둑에게 두 번째 제안을 했다. 아래층 주방으로 가서 맥주를 마시며 이야기를 계속하자는 것이었다. 상황이 묘하지만 그래도 두 사람이 만난 것이 운명 같다고 했다. 공통점이 많은 것 같고 어차피 안 그래도 잠도 안 오던 판이었다고 했다. 도둑은 또 미끼를 물었다.

뒤늦게 생각난 듯 (사실 도둑은 요청한 적도 없는데 폴이 자진해서) 침실 문 밖으로 스키 모자를 던져주며 쓰라고 했다. 그러면 얼굴을 알아볼

리가 없다는 것이었다. 그리고 두 사람은 아래층으로 내려갔다.

그녀가 가운을 두르고 계단참에서 살펴보자니 과연 냉장고가 열리고 맥주 캔 따는 소리가 두 번 들려왔다. 그리고 얼마 안 있어 두 개를 더 땄다. 마침내 폴의 만류에도 불구하고 도둑은 스키 모자를 벗어 버렸다. 완전히 마음을 놓은 것이었다.

두 사람은 한 시간이 넘게 이야기를 나눴다. 우연히 그 집에 들렀다가 상황을 모른 채 두 사람을 봤다면 오랜 친구라고 여겼을 것이다. 드디어 도둑이 그만 갈 때가 됐다고 했을 때는 식탁에 빈 맥주 캔이 한 다스는 구르고 있었고 커튼 사이로는 새벽 어스름한 빛이 스며들고 있었다.

그러나 그가 떠나기 전에 폴에게 좋은 생각이 떠올랐다. 둘이 동업을 하면 어떤가 하는 것이었다. 자기가 우편배달원(사실은 금융계에 있었다)이라 담당 구역 사람들이 언제 휴가를 가는지에 대한 내부 정보를 갖고 있는데 그게 아주 대단한 정보라고 강조했다. 처음에는 미심쩍어했지만 결국 도둑은 폴에게 주소와 전화번호를 줬고 두 사람은 악수를 하고 헤어졌다. 폴은 일을 의논하기 위해 하루나 이틀 후에 전화하겠다고 했고, 도둑은 "좋다"며 맥주를 준비해놓겠다고 했다.

폴은 또 도둑이 더 이상 파워북을 가져갈 생각이 없었음에도 불구하고 "약속은 약속"이라며 억지로 가져가게 했다.

물론 그다음날 도둑은 손님을 맞았다. 하지만 폴이 아니라 그 지역 경찰들이었다. 결국 폴의 파워북뿐 아니라 그 전 수개월 동안 도난 신고가 있었던 장물까지 모두 되찾을 수 있었다.

폴은 경찰서장으로부터 직접 감사 편지를 받았고 표창장도 받았다. 단순성, 본인에게 유리하다는 인식, 의외성, 자신감, 공감능력. 사이코패스의 설득도구들이 다 동원된 것이다.

어느 사회든 늘 엘리트가 있기 마련이다. 스포츠에서도, 지능에서도, 사회계급에서도 엘리트 계층이 있다. 설득에서도 엘리트가 있으며 그중에는 사이코패스들도 꽤 있다는 것을 나타내는 증거들이 있다.

대부분 사람들은 사이코패스를 괴물로 여긴다. 강간범, 연쇄살인범 아니면 테러리스트 같은 것으로 생각하는 것이다. 하지만 일반적인 믿음과는 달리 사이코패스 중 많은 이들은 전혀 범법행위를 하지 않는다. 오히려 다국적 기업을 이끌고, 고난도의 뇌수술을 집도하고, 대사관과 항공기 구조를 위한 특공작전을 벌이고, 리스크가 높지만 고수익을 거두는 투자 활동을 한다.

어떤 압력을 받아도 냉정함을 잃지 않는 우수한 에어컨 같은 신경구조는 사이코패스들에게 완벽한 설득장치다. 감정 체험 및 처리를 관장하는 두뇌 부위인 편도체의 기능 이상으로 그에 동반하는 두려움도 느끼지 못하는 정신 상태를 가진 관계로 모험심 또한 남다르다. 관습에 방해받지 않고 성과를 위해 돌진하고, 남들은 생각조차 할 수 없는 일도 감행한다. 얼음처럼 차갑고 그에 못지않은 자신감까지 갖춘다면 홀인원 가능성이 늘 있는 것이다.

마지막 장에서 우리는 관심을 최고의 설득가에서 최고의 설득력으로 돌려 영향력의 미개척 분야에 대한 탐구를 계속하기로 한다. 폴 같은 반전기술자들은 우리 두뇌의 보안시스템 코드 해독에서 최고 경지에 있을 수 있다. 그렇다면 그들조차도 뚫을 수 없는 비밀번호가 있을까? 영향력이라는 자물쇠를 열 수 있는 열쇠가 있는 것일까?

아니면 설득력 SPICE 특공대조차도 한계에 부딪힐 수 있을까?

8

영향력의 지평선

Horizon of Influence

어느 날 밤 한 남자가 벨파스트에서 길을 가고 있는데, 누군가가 머리에 총을 들이대며 물었다.

“신교도야, 가톨릭이야?”

남자는 재빨리 생각해 대답했다.

“유대교도인데요.”

그러자 상대가 말했다.

“그럼 나는 아일랜드에서 제일 재수 좋은 아랍인이네.”

2차 대전이 한창일 때, 윈스턴 처칠 총리가 대국민 연설 방송을 하기 위해 변장을 하고 비밀 지하 벙커로 가던 중이었다. 보좌관이 택시를 세우고 목적지 주소를 말하자 기사가 이렇게 대답했다.

“죄송한데요, 집에 가는 길이랍니다. 총리가 라디오 연설을 한다고 하는데 놓치고 싶지 않아서요.”

처칠은 그의 충성심에 감명을 받아 보좌관에게 팁 10파운드를 주라고 속삭였다. 그랬더니 기사는 완전히 돌변했다.

“총리고 뭐고! 어디로 모실까요?”

♦♦♦

거울아, 거울아

미국 유머가 H. L. 먼켄은 모든 문제에는 쉽고 간단하며 틀린 답이 있다고 했다. 하지만 잠시 그 말을 뒤집어 모든 문제에는 진정한 답이 있다고 생각해 보라. 쉽고 간단하면서 맞는 답 말이다. 어딘가 이기심이나 오해에 오염되지 않은 이상향에는 설득의 만능열쇠가 완벽한 원형으로 존재하고 있다고 생각하는 것이다. 그것이 얼마나 실현 가능한 생각일까? 아무 때나, 누구든지 마음을 바꿔놓을 수 있다면? 그게 사실이라면 무엇이 그 열쇠일까? 그걸 어떻게 찾을 수 있을까?

수년 전, 이 문제에 대해 처음 생각하기 시작하면서 나는 로버트 치알디니에게 전화를 했다. 이미 앞에서 몇 차례 만난 치알디니는 애리조나 주립대학의 심리학 및 마케팅 교수로 설득학 분야에서는 세계 최고의 전문가다. 내가 적어도 이론적으로는 설득에 한계가 없다고 하자 그는 동감을 표시했다.

"짐 존스가 900명의 신도들에게 스스로 목숨을 끊도록 만든 존스타운 사건을 보면…… 극단적 마인드 컨트롤을 이야기하는 거지요. 단기 설득은 아마 한계가 있겠지만 그것이 장기간 지속되면…… 잘 모르겠습니다."

치알디니 교수와 이야기하고 시간이 꽤 지난 다음 그가 옳았다는 생각이 들었다. 그리고 한 걸음 더 나갈 준비가 돼 있었다. 특별한 상황 반전의 사례들은 뭔가가 더 있음을 암시하는 것으로 보였다. 단기간에도 설득의 위력이 무한하고 그에 대한 답이 분명히 있으며, 그걸 찾는 것은 단지 시간문제일 듯싶었다.

그런데 그 모든 가정을 완전히 뒤집는 일이 생겼다. 미러 맨(The Mirror Man)을 만나게 된 것이었다.[1] 미러 맨에 대해서 처음 알게 된 것은 2008년 봄이었다. 오스트레일리아 맥쿼리 대학의 심리학 교수인 맥스 콜트허트가 한 학회에서 그에 대해 언급하는 것을 듣고 흥미가 동했다. 그래서 며칠 후에 콜트허트 교수에게 이메일로 그를 찾아가 만나 봐도 될지 문의했다. 그는 만나는 것은 좋지만 기적 같은 것은 기대하지 말라고 했다. 나는 그러겠다고 했지만 사실은 거짓말이었다. 그리고 오스트레일리아행 비행기에 올랐다. 미러 맨은 기이한 환자들이 많은 신경심리학계에서도 가장 불가사의한 경우로 기록되어 있다. 그와의 만남은 시드니에 있는 맥쿼리 대학 인지과학센터에서 이루어졌다. 콜트허트 교수는 그곳에서 망상에 빠지게 되는 원인을 규명하고, 신념을 습득하는 동시에 거부하는 모델을 개발하기 위한 프로젝트의 일환으로 신념을 형성할 수 있는 프로그램을 운영하고 있었다.

그리고 연구 대상은 한 번도 부족한 적이 없었다.

지금까지 이 프로그램은 피해망상, 관계망상(주위에서 일어나는 객관적인 사실이나 들려오는 말들이 모두 자신에 대한 것이라고 믿는 망상), 조종망상(외부 세력이 자신의 생각을 조정하거나 사고 과정에 개입한다는 망상) 등 흔한 정신분열증 증세로부터 좀 더 희귀한 단일주제에 대한 인지 장애에 이르기까지 다양한 증세의 환자들을 다뤄왔다. 단일주제 인지장애로 분류되는 증세로는 부모, 자식, 형제, 배우자 등 가까운 사람들이 진짜와 꼭 닮은 가짜라고 믿는 카프그라 망상(Capgras delusion), 자신이 죽었다고 믿는 코타르 망상(Cotard delusion), 사람들이 변장하고 자신을 미행한다고 믿는 프레골리 망상(Fregoli delusion) 등이 있다.

그리고 그중에서도 가장 심한 것이 미러 맨 망상이다.

내가 만난 미러 맨을 조지라고 부르겠다. 그는 80대 중반의 다정한 노인으로 결혼해 자녀를 두었고, 성공적인 사업가였으며, 내가 만난 당시에도 아내와 함께 광고회사 경영에 여전히 참여하고 있었다. 처음 봤을 때는 너무 정상적으로 보여 그에 대해 내가 들은 이야기들이 정말 다 사실이라는 것을 믿을 수가 없었다. 하지만 곧 그게 사실로 확인됐다. 콜트허트 연구원 노라 브린과 함께 거울이 있는 방으로 들어갔다. 노라는 거울 앞에 서 있는 조지에게 물었다.

"거울에 있는 사람이 누구지요?"

"그 남자요."

"그게 누구예요?"

"그 남자요. 나를 따라다니는 사람 말입니다. 옷도 나랑 똑같이 입고 생긴 것도 같고 행동도 뭐든 나랑 똑같이 하는 남자요."

노라가 그의 곁으로 가 거울 앞에 함께 서서 물었다.

"지금 누가 보입니까?"

"당신하고 그 남자요."

나는 믿을 수가 없었다. 그래서 노라에게 이렇게 부탁했다.

"당신이 바로 거울 앞에 자기와 나란히 서 있는데 어떻게 그래도 그게 자기가 아닐 수 있느냐고 물어보세요."

노라가 그대로 묻자 조지는 고개를 저으며 대답했다.

"이봐요. 나도 미친 소리처럼 들린다는 건 알지만 사실이 그런 걸 어떡합니까? 나도 거울 안에 있는 게 나라고 믿을 수 있으면 좋겠어요. 하지만 그럴 수가 없어요. 다른 사람이니까요. 나와 생긴 것과 행동도 같고, 뭐든지 완전히 동시에 똑같이 하지요. 그래도 나는 아니에요! 그 남자예요."

어쩔 도리가 없었다.

신념의 위기

미러 맨과의 만남은 많은 것을 생각하게 만들었다. 맥스 콜트허트 실험실에서 내가 만났을 때 조지는 특별히 상태가 나쁜 날이 아니었고 오히려 좋은 편인 날이었다. 그는 사실 신념형성 프로그램의 스타였다. 그곳 연구원들은 그를 치료하기 위해 거의 안 해 본 것이 없었지만 매번 벽에 부딪히곤 했다. 거울 속의 남자는 자신이 아니라 가짜라는 조지의 신념은 바위처럼 꿈쩍도 안 했고 콜트허트 연구원들은 자기들이 무슨 짓을 하든 사태가 나아지지 않을 것이라고 체념했다.

갑자기 존스타운으로 생각이 미쳤다. 엄청난 모순이 느껴졌다. 짐 존스 교주는 900명이나 되는 사람들에게 청산가리가 든 음료수를 마시게 해 자신뿐 아니라 자녀들까지 목숨을 끊도록 설득할 수 있었던 반면 세계 최고의 심리학자들은 한 남자에게 거울에 비친 것이 가짜가 아니라 바로 자기 자신이라는 뻔한 사실조차 믿게 만들지 못하고 있었다. 묘한 현상이었다. 시드니에서 존스 교주 같이 비상한 재주를 갖고 있는 사람을 찾든지 아니면 신념 자체에서 뭔가 특별한 것을 찾아야 했다. 모든 신념에는 그 정도에 따른 분포 범위가 있다. 전혀 흔들림 없는 신념과 허약하고 덧없는 신념이 양 극단을 이루고 그 사이에 각기 다른 수준의 신념과 설득 가능성이 분포되어 있다.

할 수 있다는 믿음의 힘

버락 오바마가 민주당 대통령 후보로 지명되기 한참 전인 2008년 여름, 미국 밴더빌트 대학의 레이 프리드먼 경영학 교수 연구진은 GRE(미국 대학원 입학 자격시험)의 언어 평가 부분에서 문제 20개를 추려내 흑인과 백인 그룹에게 시험을 치르게 한 다음 각 그룹의 평균 점수를 냈다.[2] 그 후 몇 개월이 지나 대통령 선거가 끝나고 오바마 대통령이 취임한 후, 연구진은 똑같은 그룹에게 다시 시험을 치르게 한 다음 평균을 내봤다.

연구진은 20여 년 전에 실시된 연구에서 밝혀진 것과 정반대 결과를 보고자 했던 것이다. 90년대에 스탠퍼드 대학이 SAT(미국 대학수학능력평가) 점수가 같은 흑인, 백인 학생들을 대상으로 비슷한 실험을 한 바 있었다.[3] 당시 연구진은 학생들이 테스트를 시작할 때 인종을 표시하도록 한 결과 SAT 점수는 같았음에도 불구하고 흑인 학생들이 GRE 형태의 테스트에서 점수가 훨씬 떨어지는 것을 알아냈다. 그 이유는 명백했다. 인종 표시를 하는 것이 그냥 자신의 인종 집단을 밝히는 데 그치는 것이 아니라, 흑인 학생들은 학업 능력이 떨어진다는 선입관을 발동시켜 흑인 학생들에게 너는 안 된다는 생각을 심어주었기 때문이었다. 한 세대가 지난 다음, 프리드먼은 평등화 인자를 찾고자 했다.

"오바마가 흑인들에게 용기를 준 것은 분명했지만, 그들의 테스트 능력 향상에도 기여할 것인지를 알고 싶었습니다."

놀랍게도 정말 그랬다.

실험 결과를 분석한 결과, 오바마 대통령 후보 지명 전에는 20개 문제 중 백인은 평균 12개, 흑인은 8.5개를 맞췄다. 하지만 오바마의 지명 수락 연설 직후와 취임 직후에 실시된 추가 테스트에서는 완전히 이야기가 달라졌다. 양쪽 다 흑인 학생들의 성취도가 크게 향상된 것이다. 문제가 달라진 것도 없었고, 사람들이 더 똑똑해진 것도 아니었다. 게다가 불과 몇 개월 사이에 일어난 변화이니, 순전히 할 수 있다는 믿음의 힘을 보여준 경우였다.

두 마음

프리드먼 실험 결과는 반복 실시를 통해 재확인할 필요가 있었다. 성취도의 차이가 너무 쉽고 갑작스럽게 그의 예상조차 뛰어넘을 정도로 축소되었던 것이다. 하지만 프리드먼 연구진의 연구 방향이 옳다는 것을 나타내는 증거들이 있다. 헨리 포드는 할 수 있다고 믿든 할 수 없다고 믿든 양쪽 다 옳다고 했는데 아주 일리 있는 말이다.

애리조나 대학의 심리학자 제프 스톤은 스포츠에서 프리드먼 실험과 비슷한 효과를 증명해 보였다. 흑인과 백인의 골프 경기 비교 실험이었는데, 골프를 운동능력 경쟁으로 설정할 경우는 평균적으로 흑인 선수들이 우세한 반면 경기전략 능력이 관건인 것으로 제시할 경우에는 백인 선수들이 우세했다. 또 마가렛 셔가 실시한 아시아계 여학생 수학 성취도 실험도 있다. 앞에서 다룬 이야기를 다시 상기시키자면 아시아계 여학생들은 자신들을 아시아 사람으로 보면 (인종적 선입관 발동) 수학 성취도가 높아진 반면 성별을 기준으로 하면 (다시 말해 자신들을 '여자'로 보면) 성취도가 낮아졌다. 그리고 그런 결과들은 노력과는 관계가 없었다. 여학생들을 갑자기 '아시아계'로 규정했다고 해서 갑자기 더 열심히 노력한 것은 아니다. 프리드먼 실험 대상 학생과 스톤이 테스트한 골퍼와 마찬가지로 그냥 더 잘하도록 설득당했을 뿐이다. 보상이나 격려 등 전통적인 설득 방식이 아니라 두뇌에 자신감을 심어줌으로써 그렇게 만든 것이다. 자기 정체성의 한 가지 요소를 다른 것으로 교체하게 함으로써 설득시킬 수 있었던 것이다.

스탠포드 대학 인지심리학자 캐럴 드웩은 정신자세에 대해 흥미로운 연구를 했다.[4] 드웩은 개인의 사고방식, 세상과의 관계와 관련해 두 가지 스타일이 있음을 보여줌으로써 어떤 신념들은 더 바꾸기 힘들다는 (또한 어떤 사람들은 설득하기가 더 힘들다는) 사실을 뒷받침했다. 드웩의 조사에 의하면 바로 그것들이 결국은 인생에서의 성공과 실패를 결정할 수 있는 기질이었다. 드웩은 정신자세는 마음을 열어놓거나 닫아놓을 수 있다며 닫힌 마음을 '고정' 자세로 명명했다. 그리고 뭐든 자기 식대로 하는 사람, 자기에게 편안한 영역 밖으로 벗어나기를 겁내는 사람, 노력을 부정적으로 보고 전력투구를 꺼리는 사람들이 그런 정신자세를 갖고 있다고 주장했다. 반면 마음이 열린 사람들은 일반적으로 좀 더 유연한 태도를 갖고 있다고 했다. 좀 더 배우려는 자세가 있고, 도전에 응할 준비가 돼 있고 고정된 정신자세를 갖고 있는 사람들과는 반대로 남들의 견해를 받아들이는 편을 택한다는 것이다.

드웩은 각 정신자세는 조종할 수 있을 뿐 아니라 그 차이가 두뇌 신경 작용에서 뚜렷이 드러남을 보여줬다. 한 실험에서는 학생들을 두 그룹으로 나눠 한쪽에는 '고정' 정신자세에 맞는 주장을 (예를 들자면 "네 지능은 근본적인 것으로 크게 바뀔 수가 없다") 제시하고 다른 쪽에는 반대로 '성장' 정신자세에 맞는 주장을 (예를 들자면 "네 지능이 어떤 수준이든 늘 향상시킬 수 있다") 제시했다. 그리고 양쪽 그룹 학생들에게 자기들이 잘못하는 어려운 독해문제를 풀게 하고 답을 맞힌 다음 질문을 던졌다. 조사에 참가한 다른 학생들의 답안지를 보여줄 수 있는데 자기보다 잘한 사람 것을 보겠느냐 아니면 더 못한 사람 것을 보겠느냐 하는 것이었다. 드웩이 예상했던 그대로 거기서 확연한 경계선이 그어졌다. 고정 정신자세 쪽 주장을 심어준 학생들은 자기보다 못 한 것들을 선택했다. 자긍심을 북돋기 위해서였다. 반면에 성장 정신자세에 맞는 주장을 제시해 줬던 그룹 아이들은 달랐다. 장래에 도움이 될 전략을 재빨리 빨아들이기 위해 자기들보다 잘한 아이들 답안지를 선택했다. 그뿐이 아니었다. 이에 따라 그들의 머릿속에서 두 번째 경계선이 모습을 드러냈다. 드웩은 EEG를 사용한 후속 실험에서 학생들이 일반 상식 퀴즈를 푸는 동안 이들의 대뇌피질 패턴을 관찰했다. 관찰은 두 부분으로 이루어져 1단계 관찰은 참가자들이 답을 입력한 직후에 시작됐다. 프로그램은 답을 입력한 다음 1.5초 후에 그 답이 맞았는지 여부를 보여줬다. 그리고 그로부터 다시 1.5초가 흐른 다음 화면에 정답이 뜨는 것이었다.

여기서 나온 데이터는 행동 연구조사 결과와 정확히 일치했다.

이전 조사결과가 나타냈던 것과 똑같이 닫힌 고정 스타일 정신자세에 노출된 학생들은 실험 1단계 중 (자기들 답이 맞았는지 기다리는 기간) 두뇌 활동이 고조됐다. 그리고는 신경을 꺼버렸다. 자기가 맞았는지를 확인하면 그걸로 끝이었다. 반면 성장 정신자세에 노출된 학생들은 완전히 다른 형태를 보여줬다. 자기들 답이 맞았는지 틀렸는지를 기다리는 1단계 때는 당연히 두뇌활동이 고조되며 상대편 학생들과 같은 양상을 나타냈다. 그러나 고정 정신자세 학생들은 일단 자기들 답이 맞았는지를 확인한 다음에는 신경을 끈 반면 이 그룹 학생들의 두뇌활동은 정답을 기다리는 그다음 1.5초 기간까지도 그대로 유지됐다. 진심으로 외부 영향에 열린 마음을 갖고 있는 사람이 있는가

하면 늘 자기가 맞는 것만 보려 드는 사람들도 있는 것이다.

안 믿을 수가 없다?

캐럴 드웩, 레이 프리드먼, 제프 스톤의 연구 결과는 설득에 대한 양적 분석과 일치한다. 극단적 근본주의자 등 일부 사람들은 정신자세가 너무 고정되어 있고 머리가 굳어서 어떤 충격으로도 거의 영향을 줄 수 없는 경우가 있고, 그 나머지 사람들은 그냥 흐름을 따를 뿐이라는 이론을 뒷받침하는 것이다.

여기에는 선천적 요소도 있다.

학교 교실이나 운동장에서 보라. 두 종류의 아이들이 보인다. 지극히 사소한 비판이나 도전에도 정신적 타격을 입는 아이들이 있는가 하면, 아무렇지 않게 소화하는 아이들도 있다.[5] (본인이 영향을 쉽게 받는지 확인하고 싶은가? 그렇다면 이 장 마지막에 있는 테스트를 해 보라.) 한편으로는 모든 것에 때가 있다. 맹렬한 믿음 때문에 같은 의견만 환영하는 경우도 있는 것이다. 이는 환경 또한 중요하다는 점을 시사한다. 장기적으로 우리의 전반적 태도를 형성할 뿐 아니라, 단기적으로도 우리 삶에 가장 중요한 가치관을 (예를 들어 이라크에서 전사한 군인의 가족들은 직접 관련이 없는 사람들보다 자국 외교 정책에 대해 더 강한 견해를 갖게 될 수가 있다) 결정하는 것이다.

하지만 이는 좀 더 깊은 것, 두뇌가 정신자세를 결정하는 전체적 기본 원칙도 시사한다. 신념과 감정이 그렇게 깊이 연결되어 있다면 두뇌는 우리가 생각하는 만큼의 분별력을 갖추지 못하고 있을 수도 있지 않을까? 제대로 살피지도 않고 뛰어드는 것은 아닐까? 일단 믿고, 그다음에 평가하고 고려하는 것은 아닐까? 우리가 신봉하는 견해는 합리적 사고를 거쳐 나온 것이 아니라, 오히려 합리적 사고의 힘으로도 떨쳐버릴 수 없는 것들이 아닐까? 정신 나간 소리 같지만, 그게 사실임을 시사하는 증거들이 있다.* 그리고 새로운 정보를 접할 때, 우리가 그것을 심사숙고해 받아들일지 말지를 차근차근 결정한다는 생각은 사실 착각이다.

하버드 대학 심리학자 댄 길버트와 동료들은 강도 사건에 대한 실험을 했다.[6] 연구진은 실험 참가자들을 두 그룹으로 나눠 한쪽에는 죄질을 더 나빠 보이게 하는 이야기(예를 들어 "케빈은 점원에게 성폭행 위협을 했다.")를 해주고, 반대쪽에는 정상참작 여지가 있는 이야기(예를 들어 "탐은 점원에게 어쩔 수 없이 강도짓을 할 수밖에 없는 데 대해 사과했다.")를 해줬다. 그리고 심리 실험에서는 예외적으로, 연구진은 양쪽 그룹 모두에게 처음부터 케빈과 탐에 대한 성격 묘사가 허구라는 사실을 이야기해 줬다. 그런데 실험 참가자들이 강도 사건에 대해 읽는 동안 일부 사람들에게는 잠시 중단하고 숫자 세기 등 다른 과제를 하게 했다. 연구진은 (우리가 일단 믿었던 사실을 나중에 안 믿는 쪽으로 바뀔 수 있다면) 그렇게 정신을 분산시키는 것이 앞에서 말한 가짜 이야기를 안 믿게 되는 기능을 방해할 것이라고 추정했다. 어떤 정보를 '믿었다가' 다

* 이 개념은 네덜란드의철학자인 베네딕트 드 스피노자에 의해 처음 세워졌다.

시 '안 믿으려는' 중요한 순간에 완전히 다른 일을 시키게 되면 주의가 산만해질 거라고 여겼던 것이다. 3장에서 배달 회사 인부를 사칭한 사람들이 호텔 리셉셔니스트의 주의를 딴 데로 돌리고 선물을 다 훔쳐 갔던 것과 같은 원리였다. 그래서 실험 참가자들이 그 성격 묘사가 가짜라는 사실을 분명히 들었음에도 불구하고 여전히 그걸 사실로 믿게 될 것이라고 여겼다.

바로 그 결과가 나왔다.

실험 말미에 참가자들에게 두 강도에 대해 형량을 정하라고 하자 재미있는 판결이 나왔다. 착한 강도는 평균 5.8년이 구형된 반면, 악한 강도는 11.2년을 받았다. 당초부터 사람들에게 두 사람에 대한 성격 묘사가 허구라는 사실을 확실하게 밝혔음에도 불구하고 그런 결과가 나온 것이다.

때로는 뭔가를 한 번 읽게 되면 안 믿을 수 없게 되기도 한다.

신념 면역결핍증

길버트의 연구 결과는 익숙해지려면 좀 시간이 걸리지만 어떤 것들은 일리가 있다. 설득하는 데 공감능력과 본인에게 이익이라는 인식이 왜 중요한지를 알 수 있는 것이다. 적절한 단어와 효과적 언어를 사용해 어떤 상대든지 믿고 싶어지게 틀을 짤 수 있다면 반은 성공한 것이다. 처음부터, 적어도 첫 몇 초 동안은 믿는 마음으로 시작할 것이기 때문이다. 설득하는 일은 생각보다 쉽다. 우리가 하는 말을 믿게 만드는 게 아니라 안 믿는 것을 못하게 하면 되기 때문이다.

물론 거기에는 의외성 요소의 역할도 있다. 카드 가격을 달러 대신 센트 단위로 말하면 사람들이 가정방문 판매원들로부터 크리스마스 카드를 더 잘 사는 것으로 나타난 6장에 나온 내용을 기억하는가? 또 노천 시장에서 컵케이크를 '반컵 케이크'라고 하면 더 많이 샀던 것도 기억나는가? 기억이 날지 모르지만 붙이는 말이 있었다. 일단 의외의 말로 관심을 끈 다음 크리스마스카드 경우에는 "아주 싸요!", 컵케이크 경우에는 "맛있어요!"라는 단서를 끼워 넣어야 그 작전이 성공했던 것이다. 왜 그게 통하는지를 예상하는 것은 그리 어렵지 않다. 지극히 간단한 원리로 '길버트 효과'를 역으로 이용한 것이다. "싸요!" 혹은 "맛있어요!" 같은 뻔한 소리를 들으면서도 그 바로 직전에 들은 엉뚱한 소리 때문에 그 말을 안 믿어야 한다는 것을 잊어버리는 것이다. 두뇌의 자동거부 프로그램이 기능장애를 일으켜 믿는 마음이 그대로 달라붙어 있게 된다. 반컵 케이크이니 몇천 센트짜리 크리스마스카드니 하는 엉뚱한 소리에 머리를 쓰느라 두뇌의 중앙차단장치가 발동하지 않고 대문을 활짝 열어놓은 채 있게 된다.

그러면 그 결과는 뻔하다. 전달하고자 하는 정보 바이러스가 파고들어가 발판을 마련할 때까지만 두뇌의 불신 항체 분비를 중단해 버리면 무한정 설득이 가능해지는 것이다. 문제는 시스템 기능을 정지시키는 데 있다.

강압에 의한 설득

설득에 대한 TV 쇼 시범 프로그램 작업을 하면서 신념 면역결핍증 바이러스를 직접 체험한 적이 있다. 군사적 설득에 초점을 맞춘 에피소드를 통해 유능한 취조관의 특성을 알아보고자 했다. 누구든지 할 수 있는 일일까, 아니면 모든 일에서 그렇듯이 소질에 개인차가 있는 것일까? 영화 〈마라톤 맨 (Marathon Man)〉의 로렌스 올리비에처럼 대중문화에 등장하는 취조관의 모습을 보면 우수한 취조관이 되기 위한 조건은 능력보다는 악독한 심성인 것으로 보인다. 하지만 군과 법조계에서 실시한 연구조사는 완전히 다른 면을 제시한다. 세계에서 가장 노련한 취조관들은 폭력에 의지하기보다는 오히려 가장 노련한 사기꾼들과 공통점이 많다. 신체보다는 마음을 갖고 조종하며 원초적 '거리 심리학'을 본능적으로 이해한다.

내가 얼마나 견딜 수 있는지 알아보기 위해 전문가와 맞서 보기로 했다. 아이비리그의 설득 전문가가 대학의 잔디밭과 도서관을 뒤로하고 특수부대 취조관과 대결에 나서기로 한 것이다. 나는 내게 주어진 세 가지 정보를 무슨 일이 있어도 취조관에게 불지 않도록 노력해야 했고, 취조관은 온갖 신체적, 심리적 기술을 구사하여 내게서 그 정보를 빼내야 했다. 실제로 취조관과 마주할 때까지는 괜찮은 아이디어 같았다. 스타벅스에서 라떼를 마시며 내 상대가 될 밥에게 물었다.

"어느 정도의 폭력을 예상해야 합니까?"

그는 미소를 짓더니 대답했다.

"폭력 때문에 굴복하게 되는 게 아닙니다. 폭력에 대한 위협 때문이지요. 끔찍한 일이 있을 테고, 바로 임박해 있다는 자기파괴적인 사고 과정이 문제지요."

"나한테 그런 말을 미리 해 줘도 되는 겁니까?" 농담 삼아 물었다.

"전혀 상관없어요. 우리가 죽이지 않는다는 사실을 미리 알고 있어도 소용없을 겁니다. 당신을 죽이는 것은 (머리를 가볍게 두들기며) 이 안에 있어요. 물론 지금은 우리가 당신을 죽이지 않는다고 믿겠지요. 하지만 일단 취조가 시작되면 우리 대원들이 금방 다르게 생각하도록 만들 겁니다."

솔직히 나는 그 말을 믿지 않았다. 그러자 밥은 특수부대원들이 내게 어떤 방법을 쓸지 한 가지 예를 들어 이야기해 줬다.

"보통 그때쯤이면 취조받는 사람은 지쳐 있지요. 그리고 우리가 머리에 두건을 씌우기 전에 마지막으로 보게 되는 것이 2톤짜리 트럭입니다. 그를 땅바닥에 눕게 하고 트럭이 점점 다가오는 소리를 듣게 하지요. 30초 정도 지나면 바로 위까지 와서 엔진이 귀에서 불과 몇 센티미터 안 떨어져 있게 됩니다. 그다음 발동을 걸고는 엔진이 돌아가고 있는 상황에서 운전사가 차에서 뛰어내립니다. 그리고 잠시 후 좀 떨어진 곳에서 누군가가 핸드 브레이크가 걸려 있느냐고 묻지요. 바로 그 순간, 두건을 쓰고 있는 사람은 모르게 계속 곁에 대기하고 있던 대원 한 사람이 예비 타이어를 누워 있는 사람의 관자놀이 쪽으로 느리게 굴립니다. 손으로 말입니다. 그리고 점차 압력을 가합니다. 그러는 사이 다른 대원이 트럭 가속기를 약간 밟아 차가 움직이는 것처럼 느껴지게 하지요. 그렇게 몇 초 동안 혼을 내준 다음 타이어를 치워놓고 두건을 벗긴 다음 '자, 이름이 뭔지 말해'라고 묻는 겁니다. 그러면 보통 순순히 말합니다."

내 '자백' 순간도 크게 다르지 않았다. 침침하고 사용하지 않는 창고 바닥에 알몸으로 묶인 채로 거대한 기중기 트럭이 느리게 움직이는 것을 바라보고 있었다. 콘크리트 석판이 머리 위 10미터 정도 되는 곳에 대롱대롱 매달려 있다가 점차 밑으로 내려와 거친 바닥면이 내 가슴을 살짝 내리눌렀다. 그대로 15초쯤 지났는데 기중기 기사가 기계 소리보다 더 크게 소리를 질렀다.

"짐, 기계가 고장 났어. 올라가게 할 수가 없어."

밥의 말이 맞았다. 후에 안전한 브리핑 룸에 가서 생각하니 내게 전혀 신체적 위험이 없었다는 점이 금방 분명해졌다. 실제로 '강화 콘크리트'는 진짜 콘크리트가 아니라 스티로폼으로 만든 가짜였다. 또 기계가 고장 나지도 않았고 완전히 멀쩡했다. 하지만 물론 그 콘크리트가 내 위에서 대롱댈 때는 나도 그 사실을 몰랐고, 나를 다루고 있던 특수부대 요원도 몰랐다. 어딘지도 모르는 버려진 창고의 (혼란을 더하기 위해 그리로 데려가는 동안 내게는 두건이 씌워졌다) 군데군데 물이 고여 있고 기름 얼룩이 져 있는 바닥에 누워 있을 때는 그 모든 것들이 무섭게 현실처럼 느껴졌다. 나를 죽이지 않는다는 밥의 말을 들었음에도 불구하고 10톤짜리 콘크리트 덩이가 코앞까지 내려와 냄새까지 나고 숨 쉬기도 좀 힘들어지자 저 세상으로 간다는 것을 '안 믿기'가 힘들었다. 사실상 거의 불가능했다. 두뇌가 공포 프로그램을 돌리느라 바빠 '거짓 탐지' 기능을 압도해버렸다. 불신은 설득을 막는 브레이크다. 그게 없어지면 아무런 제동 장치도 없는 것이다.

종말이 아니라고?

불신에 관한 한 가지 우스운 사실은 어떤 때는 두뇌가 스스로를 믿지 못한다는 점이다. 어떤 게 정말 좋은지 확실치 않거나, 어떤 결과가 별로 마음에 들지 않을 때 우리는 스스로에게 그게 그다지 나쁘지 않다고 믿게 만든다. 그런데 그렇게 되면 우리는 거의 미러 맨 나라 사람이 된 것이다.

1956년 스탠포드 대학 심리학자 리온 페스팅거는 우리 모두 적어도 한 번은 자문했을 법한 질문을 던졌다. 종말 예언이 들어맞지 않으면 종교집단 신도들은 어떻게 될 것인가? 그냥 좋은 경험했다 치고 생업으로 돌아갈 것인가? 아니면 어떻게 할까?[7]

그것을 알아보기 위해 페스팅거는 시카고에 사는 가정주부 매리온 키치가 이끄는 UFO 종말론 집단에 잠입했다. 12월 21일에 외계인이 일으킨 홍수로 세계가 멸망할 것이라고 한 그녀의 예언은 빗나갔다. 이에 대해 페스팅거도 나름대로 예언을 했다. 우리의 상식적 판단과는 달리, 예언이 빗나간 후에도 그 종파의 추종자들이 줄기는커녕 오히려 늘어나리라는 것이었다. 한쪽에서는 세상이 망하는데 다른 쪽에서는 생활이 정상적으로 돌아가는 모순을 접하게 되면 주관적 현실과 객관적 현실 사이의 긴장을 줄이고 심리적 평안을 회복하기 위해 두뇌가 대의명분에 대해 새롭고 더 강력한 다짐을 만들어낸다는 것이었다.

그가 예언한 대로 키치의 예언은 결과적으로 전혀 빗나가지 않은 것이 되었다. 그 추종자들은 오히려 전보다 더 왕성한 기세로 더 단결하여 투쟁에 나섰다. 그리고 그들은 지구를 습격해온 외계인들이 '진정한 믿음을 가진 사람들'을 배려하여 생각을 바꾼 것이라고 믿었다. 지구에 대한 형 집행을 연기해 전 세계 사람들이 목숨을 건지게 된 것이다. 페스팅거가 지적했듯이 그들은 만약 그걸 믿지 않는다면, 맞춤형 비행접시도 없고, 그들을 전부 우주로 데려갈 마스터플랜 같은 것도 당초부터 없었고, 직업, 배우자, 집을 다 버린 게 완전 헛짓이었다는 처참한 현실에 직면해야 했다.

키치 예언 사건에 대한 페스팅거의 폭로로 인지부조화(Cognitive Dissonance) 역학 작용에 대한 연구가 쇄도하게 됐다.[8] 페스팅거 자신이 1959년에 실시한 연구가 그 시작이었다. 이 연구에는 세 가지 구성요소가 있었으니 지시에 무조건 따라야 하는 학생 집단, 의미 없고 지루하기 짝이 없는 일, 그리고 엄청난 거짓말이었다. 학생들은 재미없는 일을 재미있다고 거짓말을 해 '참가자'를 끌어들여야 했다(실제로는 실험 보조원들이다).

학생들은 두 그룹으로 나뉘었다. 한쪽은 거짓말하는 대가로 1달러를 받았고 다른 쪽은 20달러를 받았다. 보상액수 차이가 학생들의 지루한 일 평가에 어떤 영향을 미칠지 알아보기 위해서였다. 그런데 그 영향이 아주 큰 것으로 나타났다. 인지부조화 이론이 예상한 대로 거짓말하는 대가로 1달러만 받은 학생들은 20달러를 받은 학생들보다 하는 일에 대한 갈등이 덜한 것으로 나타났다. 믿기 힘들지 않은가?

그 이유는 무엇인가?

페스팅거에 따르면 간단했다. 1달러 그룹이 20달러 그룹보다 인지부조화를 더 크게 느꼈는데, 1달러는 20달러와 달리 자기 생각과 다른 행동을 하는 것을 (실제로는 지겨운 일을 남에게는 재미있다고 말하는 행위를) 정당화하기에는 부족한 금액이기 때문이었다. 자기들의 행동을 정당화할 수단이 없자 학생들은 자기들의 외부 행동(재미없는 일을 재미있다고 하는 거짓말)을 내면으로 받아들였고(거짓말을 스스로 진실화함), 그리하여 자기들이 하는 일이 즐겁다고 정말 믿게 되는 것이었다.

반면 20달러 그룹은 자기들의 행동에 대한 충분한 외적 명분을 믿을 수 있었다. 돈을 받고 하는 일이므로 일의 만족도에 대해 혼란을 느낄 일이 없었다.

싫던 것이 좋아지는 이유

인지부조화의 위험은 설득을 하려는 사람들에게 중요한 역할을 한다. 특히 큰 건수가 걸려 있고, 설득 대상에게서 빼앗을 게 많을수록 더욱 그렇다. 이제는 고전으로 여겨지는 페스팅거의 연구는 우리가 그냥 당연하게 여기던 일에 대해 최초로 구체적 증거를 제시했다. 우리 두뇌 깊은 곳에서 강력한 인력이 있어 신념과 행동이 밀접한 배열을 이루고, 그 궤도를 벗어나지 않도록 한다는 것을 보여준 것이다. 그러나 때로는 그 인력이 너무 강하고 그 배열이 너무 절대적이라 우리의 이성이 신경의 블랙홀 속으로 사라지기도 한다. 예를 들어, 광고에 대한 연구조사에서는 흡연 습관이 동맥만 굳게 만드는 것이 아니라 그들의 태도까지도 굳힌다는 것이 드러났다.

금연 광고를 보는 흡연자들이 느끼는 딜레마를 생각해 보라. '담배를 핀다'와 '흡연은 사망을 부른다'라는 두 가지 사실은 우리의 인식 속에서 어떤 식으로든 화해시킬 수가 없다. 그러니 둘 중 하나가 없어지거나 아니면 대충 얼버무리며 지내는 수밖에 없다. (흡연자들은 대부분 '전문가들 의견이 다 같은 것은 아니다', '나이 든 사람들만 영향을 받는다'라는 식으로 흡연의 위험을 축소하는 한편 '마음을 편하게 해 준다', '내 친구들은 다 담배 핀다' 등으로 자기들이 얻는 이점에 초점을 맞춘다.) 종교적 신념도 마찬가지다. 일부 신자들의 인식이 제한되어 있는 것은 (물론 종교를 안 믿는 사람도 그렇지만) 장기간에 걸쳐 믿음에 정신을 다 투자해 버리는 데서 온다. 또한 많은 경우에 도덕관, 인간관계, 정치 성향 등 오래전부터 자기 정체성의 중심으로 자리 잡은 것들에 스스로를 맡겨 버리기도 한다. 그런데 그걸 다 버리고 다시 처음부터 시작할 수가 있겠는가?

또 다른 세속적 예들도 있다. 가게에서 물건을 샀는데, 집에 와서 다시 보니 마음에 안 드는 경우를 생각해 보라. 그래서 다시 가져갔더니 반품이 안 된다고 하면 어떻겠는가? 대부분 사람들은 이런 식이다. 갑자기 요술이라도 부린 것처럼 물건이 그런대로 괜찮게 느껴지는 것이다. 영수증을 구겨 휴지통에 넣으며 "에이, 그다지 나쁘지도 않네"라고 생각하게 된다.

그런데 그것은 요술 때문이 아니라 인지부조화의 영향 때문이다. '이걸 X원을 주고 샀다'와 '마음에 안 드는데 바꿀 수도 없다'라는 명백하게 대치되는 두 가지 인식이 같은 두뇌 공간 속에 들어오게 되면 결과는 둘 중 하나다. 서로의 차이를 극복하고 협력하든지 아니면 하나가 없어져야 하는데 십중팔구 협력하는 법을 배우게 된다.

P.S. 완벽한 불완전성

반전기술에 대해 내가 자주 듣는 질문 중 하나는 그게 누구나 할 수 있냐는 것이다. 누구든지 다 인생의 전기에서 그런 솜씨를 발휘할 수 있는 것인가, 아니면 극히 소수, 특별한 노하우를 갖고 있는 설득 천재들만의 특권인가?

내 대답은 늘 같다.

정도의 문제다. 다는 아닐지 몰라도 우리는 대부분 플라톤적 완벽함과 어느 정도 연결되어 있다. 그리고 대부분은 때때로 우연히 그곳에 닿기도 한다. 자신이 적시에 적절한 말을 했다는 사실을 뒤늦게 알게 된 적이 있지 않았나? 당시에는 모를 수 있지만 바로 그 덕분에 제대로 맞출 때가 자주 있다. 마찬가지로 플라톤적 비완전성에도 연결되어 있고 그쪽으로는 좀 더 자주 가게 된다. 적시에 완전히 빗나간 소리를 마지막으로 한 게 언제였는가? 그쪽이 더 잘 기억나지 않는가? 그리고 실수야말로 더 금방 알아챘을 것이다.

크리스마스가 임박하며 영국 우체국은 영국 전역의 어린이들이 산타에게 보내는 편지를 75만 통 이상 받았다. 산타에게 보내는 편지에 대해서는 엄격한 처리 수칙이 있어 사고로 재활용부로 잘못 가지 않는 한 다 조심스럽게 철해놓게 돼 있다. 그런데 몇 해 전 편지 한 통이 우편분류실에 있는 한 여직원의 눈길을 끌었다. 편지는 플레이스테이션을 사기 위해 1년 내내 돈을 저축해 반 정도 마련한 어린 소년이 보낸 것이었다. 소년은 엄마는 병이 들고 아버지는 방금 실직해 가족이 힘들게 살고 있는데 산타가 모자라는 돈(200파운드 정도)을 채워줄 수 있느냐고 물었다. 편지를 개봉해 읽었던 우편분류실 여직원은 그 편지를 동료들과 돌려봤다. 그리고 모두 크게 감동을 받았다. 자동차 세차에 신문 배달도 두 번 도는 그 소년의 노력과 부지런함에 감동받아 그를 위한 모금운동을 하기로 했다. 모두 다 기꺼이 돈을 내 모금봉투가 그 여직원 책상으로 되돌아왔을 때는 120파운드가 들어 있었다. 그녀는 가족들 모두 새해 복 많이 받으라는 '산타'의 인사말과 함께 그 돈 봉투를 보냈다. 그리고 끝이었다. 그런데 몇 주가 지난 1월 중순경 산타에게 보내는 또 다른 편지가 같은 우편분류실에 왔다. 그런데 소년의 편지를 받았던 여직원이 같은 필체라는 것을 알아보고 편지를 열었다.

그 내용인즉슨 이랬다.

산타 할아버지,

제 아들한테 친절하게도 크리스마스 선물로 200파운드를 보내줘서 정말 고맙습니다. 그런데 유감스럽게도 아들아이는 아직도 원하던 플레이스테이션을 사지 못했습니다. 산타 할아버지 편지 안에 120파운드밖에 없었기 때문입니다. 분명 그 도둑 같은 우체국 직원들이 80파운드를 챙겼기 때문이겠지요. 요즘은 정말 믿을 사람들이 아무도 없다는 걸 보여주는 것 같습니다. - 아이 아버지

낭패였다! 그저 손해를 본 정도가 아니라 아예 사람을 잘못 고른 것이다. 우리 모두가 이미 당해 본 일 아닌가? 경험을 통해 우리가 배울 게 있다면 바로 이것이다. 얼핏 보면 부지런히 소동을 떨며 뭔가를 성취했건만 그게 사실은 형편없이 쓸데없는 일일 뿐이었다. 인식능력이 부족한 인간들은 일시적 기분 때문에 온갖 실수, 혼란, 낭패를 당하게 되는 것이다.

어느 날 저녁 케임브리지 정거장 밖으로 나오자 택시를 기다리는 줄이 길게 늘어서 있었다. 그런데 갑자기 너저분하게 차려 입은 10대 아이가 나타나 태연하게 맨 앞으로 어슬렁대며 갔다. 내 뒤에 있던 남자가 대단한 자제심을 발휘하며 그 남자아이를 불러내더니 최대한 점잖게 줄 뒤로 가라고 말했다. 그런데 그 뻔뻔한 아이는 들을 생각을 안 하고 핑계를 댔다.

"방금 여자친구가 병원에 실려 갔다는 전화를 받았다고요. 그리고 바로 수술실로 들어간대요. 아저씨는 무슨 이유가 있으세요?"

"내가 수술할 외과의사다."

참 대단하지 않은가? 우리가 완전히 망칠 수가 있다면 동시에 완전히 히트를 못 칠 것도 없지 않는가?

다차원 아이오와 암시감응성 평가

Multidimensional Iowa Suggestibility Scale, MISS (약식 테스트)[1]

아래의 항목 중 자신에게 해당되는 정도에 따라 답하여 총점을 내시오. 전혀 그렇지 않은 경우가 1, 많은 경우가 5이다.

1. 전혀, 혹은 아주 약간 그렇다
2. 약간 그렇다
3. 보통이다
4. 꽤 많이 그렇다
5. 아주 많이 그렇다

1. 남들의 의견에 쉽게 영향을 받는다.
2. 잘된 광고를 보면 영향을 받을 수 있다.
3. 누가 기침이나 재채기를 하면 대개 나도 하고 싶어진다.
4. 시원한 음료수 생각을 하면 갈증이 난다.
5. 솜씨 좋은 세일즈맨을 만나면 정말 그 사람 물건이 사고 싶어진다.
6. 잡지나 TV에서 좋은 실용적 조언들을 많이 얻는다.
7. 상품 진열이 잘돼 있으면 보통 사고 싶어진다.

8. 누가 떠는 걸 보면 나도 춥게 느껴진다.
9. 유명한 사람들 스타일을 따라 한다.
10. 사람들이 자기 기분을 말하면 나도 같은 기분인 것을 느낄 때가 자주 있다.
11. 결정을 내릴 때 자주 남들의 조언을 따른다.
12. 맛있는 음식에 대해 쓴 글을 읽으면 입에 군침이 돈다.
13. 남들에게서 좋은 아이디어를 많이 얻는다.
14. 남들과 이야기하고 나면 자주 내 의견이 바뀐다.
15. 로션 광고를 보고 나면 피부가 건조하게 느껴질 때가 있다.
16. 좋아하는 것들 중 친구를 통해 알게 된 게 많다.
17. 패션 유행을 따른다.
18. 무서운 생각을 하면 가슴이 두근거린다.
19. 친구들에게서 배운 습관이 많이 있다.
20. 몸이 안 좋아 보인다는 말을 들으면 정말 아픈 것 같이 느껴진다.
21. 남들과 잘 어울리는 것이 내게는 중요하다.

총점

20~40 아주 야무진 형으로, 한 번 아니라고 하면 확실히 아니다.

40~60 만만한 사람은 아니다. 심지가 곧고 쉽게 휩쓸리지 않는다.

60~75 남의 제안에 쉽게 마음을 열고 자주 '한번 해 보지 뭐'라는 식이다.

75+ 나랑 같이 일할 생각 없으세요?

설문 내역

생리적 암시 감응성	문제 8, 10, 15, 20, 3
소비 암시 감응성	문제 2, 9, 5, 6, 7
또래집단 순응도	문제 19, 17, 21, 16
생리적 반응	문제 18, 4, 12
설득 감응성	문제 14, 1, 13, 11

아래의 두 인물 설명 중 단지 맨 아래 한 가지만 다르다. 인물 설명 A의 존스 씨는 수영장이 있는 큰 집에서 살고, B의 존스 씨는 고층 아파트에서 산다.

인물 설명 A

1. 존스 씨는 43살이다.
2. 기혼이며 아이가 둘 있다.
3. 취미로 운동과 경마를 즐긴다.
4. 그는 휴가를 주로 플로리다에서 보낸다.
5. 그는 교외의 큰 집에서 산다.

인물 설명 B

1. 존스 씨는 43살이다.
2. 기혼이며 아이가 둘 있다.
3. 취미로 운동과 경마를 즐긴다.
4. 그는 휴가를 주로 플로리다에서 보낸다.
5. 그는 중심가의 고층 아파트에서 산다.

한 그룹에게는 인물 설명 A를, 다른 그룹에게는 인물 설명 B를 주고, 존스 씨가 어떤 사람일지 생각나는 대로 감상을 말하라고 한다.

생각을 정리할 약간의 시간을 준 후에, 아래의 인상 형성 과제를 주고 각 그룹의 반응 패턴을 기록하라. 답변할 때 양 그룹이 서로의 답을 상의할 수 없도록 해야 한다. 분명한 차이를 볼 수 있을 것이다.

아래의 한 쌍의 문항 중 어느 것이 당신이 생각하는 존스 씨에 더 가까울지 표시하시오.

	A항	B항
1	대개 긍정적인 편이다	대개 부정적인 편이다
2	일을 건성으로 하는 편이다	성실하게 일한다
3	아이들과 시간을 많이 보낸다	애들은 알아서 놀게 둔다
4	이재에 능하다	돈 관리가 허술하다
5	집안일은 거의 하지 않는다	집안일을 자주 한다
6	현재를 즐기며 산다	미래 계획이 확실하다
7	아내를 배려한다	아내의 배려를 당연하게 생각한다
8	도박을 좋아한다	도박을 좋아하지 않는다
9	자립적이다	의존적이다
10	허술한 편이다	상당히 꼼꼼하다
11	이기적이다	이타적이다
12	교회 활동에 열심이다	종교 활동에 관심이 없다
13	목소리가 크고 활기가 넘친다	조용하고 말을 아낀다
14	부부 동반 활동이 많다	부부가 각자 활동한다
15	좌파	우파
16	느리고 계획적이다	빠르고 충동적이다
17	야심가	야심이 거의 없다
18	애국심이 넘친다	별로 애국심이 많지 않다
19	이웃과 가까이 지낸다	각자 산다
20	양심적이고 정직하다	못 본 체하기도 한다

물론, 당신이 살고 있는 지역은 사회적 편견의 영향을 받은 종류의 정보로 구성된다. 아이템을 두 가지 정보로 나누고, 인상 형성 과제를 시행하는 것으로 몇몇의 비밀을 밝혀낼 수 있다. 한 번 해 보시라. 무엇을 찾아낼 수 있을지 아무도 모르니.

애쉬의 2차적 특성 목록

'따뜻한'이 들어간 인물 소개와 '차가운'이 들어간 인물 소개에 대해서 읽고, 애쉬의 실험에 참가했던 사람들은 아래 열여덟 쌍의 형용사 중 자신이 갖고 있는 인물 소개에 각 쌍의 형용사 중 어떤 것이 더 어울린다고 생각했을까?

1. 너그러운 ———— 옹졸한
2. 예리한 ———— 현명한
3. 행복한 ———— 불행한
4. 짜증 난 ———— 온화한
5. 재미있는 ———— 재미없는
6. 사교적인 ———— 무뚝뚝한
7. 인기 있는 ———— 인기 없는
8. 믿을 수 있는 ———— 믿을 수 없는
9. 중요한 ———— 사소한
10. 가차 없는 ———— 인정 있는
11. 매력 넘치는 ———— 매력 없는
12. 끈기 있는 ———— 급변하는
13. 경솔한 ———— 진중한
14. 차분한 ———— 수다스러운
15. 이기적인 ———— 이타적인
16. 창의적인 ———— 완고한
17. 강한 ———— 약한
18. 정직하지 못한 ———— 정직한

체크리스트에 있던 단어들이 선택된 빈도(퍼센트)가 아래에 나와 있다. (참고: 아래에는 각 쌍의 '긍정적인' 부분의 형용사만 열거되어 있다. 부정적인 부분을 확인하고 싶다면 100에서 해당 숫자를 빼면 된다.)

	'따뜻한'이 목록에 있는 그룹	'차가운'이 목록에 있는 그룹
너그러운	91	8
현명한	65	25
행복한	90	34
온화한	94	17
재미있는	77	13
사교적인	91	38
인기 있는	84	28
믿을 수 있는	94	99
중요한	88	99
인정 있는	86	31
매력 넘치는	77	69
끈기 있는	100	97
진중한	100	99
차분한	77	89
이타적인	69	18
창의적인	51	19
강한	98	95
정직한	98	94

참고문헌

Chapter 1

1 McComb, Karen, Taylor, Anna M., Wilson, Christian and Charlton, Benjamin D., 'The Cry Embedded Within The Purr.' Current Biology19(13) (2009): R507–508.

2 'Louisiana's state amphibian, the green treefrog.' http://www.americaswetlandresources.com/wildlife_ecology/plants_animals_ecology/animals/amphibians/GreenTreeFrogs.html (accessed June 5th, 2008).

3 For more on mimicry and deception see Peter Forbes, Dazzled and deceived : Mimicry and camouflage(London: Yale University Press, 2009).

4 Ngugi, Henry K. and Scherm, Harald, 'Pollen Mimicry During Infection of Blueberry Flowers By Conidia of Monilinia Vaccinii-Corymbosi.' Physiological and Molecular Plant Pathology64(3) (2004): 113–123.

5 다른 해석을 보고 싶다면 다음 자료를 참고하시오. Stevens, Martin., Hardman, Chloe J. and Stubbins, Claire L., 'Conspicuousness, Not Eye Mimicry, Makes "Eyespots" Effective Antipredator Signals.' Behavioral Ecology19(3) (2008): 525–531.

6 Thery, Marc. and Casas, Jerome, 'The Multiple Disguises of Spiders: Web Colour and Decorations, Body Colour and Movement.' Philosophical Transactions of the Royal Society . B 364 (2009): 471–480.

7 Lloyd, James E., 'Aggressive Mimicry in Photuris: Firefly Femmes Fatales.' Science 149 (1965): 653.654; and Lloyd, James E.. 'Aggressive Mimicry in Photuris Fireflies: Signal Repertoires by Femmes Fatales.' Science187 (1975): 452–453.

8 McCleneghan, J. Sean, 'Selling Sex To College Females: Their Attitudes About Cosmopolitan and Glamour Magazines.' The Social Science Journals40(2) (2003): 317–325.

9 Tinbergen, Nikolaas, and Perdeck, Albert C., 'On the Stimulus Situation Releasing the Begging Response in the Newly-Hatched Herring Gull Chick (Larus a. argentatus Pont.).' Behaviour3 (1950): 1–38.

10 Issa, Fadi A. and Edwards, Donald A., 'Ritualized Submission and the Reduction of Aggression in an Invertebrate.' Current Biology16 (2006): 2217–2221.
Wainwright, Gordon R., Body language (London: Hodder Education, 2003).

11 http://www.anecdotage.com/ browse. php? category=people&who=Churchill (accessed April 2nd, 2008).

Chapter 2

1 'Cry Baby.' http://www. snopes.com/crime/warnings/crybaby.asp (accessed March 9th, 2008.)
2 McCall, Robert B. and Kennedy, Cynthia Bellows, 'Attention of 4-Month Infants to Discrepancy and Babyishness.' Journal of Experimental Child Psychology29(2) (1980): 189-201.
3 Sackett, Gene P., 'Monkeys Reared in Isolation with Pictures as visual input: Evidence for an Innate Releasing Mechanism.' Science154 (1966): 1468-1473.
4 Kringelbach, Morten L., Lehtonen, Annukka, Squire, Sarah, Harvey, Allison G., Craske, ichelle G., Holliday, Ian E., Green, Alexander L., Aziz, Tipu Z., Hansen, Peter C., Cornelissen, Piers L. and Stein, Alan, 'A Specific and Rapid Neural Signature for Parental Instinct.' Plos One3 (2008): e1664.
5 Stephanie Pain, 'Stench Warfare.' New Scientist Science Blog (July 2001). http://www.scienceblog.com/community/older/ 2001/C/200113657.html (accessed November 18th, 2005).
6 듣기 싫은 소리에 대해 좀 더 자세히 알고 싶다면 다음 자료를 참고하시오. Kumar, Sukhbinder, Forster, Helen M., Bailey, Peter and Griffiths, Timothy D., 'Mapping Unpleasantness of Sounds to their Auditory Representation.' Journal of the Acoustical Society of America124 (6) (2008): 3810-3817.
7 Jha, Alok, 'Electronic Teenager Repellant and Scraping Fingernails, The Sounds of Ig Nobel Success.' The Guardian(Friday October 6th 2006). http://www.guardian.co. uk/uk/2006/oct/06/science.higheredu cation (accessed October 28th, 2006).
8 신생아 울음소리에 대해 좀 더 알고 싶다면 아래의 자료를 참고하시오. Soltis, Joseph, 'The Signal Functions of Early Infant Crying.' Behavioral and Brain Sciences27 (2004): 443-490; and Zeifman, Debra M., 'An Ethological Analysis of Human Infant Crying: Answering Tinbergen's Four Questions.' Developmental Psychobiology 39 (2001): 265-285.
9 Sander, Kerstin, Frome, Yvonne and Scheich, Henning, 'FMRI Activations of Amygdala, Cingulate Cortex, and Auditory Cortex by Infant Laughing and Crying.' Human Brain Mapping28 (2007): 1007-1022.
10 Rozin, Paul, Rozin, Alexander, Appel, Brian and Wachtel, Charles, 'Documenting and Explaining the Common AAB Pattern In Music and Humor: Establishing and Breaking Expectations.' Emotion 6(3) (2006): 349-355.
11 Ramachandran, V. S. and Hirstein, William, 'The Science of Art: A Neurological Theory of Aesthetic Experience.' Journal of Consciousness Studies6(1999): 15-51.
12 Lauren Stewart, 'Musical Thrills and Chills' Trends in Cognitive Sciences11 (2007): 5-6.
13 후광효과에 대해서 더 자세히 알고 싶다면 아래의 자료를 참고하시오. Asch, Solomon E., 'Forming Impressions of Personality.' Journal of Abnormal and Social Psychology41 (1946): 258-290; and Thorndike, Edward L., 'A Constant Error On Psychological Rating.' Journal of Applied Psychology4 (1920): 25-29.
14 Snyder, Mark, Tanke, Elizabeth D. and Berscheid, Ellen, 'Social Perception and Interpersonal Behaviour: On the Self-Fulfilling Nature of Social Stereotypes.' Journal of Personality and Social Psychology35 (1977): 656-666.

15 Andersen, Susan M. and Bem, Sandra L.,' Sex Typing and Androgyny In Dyadic Interaction: Individual Differences in Responsiveness to Physical Attractiveness.' Journal of Personality and Social Psychology41 (1981): 74–86.

16 Lorenz, Konrad, 'Die angeborenen Formen moglicher Erfahrung (The Innate Forms of Potential Experience).' Zeitschrift fur Tierpsychologie 5 (1943): 235–409.

17 Rozin, Paul, Rozin, Alexander, Appel, Brian and Wachtel, Charles, 'Documenting and Explaining the Common AAB Pattern In Music and Humor: Establishing and Breaking Expectations.' Emotion 6(3) (2006): 349–355.

18 Pittenger, John B. and Shaw, Robert E., 'Aging Faces As Viscal–Elastic Events: Implications For a Theory of Nonrigid Shape Perceptions.' Journal of Experimental Psychology: Human Perception and Performance1(4) (1975): 374–382.

19 Pittenger, John B., Shaw, Robert E. and Mark, Leonard S., 'Perceptual Information for the Age Level of Faces as a Higher Order Invariant of Growth.' Journal of Experimental Psychology : Human Perception and Performance5(3) (1979): 478–493.

20 Glocker, Melanie L., Langleben, Daniel D., Ruparel, Kosha, Loughead, James W., Valdez, Jeffrey N., Griffin, Mark D., Sachser, Norbert and Gur, Ruben C., 'Baby Schema Modulates the Brain Reward System in Nulliparous Women.' Proceedings of the National Academy of Sciences106(22) (2009): 9115–9119.

21 Devlin, Hannah, 'Want To Keep Your Wallet? Carry a Baby Picture.' Times Online (July 11th 2009). http://www.timesonline.co.uk/tol/news/science/ article6681923.ece (accessed July 18th, 2009).

22 King, Laura A., Burton, Chad M., Hicks, Joshua A. and Drigotas, Stephen M., 'Ghosts, UFOs, and Magic: Positive Affect and the Experiential System.' Journal of Personality and Social Psychology92(5) (2007): 905–919.

23 Brownlow, Sheila and Zebrowitz, Leslie A., 'Facial Appearance, Gender, and Credibility In Television Commercials.' Journal of Nonverbal Behaviour14 (1990): 51–60.

24 Brownlow, Sheila, 'Seeing Is Believing: Facial Appearance, Credibility, and Attitude Change.' Journal of Nonverbal Behavior16 (1992): 101–115.

25 Gill, Charlotte, 'Fresh–Faced Cameron Beats Sunken–Eyed Brown On "Face You Can Trust" Issue.' Mail Online (November 17th 2008). http://www.dailymail.co.uk/news/article.1086396/Fresh–faced–Cameron–beats–sunken–eyed–Brown–face–trust–issue.html (accessed January 8th, 2009).

26 동안의 장점과 단점에 대해서 더 알고 싶다면 아래의 자료를 참고하시오.
Zebrowitz, Leslie A., Reading faces: Window to the soul? Ch. 5, 'The Boons and Banes of a Babyface.' (Boulder, Colorado: Westview Press, 1997).

27 Mazur, Allan, Mazur, Julie and Keating, Caroline, 'Military Rank Attainment of a Point West Class: Effects of Cadets' Physical Features.' American Journal of Sociology 90 1 (1984): 125.150. (Cadet photographs from The Howitzer, 1950; later career photographs from the US Army Military History Institute and the Center for Air Force History). Images supplied with permission of Professor Allan Mazur, Syracuse University ⓒ.

28 시선을 맞추는 것에 대한 추가적인 논의를 보고 싶다면 아래의 자료를 참고하시오.
Michael Argyle, The Psychology of Interpersonal Behaviour, 4th edn (Harmondsworth:

Penguin, 1983); and Albert Mehrabian. Silent messages: Implicit communication of emotions and attitudes(Belmont, CA: Wadsworth, 1971).
29 Brosch, Tobias, Sander, David and Scherer, Klaus R., 'That Baby Caught My Eye ... Attention Capture By Infant Faces.' Emotion7(3) (2007): 685–689.
30 Farroni, Teresa, Csibra, Gergely, Simion, Francesca and Johnson, Mark H., 'Eye Contact Detection In Humans From Birth.' Proceedings of the National Academy of Sciences of the United States of America99 (2002): 9602–9605.
31 Friesen, Chris K. and Kingstone, Alan, 'The Eyes Have It! Reflexive Orienting Is Triggered By Nonpredictive Gaze.' Psychonomic Bulletin and Review5(3) (1998): 490–495.
32 Fox, Elaine M. and Zougkou, Konstantina, 'Individual Differences in the Processing of Facial Expressions.' In Andrew Calder, Gillian Rhodes, James V. Haxby and Mark H. Johnson (Eds.), The Handbook Of Face Perception(Oxford: Oxford University Press, 2010).
33 Wimmer, Heinz and Perner, Josef, 'Beliefs About Beliefs: Representation and Constraining Function of Wrong Beliefs In Young Children's Understanding of Deception.' Cognition 13 (1983): 103–128.
34 Milgram, Stanley, Bickman, Leonard and Berkowitz, Lawrence, 'Note On The Drawing Power Of Crowds Of Different Size.' Journal of Personality and Social Psychology13 (1969): 79–82.
35 마음이론 결핍은 정신 분열증과 사이코패스에서뿐만 아니라 거식증과 우울증과도 관련되어 있지만 자폐증만큼은 아니다. 마찬가지로 시선을 제대로 맞추지 못하는 것 역시 사회적 불안과 우울증 등과 같은 다른 장애에서 발견되지만 자폐증에서처럼 그렇게 두드러지지는 않는다.
36 Sinha, Pawan, 'Here's Looking At You Kid.' Perception29 (2000): 1005–1008; Ricciardelli, Paola, Baylis, Gordon and Driver, Jon, 'The Positive and Negative of Human Expertise in Gaze Perception.' Cognition77 (2000): B1.B14; and Kobayashi, Hiromi and Kohshima, Shiro, 'Unique Morphology of the Human Eye.' Nature387 (1997): 767–768.
37 Guthrie, R. D., 'Evolution of Human Threat Display Organs.' In Theodosius Dobzhansky, Max K. Hecht and William C. Steere (Eds.), Evolutionary Biology 4 257–302 (New York, NY: Appleton Century Crofts, 1970).

Chapter 3

1 Schauss, Alexander G., 'The Physiological Effect of Colour On The Suppression of Human Aggression: Research on Baker–Miller Pink.' International Journal of Biosocial Research 7(2) (1985): 55–64.
James E. Gilliam, 'The Effects of Baker–Miller Pink on Physiological and Cognitive Behaviours of Emotionally Disturbed and Regular Education Students.' Behavioural Disorders, 17, (1991): 47–55;
Pamela J. Profusek and David W. Rainey, 'Effects of Baker–Miller Pink and Red on State Anxiety, Grip Strength and Motor–Precision.' Perceptual and Motor Skills, 65,(1987):941–942.
2 Thompson, Peter, 'Margaret Thatcher: A New Illusion.' Perception9(4) (1980): 483–484.

Figure reproduced with permission from Pion Limited, London c.

3 Langer, Ellen J., Blank, Arthur and Chanowitz, Benzion, 'The Mindlessness of Ostensibly Thoughtful Action: The Role of "Placebic" Information in Interpersonal Interaction.' Journal of Personality and Social Psychology36 (1978): 635–642.

4 Treisman, Anne M., 'Features and Objects: The Fourteenth Bartlett Memorial Lecture.' Quarterly Journal of Experimental Psychology40A (1988): 201–237.

5 Beyth–Marom Ruth and Dekel, Shlomith, An elementary approach to thinking under uncertainty(Hillsdale, NJ: Erlbaum, 1985).

6 For further information on cognitive short–cuts see Kahneman, Daniel and Tversky, Amos, 'On the Psychology of Prediction.' Psychological Review80 (1973): 237–251.

7 Plassman, Hilke, O'Doherty, John P., Shiv, Baba and Rangel, Antonio, 'Marketing Actions Can Modulate Neural Representations of Experienced Pleasantness.' Proceedings of the National Academy of Sciences of the United States of America,105 (3), (2008): 1050–1054.

8 Brochet, Frederic. 'Chemical Object Representation In The Field of Consciousness.' Working paper (2001): General Oenology Laboratory, France.

9 Darley, John M. and Gross, Paul H., 'A Hypothesis–Confirming Bias In Labeling Effects.' Journal of Personality and Social Psychology 44 (1983): 20–33.

10 Shih, Margaret, Pittinsky, Todd L., and Ambady, Nalini, 'Stereotype Susceptibility: Identity Salience and Shifts In Quantitative Performance.' Psychological Science10 (1999): 80–83.

11 Stone, Jeff, Lynch, Christian I., Sjomeling, Mike and Darley, John M., 'Stereotype Threat Effects on Black and White Athletic Performance.' Journal of Personality and Social Psychology 77(6) (1999): 1213–1227.

12 Slovic, Paul, Fischhoff, Baruch and Lichtenstein, Sarah, 'Cognitive Processes and Societal Risk Taking.' In John S. Carroll and John W. Payne (Eds.), Cognition and Social Behavior(Hillsdale, NJ: Erlbaum, 1976).에서 예문을 발췌했다.

13 접근 용이성 추론법에 대해 더 알고 싶으면 아래의 자료를 참고하시오. Charles G Lord, Social Psychology, 49–99, Ch. 2 (Fort Worth, TX: Harcourt Brace, 1997).

14 Strohmetz, David B., Rind, Bruce, Fisher, Reed and Lynn, Michael, 'Sweetening the Till: The Use of Candy To Increase Restaurant Tipping.' Journal of Applied Social Psychology32 (2002): 300–309.

15 Tajfel, Henri, Billig, Michael G., Bundy, Robert P. and Flament, Claude, 'Social Categorization and Intergroup Behaviour.' European Journal of Social Psychology1 (1971): 149–178.

16 Asch, Solomon E., 'Opinions and Social Pressure.' Scientific American193 (1955): 31–35.

17 Fein, Steven, Goethals, George R., Kassin, Saul M. and Cross, Jessica, 'Social influence and presidential debates.' Paper presented at the American Psychological Association convention, 1993.

18 Uhlhaas, Christoph, 'Is Greed Good?' Scientific American Mind(August/September 2007).

19 Interview conducted by Glenn Moore (The Independent, June 3rd, 2008).

20 Grosbras, Marie–Helene, Jansen, Marije, Leonard, Gabriel, McIntosh, Anthony, Osswald, Katja, Poulsen, Catherine, Steinberg, Laurence, Toro, Roberto and Paus, Thomas, 'Neural

Mechanisms of Resistance to Peer Influence in Early Adolescence.' Journal of Neuroscience 27(30) (2007): 8040–45.
21 Buss, David M. and Duntley, Joshua D., 'The Evolution of Aggression.' In Schaller, Mark, Kenrick, Douglas T. and Simpson, Jeffry A. (Eds.), Evolution and Social Psychology(New York, NY: Psychology Press, 2006).
22 Groth, A. Nicholas and H. Jean Birnbaum, Men Who Rape: The Psychology of the Offender(New York, NY: Plenum Press, 1979).

Chapter 4

1 Nicholas Lemann. 'The Word Lab.' (The New Yorker, Oct 16th, 2000.)
2 Alicke, Mark D., 'Culpable Causation.' Journal of Personality and Social Psychology63 (1992): 368–378.
3 Ross, Lee D., Amabile, Teresa M. and Steinmetz, Julia L., 'Social Roles, Social Control, and Biases In Social Perception Processes.' Journal of Personality and Social Psychology35 (1977): 485–494.
4 Jones, Cathaleene and Aronson, Elliot, 'Attributions of Fault to a Rape Victim as a Function of the Respectability of the Victim.' Journal of Personality and Social Psychology 26 (1973): 415–419; Luginbuhl, James and Mullin, Courtney, 'Rape and Responsibility: How and How Much is the Victim Blamed?' Sex Roles7 (1981): 547–559.
5 Bizer, George Y. and Petty, Richard E., 'How We Conceptualize Our Attitudes Matters: The Effects of Valence Framing on the Resistance of Political Attitudes.' Political Psychology26 (2005): 553–568.
6 Englich, Birte, Mussweiler, Thomas and Strack, Fritz, 'Playing Dice With Criminal Sentences: The Influence of Irrelevant Anchors on Experts' Judicial Decision Making.' Personality and Social Psychology Bulletin32 (2006): 188–200.
7 Janiszewski, Chris and Uy, Dan, 'Precision of Anchor Influences the Amount of Adjustment.' Psychological Science,19(2) (2008): 121–127.
8 Michelle Meyer, 'Good Things Come In New Packages.' Arrive (November/ December, 2007).
9 ibid.
10 Cialdini, Robert B., Vincent, Joyce E., Lewis, Stephen K., Catalan, Jose, Wheeler, Diane and Derby, Betty L., 'Reciprocal Concessions Procedure For Inducing Compliance: The Door–In–The–Face Technique.' Journal of Personality and Social Psychology31 (1975): 206–215.
11 Robert B. Cialdini. 'The Science of Persuasion.' Scientific American Mind(February,2001).
12 Freedman, Jonathan L. and Fraser, Scott C., 'Compliance Without Pressure: The Foot–In–The–Door Technique.' Journal of Personality and Social Psychology4 (1966): 195–203.
13 염가 견적에 대해서 더 알고 싶으면 아래의 자료를 참고하시오. Cialdini, Robert B., Influence : Science and Practice, 4th Edn (Boston, MA: Allyn & Bacon, 2001).
14 Asch, Solomon E., 'Forming Impressions of Personality.' Journal of Abnormal and Social Psychology41 (1946): 258–290.

15 완곡어법을 사용한 다른 단어들을 보고 싶다면 아래의 자료를 참고하시오. http://www.languagemonitor.com/news/top-politically-incorrect-words-of-2009; for the original 'misguided criminals' article see John Simpson, 'London Bombs Need Calm Response.' BBC Home (31st August 2005). http://news.bbc. co.uk/1/hi/uk/4671577.stm (accessed November 17th, 2005).

16 Loftus, Elizabeth F. and Palmer, John C., 'Reconstruction of Automobile Destruction: An Example of the Interaction Between Language and Memory.' JournalofVerbalLearningandVerbalBehaviour 13 (1974): 585-589.

17 David Von Drehle, 'Five Faces of Obama.' Time(September 1st, 2008).

18 Nicholas Lemann, ibid.

Chapter 5

1 집단양극화에 대하여 더 알고 싶다면 다음 자료를 참고하시오. Rupert Brown, Group processes, 142-158 (Oxford: Blackwell, 1993).

2 Wallach, Michael A., Kogan, Nathan., and Bem, Daryl J., 'Group Influence on Individual Risk Taking.' Journal of Abnormal and Social Psychology65 (1962): 75-86.

3 개인일 때와 그룹일 때 의사결정을 하는 과정이 어떻게 다른지 좀 더 알고 싶다면 다음 자료를 참고하시오. Cass R. Sunstein, Going to extremes: How like minds unite and divide(New York, NY: Oxford University Press, 2009).

4 Myers, David G. and Bishop, George D., 'Discussion Effects on Racial Attitudes.' Science 169 (1970): 778-779.

5 For a review of the factors that both increase and reduce conformity, see Elliot Aronson, The social animal, 5th edn, Ch. 2 (New York, NY: W.H. Freeman & Company, 1988).

6 Goldstein, Noah J., Cialdini, Robert B. and Griskevicius, Vladas, 'A Room With a Viewpoint: Using Social Norms to Motivate Environmental Conservation in Hotels.' Journal of Consumer Research 35 (2008): 472-482; Goldstein, Noah J., Cialdini, Robert B., and Griskevicius, Vladas, 'Invoking Social Norms: A Social Psychology Perspective On Improving Hotels' Linen-Reuse Programs.' Cornell Hotel and Restaurant Administration Quarterly (May 2007). http://www.entrepreneur.com/tradejournals/article/163394867_2.html (accessed September 24th, 2009).

7 Moscovici, Serge and Personnaz, Bernard, 'Studies In Social Influence: V. Minority Influence and Conversion Behaviour in a Perceptual Task.' Journal of Experimental Social Psychology16 (1980): 270-282.

8 관련된 추가 논의에 대해 알고 싶다면 다음 자료를 참고하시오. Martin, R. 'Majority and Minority Influence Using the Afterimage Paradigm: A Series of Attempted Replications.' Journal of Experimental Social Psychology, 34(1) (1998): 1-26.

9 원래 실험은 네 단계였으나(앞 문항 참고문헌을 참고하시오). 명확히 하기 위해 이 책에서는 두 단계로만 설명했다.

10 Wason, Peter C., 'Reasoning.' In Foss, Brian M., New horizons in psychology,135-151 (Harmondsworth: Penguin, 1966). For more on the Wason selection task and hypothesis testing

in general, see Garnham, Alan and Oakhill, Jane, Thinking and reasoning, Ch. 8 (Oxford: Blackwell, 1994).

11 Snyder, Mark and Cantor, Nancy, 'Testing Hypotheses About Other People: The Use of Historical Knowledge.' Journal of Experimental Social Psychology15 (1979) 330–342.

12 Henderson, Charles E., 'Placebo Effects Prove the Value of Suggestion.' http://www.biocentrix.com/hypnosis/placebo.htm (accessed May 28th, 2009).

13 Wiltermuth, Scott S. and Heath, Chip, 'Synchrony and Cooperation.' Psychological Science, 20 (2009): 1–5.

14 Islam, Mir R. and Hewstone, Miles, 'Intergroup Attributions and Affective Consequences in Majority and Minority Groups.' Journal of Personality and Social Psychology64 (1993): 936–950.

15 Miller, Richard L., Brickman, Philip and Bolen, Diana, 'Attribution Versus Persuasion as a Means For Modifying Behavior.' Journal of Personality and Social Psychology31 (1975): 430–441.

16 스톡홀름 증후군에 관한 입문서를 읽고자 한다면 다음 책을 추천한다. Joseph M.Carver, 'Love and Stockholm syndrome: The mystery of loving an abuser.' (Counselling Resource), http://counsellingresource.com/ quizzes/stockholm/index.html (accessed November 20th, 2009.)

17 관찰 결과에 따르면 나타샤 캄푸쉬가 스톡홀름 증후군에 시달렸을 가능성이 높다고 한다. 경찰에 따르면, 볼프강 프리클로필이 사망했다는 소식을 들은 나타샤는 슬픔을 가누지 못하고 울부짖었으며, 영안실로 찾아가 촛불을 켰다고 한다. "무척 다르게 자라긴 했습니다. 하지만 동시에 전 나쁜 친구들과 어울리거나 담배, 술에 노출되지 않을 수 있었죠." 감금시절에 대해서 나타샤가 한 말이다.(Julia Layton, 'What causes Stockholm syndrome?' How Stuff Works, http://health.howstuffworks.com/stockholm-syndrome.htm (accessed December 14th 2009).) Bizarrely (even by her own admission), 나타샤는 현재 프리클로필이 자신을 감금했던 집을 소유하고 있는데, 건물이 허물리는 것 방지하고자 그랬다고 한다. "이상하게 보인다는 것 알아요. 게다가 전 이제 제가 절대로 살고 싶지 않은 집의 각종 공과금을 내야 하는 입장이거든요." ('Kidnap victim owns her house of horrors.' Sky News (May 15th 2008). http://news.sky.com/skynews/Home/Sky-NewsArchive/Article/20080641316125 (accessed May 23rd 2008).) 사실, 나타샤는 그 집을 정기적으로 방문한다. 언젠가 그 집으로 이사를 오게 될지도 모르겠다는 지레짐작이 들기도 한다. 이 특이한 사건에 대해서 더 알고 싶다면 Bojan Pancevski and Stefanie Marsh, 'Natascha Kampusch: From darkness to limelight.' Times Online (June 2nd 2008). http://women.timesonline.co.uk/tol/life_and_style/women/article4044283. ece(accessed August 30th 2008)을 참고하면 좋을 것이다.

18 Seligman, Martin E. P. and Maier, Steven F., 'Failure To Escape Traumatic Shock.' Journal of Experimental Psychology74 (1967): 1–9.

19 취조 기술 발전과 심리학의 관계에 대하여 더 알고 싶다면 다음 자료를 참고하시오. Jane Mayer, The dark side: The inside story of how the war on terror turned into a war on American ideals(New York, NY: Doubleday, 2008).

20 원인 추정 스타일에 대하여 자세히 알고 싶다면 다음 자료를 참고하시오. Martin E. P. Seligman, Learn edoptimism: How to change your mind and your life (New York, NY: Random House, 2006).

21 Glass, David C. and Singer, Jerome E., Urban stress: Experiments on noise and urban stressors(New York, NY: Academic Press, 1972).

22 가정 폭력의 유형에 대하여 더 알고 싶다면 다음 자료를 참고하시오. Pat Craven, The Freedom Pr

ogramme(2005).www.freedomprogramme.co.uk.

Chapter 6

1 Rob Eastaway and Jeremy Wyndham. Why do buses come in threes? The hidden mathematics of everyday life(London: Robson Books, 1998)에서 발췌하였다.
2 Thoemmes, Felix and Conway, Lucian. G., III, 'Integrative Complexity of 41 U.S.Presidents.' Political Psychology28 (2007): 193–226.
3 McGlone, Matthew S. and Tofighbakhsh, J., 'Birds of a Feather Flock Conjointly: Rhyme As Reason in Aphorisms.' Psychological Science11 (2000): 424–428.
4 Robert B. Cialdini, 'The Science of Persuasion.' Scientific American Mind, February 2001.
5 Jones, Benedict C., DeBruine, Lisa M., Little, Anthony C., Burriss, Robert P. and Feinberg, David R., 'Social Transmission of Face Preferences Among Humans.' Proceedings of the Royal Society of London B 274(1611) (2007): 899–903.
6 For more on what magic can teach us about cognitive processes see Kuhn, Gustav, Amlani, Alym A. and Rensink, Ronald A., 'Towards a Science of Magic.' Trends in Cognitive Sciences12(9) (2008): 349–354.
7 www.anecdotage.com (accessed July 3rd, 2007).
8 MacLeod, Colin M., 'Half a Century of Research on the Stroop Effect: An Integrative Review.' Psychological Bulletin109(2) (1991): 163–203.
9 Davis, Barbara P., and Knowles, Eric S. 'A Disrupt–Then–Reframe Technique of Social Influence.' Journal of Personality and Social Psychology76 (1999): 192–199.
10 Belova, Marina A., Paton, Joseph J., Morrison, Sara E. and Salzman, C. Daniel. 'Expectation Modulates Neural Responses to Pleasant and Aversive Stimuli in Primate Amygdala.' Neuron55 (2007): 970–984.
11 Halgren, Eric and Marinkovic, Ksenija, 'Neurophysiological Networks Integrating Human Emotions.' In Michael S. Gazzaniga (Ed.), Cognitive Neuroscience 1137.1151(Cambridge, MA: MIT Press, 1995).
12 Jimmy Carr and Lucy Greeves, The naked jape: Uncovering the hidden world of jokes(London: Penguin, 2007).
13 'Here to Help' poster reproduced with permission of Network Rail c. 'We Try Harder'
14 Westen, Drew, Blagov, Pavel S., Kilts, Clint, Harenski, Keith and Hamann, Stephan, 'Neural Bases of Motivated Reasoning: An fMRI Study of Emotional Constraints on Partisan Political Judgement in the 2004 U.S. Presidential Election.' Journal of Cognitive Neuroscience18 (2006): 1947–1958.
15 행동변화 연구원들은 설득에 있어 언제 사실이 중요하고 언제 그렇지 않은지를 밝혀냈다. 일반적으로 만약 행동이 근본적으로 '인지' 상태일 때는 논리적이고 이성적인 논의가 변화를 꾀할 수 있는 최고의 방법이다. 반면 태도가 '정서적'일 때는 감정에 호소하는 것이 최고의 전략이다. 보기에는 복잡해 보일지 모르겠지만 사실 이것들은 대부분의 사람들이 이미 다 알고 있는 것이다. 광고를 예로 들어 보자. 향수를 팔려고 하면서 화학 구성성분을 찬미한다거나 하수구 뚫는 용액을 팔려고 매력적인 이성을 모델로 사용하고자 한다면 돈 벌 생각이 아예 없다는 뜻이란 거다.

메시지를 전달받는 데는 중앙 통로로 말초 통로라는 두 통로가 있다. (아래의 그림을 참고하시오.) 이 둘의 결정적인 차이는 결론에 이르는 방식에 있다. 말하자면 머리를 쓰느냐 가슴을 쓰느냐 하는 것이다.

설득의 두 경로 : 중앙 vs 말초

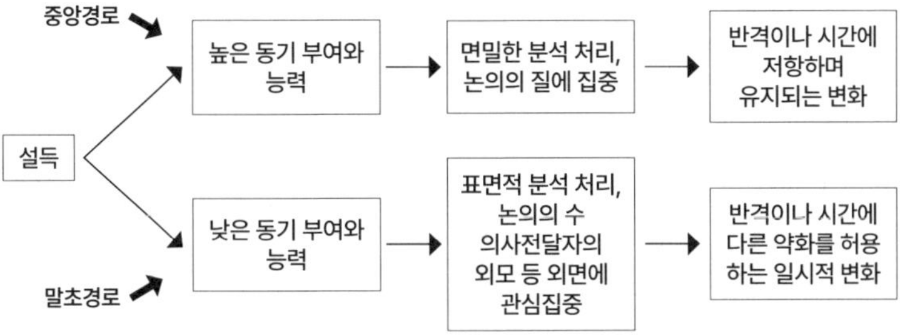

사람들은 자신과 관련성이 높을수록, 즉 정말로 중요한 일일수록 중앙 통로를 이용하여 정보를 처리하려는 경향이 있다. 이는 대개 면밀한 분석과 논의를 거쳐서 지속적인 태도 변화로 이어진다. 본인과 관련이 덜할 경우 말초 경로를 통하게 되는데, 이때는 세부사항에 대한 주의력이 떨어지는 대신에 메시지 전달자의 외모나 신체적인 매력 등과 같은 표피적인 요소가 강조된다. 그렇기 때문에 향수 마케팅에 생화학자를 고용하지 않고 하수구 뚫는 용액을 팔고자 할 때 슈퍼모델을 모델로 고용하지 않는 것이다. 보드 게임을 하면서 주사위를 돌릴 때 양자물리학의 법칙을 전개하지 않는 것과 마찬가지인 것이다.

2장에서 자선 행사에서도 예쁜 사람이 평범한 사람보다 모금을 더 많이 받는다는 글을 본 적이 있을 것이다. 이제 다들 그 이유를 알았을 것이다. 대부분의 사람들이 기부가 좋은 것이라는 생각은 중앙 경로를 통한 정보 처리를 통해 이미 갖고 있다. 더 필요한 것은 말초 경로를 통한 설득, 즉 유도이다. 태도 변화에 대해서 더 알고 싶다면 다음 자료를 참고하시오. Crano, William D.and Prislin, admila, 'Attitudes and persuasion.' Annual Review of Psychology57(2006): 345–374.

16 Greatbatch, David and Heritage, John, 'Generating Applause: A Study of Rhetoric and Response at Party Political Conferences.' The American Journal of Sociology92 (1986): 110–157.

17 McCabe, David P. and Castel, Alan D., 'Seeing Is Believing: The Effect of Brain Images on Judgements of Scientific Reasoning.' Cognition107 (2008): 343–352.

18 Leonard Mlodinow, The drunkard's walk: How randomness rules our lives (New York, NY: Pantheon Books, 2008).

19 Zarnoth, Paul and Sniezek, Janet A., 'The Social Influence of Confidence in Group Decision Making.' Journal of Experimental Social Psychology 33 (1996): 345–366.

20 Ambady, Nalini, and Rosenthal, Robert, 'Half a Minute: Predicting Teacher Evaluations From Thin Slices of Nonverbal Behavior and Physical Attractiveness.' Journal of Personality and Social Psychology64(3) (1993): 431–441.

21 DeBruine, Lisa M., 'Facial Resemblance Enhances Trust.' Proceedings of the Royal Society

of London B 269 (2002): 1307–1312.
22 드브루인의 컴퓨터 게임은 게임 이론의 한 변형 형태로 '얼티메이텀 게임(Ultimatum Game)'이라고 한다. 이에 대해 더 자세히 알고 싶다면 아래의 자료를 참고 하시오. Steven D. Levitt and Stephen J. Dubner. Super Freakonomics : Global cooling, patriotic prostitutes, and why suicide bombers should buy life insurance(Chapter 3). (New York, NY: HarperCollins, 2009).
23 인성학에 따르면, 어떤 동물들은 혈연선택을 할 때 유전적 동질성을 유지할 수 있는 동물을 선호하는 향이 있다고 한다. 혈연선택에 대한 더 자세히 알고 싶다면 다음 자료를 참고하시오. Hamilton, William D. 'The Evolution of Altruistic Behavior.' American Naturalist,97 (1963): 354–356; Hamilton, William D., 'The Genetical Evolution of Social Behavior.' Journal of Theoretical Biology 7(1) (1964): 1.52; Smith, J. Maynard, 'Group Selection and Kin Selection.' Nature 201(4924) (1964): 1145–1147.
24 Finch, John F. and Cialdini, Robert B., 'Another Indirect Tactic of (Self–) Image Management: Boosting.' Personality and Social Psychology Bulletin 15 (1989): 222–232.
25 고전 수사법과 과학의 융합에 대해서 더 알고 싶다면 다음 자료를 참고하시오. Max Atkinson, Lend me your ears: All you need to know about making speeches and presentations (London: Vermillion, 2004).
26 마음을 읽을 줄 아는 천재에 대해서 더 자세히 알고 싶다면 다음 자료를 참고하시오. Malcolm Gladwell, 'The Naked Face.' The New Yorker Archive (August 5th 2002). http://www.gladwell.com/2002/2002_08_05_a_face.htm (accessed June 11th, 2008).
27 Ottati, Victor., Rhoads, Susan., & Graesser, Arthur C., 'The Effect of Metaphor on Processing Style in a Persuasion Task: A Motivational Resonance Model.' Journal of Personality and Social Psychology 77(4) (1999): 688–697.
28 Ephraim Hardcastle, Mail Online. http://www.dailymail.co.uk/debate/article-1213906/EPHRAIM-HARDCASTLE.html (accessed October 19th, 2009).
29 Carlson, Michael, Charlin, Ventura and Miller, Norman, 'Positive Mood and Helping Behavior: A Test of Six Hypotheses.' Journal of Personality and Social Psychology55(1988): 211–229.
30 Winkielman, Piotr and Cacioppo, John T., 'Mind at Ease Puts Smile on the Face: Psychophysiological Evidence That Processing Facilitation Elicits Positive Affect.' Journal of Personality and Social Psychology 81(6) (2001): 989–1000.

Chapter 7

1 Hare, Robert D., The Hare Psychopathy Checklist–Revised(PCL–372R),2nd edn(Toronto, Ontario: Multi–Health Systems, 2003).
2 Lilienfeld, Scott O. and Andrews, Brian P., 'Development and Preliminary Validation of a Self–Report Measure of Psychopathic Personality in Noncriminal Populations.' Journal of Personality Assessment66 (1996): 488–524.
3 '공감'에 대해서 학문적으로 접근한 입문서로는 Mark H. Davis, Empathy : Asocial psychological approach (New York, NY: HarperCollins, 1996)가 있으며, 차가운 공감과 뜨거운 공감의 차이에 대해 다음 도서에서 잘 설명하고 있다. Loewenstein, George, 'Hot–Cold Empathy Gaps and

Medical Decision Making.' Health Psychology24(4)(2005): Suppl. S49.S56; Read, Daniel and Loewenstein, George, 'Enduring Pain for Money: Decisions Based on the Perception and Memory of Pain.' Journal of Behavioral Decision Making 12 (1999): 1–17.
4 뇌 기능장애로 인한 감정 처리 결핍(도덕성 딜레마 포함)과 사이코패스에 대해서 면밀히 조사하고 분석한 책이다. Blair, R. J. R. 'Dysfunctions of Medial and Lateral Orbitofrontal Cortex in Psychopathy.' Annals of the New York Academy of Sciences1121 (2007): 461–479. 좀 더 개략적인 설명은 다음 책에서 찾을 수 있다. Carl Zimmer 'Whose Life Would You Save?' Discover (April 2004). http:// discovermagazine.com/2004/apr/whose-life-would-you-save (accessed January 9th, 2007).
5 The Trolley Problem was first proposed in this form by Philippa Foot in 'The Problem of Abortion and the Doctrine of the Double Effect.' In Virtues and vices and other essays in moral philosophy(Berkeley, CA: University of California Press, 1978).
6 Thomson, Judith J. 'Killing, Letting Die, and the Trolley Problem.' The Monist59(1976): 204–17.
한 가지 더 심한 경우를 해 보고자 한다. 역시 톰슨이 설정한 케이스다. 아주 유능한 장기이식 외과의에게 환자 다섯 명이 있다. 이들은 모두 각기 다른 장기이식을 필요로 하고 있으며 장기 공급이 안 되면 죽게 된다. 유감스럽게도 현재 이식할 장기가 없는 상태다. 그런데 여행 중이던 한 젊은이가 우연히 정기 검진을 받으러 그 의사를 찾아왔다. 진찰하던 중 의사는 그 젊은이의 장기가 죽어가는 다섯 명 환자들에게 다 맞는다는 것을 알게 되었다. 게다가 그 젊은이가 사라진다고 해도 의사를 의심할 사람이 아무도 없다.(Thomson, Judith J. 'The Trolley Problem.' Yale Law Journal94 (1985):1395–1415.)
7 Greene, Joshua D., Sommerville, R.Brian, Nystrom, Leigh E., Darley, John M. and Cohen, Jonathan D., 'An fMRI Investigation of Emotional Engagement in Moral Judgement.' Science 293 (2001): 2105–2108. For a more general account of the neuroscience of morality see Greene, Joshua D. and Haidt, Jonathan, 'How (and Where) Does Moral Judgement Work?' Trends in Cognitive Sciences6(12) (2002): 517–523.
8 그렇다면 사이코패스와 정반대로 뜨거운 공감능력만 있는 사람들도 있지 않을까 하는 재미있는 의문이 생기는데 정말 그런 사람들이 있다는 증거가 있다. 위스콘신 대학 신경과학자 리처드 데이비슨은 달라이 라마의 도움을 받아 불교 승려들이 '자비' 명상이라고 하는 고도의 명상활동을 하는 동안 뇌의 움직임을 조사했다. 데이비슨은 EEG를 사용해 수도승들이 고도의 자비심 상태로 들어가 무조건적인 사랑에 집중하게 되면 감마파가 정상보다 30배나 강해지고 좌뇌 전전두엽(긍정적 감정을 관장하는 두뇌 두위) 활동이 증가하는 등 독특한 신경작용이 동반하는 것을 알게 됐다. 이와 같은 결과는 훈련을 통한 뇌기능 변화 능력을 의미하는 신경가소성에 대한 연구를 지속해야 할 중요한 의미를 가진다고 데이비슨은 주장했다. 바이올리니스트의 운지 담당 손과 관계된 두뇌 부위가 다른 손 담당 뇌 부위보다 더 발달하듯이 뇌의 감정 관련부위도 훈련할 수 있고 다른 근육을 키우듯이 공감능력도 키울 수 있다는 것이다.
달라이 라마는 저서『용서』에서 중국이 티베트를 침략하기 전, 라사에서 알고 지냈던 티베트의 승려 로폰라에 대해 이야기했다. 로폰라는 중국에 18년 동안 수감되었다가 풀려나자 인도로 도피했다. 두 사람이 다시 재회한 것은 그가 20년간 호된 시련을 겪은 다음이었는데 달라이 라마는 그 때를 이렇게 회고했다.
"그는 똑같아 보였습니다. 그렇게 오랜 세월을 감옥에서 보냈지만 여전히 정신이 또렷했고, 여전히 부드러운 수도승이었습니다. 감옥에서 고문도 많이 당했을 텐데 말입니다. 그에게 무서웠던 적이 있었냐고 물었지요. 그랬더니 '네, 두려운 게 한 가지 있었습니다. 중국 사람들에 대한 자비심을 잃게 될까 봐 겁이 났어요'라고 대답하더군요."
9 Gordon, Heather L., Baird, Abigail A. and End, Alison, 'Functional Differences Among Those High and Low on a Trait Measure of Psychopathy.' Biological Psychiatry56(2004): 516–521.
10 Richell, R. A., Mitchell, D. G. V., Newman, C., Leonard, A., Baron–Cohen, S. and Blair, R. J. R., 'Theory of Mind and Psychopathy: Can Psychopathic Individuals Read the 'Language of the Eyes'?' Neuropsychologia41 (2003): 523–526.
11 Shiv, Baba, Loewenstein, George, Bechara, Antoine, Damasio, Hanna and Damasio, Antonio R., 'Investment Behaviour and the Negative Side of Emotion.' Psychologica l Science16(6) (2005): 435–439.
12 이 실험에 대해서 좀 더 자세히 알고 싶다면 다음 연구를 참고하시오. Rachman, Stanley J., 'Fear and Courage: A Psychological Perspective.' Social Research 71(1)(2004): 149–176. 래크먼은 이 보고서에서 일반적으로 폭탄제거 전문가들이 사이코패스는 아니라고 잘라 말했다. 다만 사이코패스와 폭탄제거 전문가 모두 엄청난 압박감 속에서도 냉정함과 자신감이라는 특징을 유지할 수 있다고 밝혔다.
13 로버트 헨디 프리가드를 직접 만난 적이 없다는 점을 밝히고자 한다. 따라서 그가 사이코패스인지 아닌지도 확신할 수 없다. 하지만 그의 대단한 '업적'과 그의 피해자들, 담당 경찰관들의 증언으로 미루어 짐작해 볼 때, 분명 그에게는 사이코패스적인 기질이 있다고 생각한다. 솔직히 좀 많이 있다고 생각한다.
14 David Baines, 'The Dark Side of Charisma' (book review), Canadian Business (May/June 2006).
15 Scerbo, Angela, Raine, Adrian, O'Brien, Mary, Chan, Cheryl–Jean, Rhee, Cathy and Smiley, Norine, 'Reward Dominance and Passive Avoidance Learning in Adolescent Psychopaths.' Journal of Abnormal Child Psychology18(4) (1990): 451–463.

Chapter 8

1 맥스 콜트허트와 그 동료들은 미러 맨과 인지장애에 대해 광범위하게 조사하여 기록하였다. 자세한 자료는 아래와 같다. Breen, Nora, Caine, Diana and Coltheart, Max, 'Mirrored–Self Misidentification: Two Cases of Focal Onset Dementia.' Neurocase7(2001): 239–254; Breen, Nora., Caine, Diana., Coltheart, Max., Hendy, Julie., and Roberts, Corrine, 'Towards an Understanding of Delusions of Misidentification: Four Case Studies.' Mind and Language 15(1) (2000): 74–110.
2 Marx, David M., Ko, Sei Jin and Friedman, Ray A., 'The "Obama Effect": How a Salient Role Model Reduces Race–Based Performance Differences.' Journal of Experimental Social Psychology45(4) (2009): 953–956.
3 선입관의 위협과 인종에 대한 연구를 더 보고자 한다면 다음 자료를 참고하시오. Steele, Claude M. 'A Threat in the Air: How Stereotypes Shape Intellectual Identity and

Performance.' American Psychologist 52 (1997): 613.629; Steele, Claude M. and Aronson, Joshua, 'Stereotype Vulnerability and the Intellectual Test Performance of African Americans.' Journal of Personality and Social Psychology69 (1995): 797–811.

4 드웩의 정신자세와 관련한 연구를 더 알고 싶다면 다음 자료를 참고하시오. Dweck,Carol S., Mindset: The new psychology of success. New York, NY: Random House, 2006; Dweck, Carol S., 'The Secret To Raising Smart Kids.' Scientific American Mind(Dec/Jan 2007): 36–43.

5 기질 발달 이면의 과학에 대해서 더 알고 싶다면 다음 자료를 참고하시오. Jerome Kugan, Galen's Prophecy: Temperament in Human Nature (New York, NY: Basic Books, 1994).

6 Gilbert, Daniel T., Tafarodi, Romin W. and Malone, Patrick S., 'You Can't Unbelieve Everything You Read.' Journal of Personality and Social Psychology65(2) (1993): 221–233.

7 Leon Festinger, Henry W. Riecken, and Stanley Schachter. When prophecy fails : A social and psychological study of a modern group that predicted the end of the world(Minneapolis: University of Minnesota Press, 1956).

8 Festinger, Leon. Atheory of cognitive dissonance(Stanford, CA: Stanford University Press, 1957). See also Festinger, Leon and Carlsmith, James M., 'Cognitive Consequences of Forced Compliance.' Journal of Abnormal and Social Psychology58(2) (1959): 203–210. Cooper, Joel and Fazio, Russell H., 'A New Look at Dissonance Theory.' In Leonard Berkowitz (Ed.), Advances in Experimental Social Psychology17 229–266: (Orlando, FL: Academic Press, 1984).

다차원 아이오와 암시감응성 평가

1 Kotov, R. I., Bellman, S. B. and Watson, D. B., 'Multidimensional Iowa Suggestibility Scale: Brief Manual (2007).' Retrieved from http://www.hsc. stonybrook.edu/som/psychiatry/kotov_r.cfm with permission from Roman Kotov.

순식간에 상대를 제압하는 기술

초설득

초판 1쇄 발행 2025년 1월 21일

지은이 케빈 더튼
옮긴이 최정숙
펴낸이 성의현
펴낸곳 미래의창

출판 신고 2019년 10월 28일 제2019-000291호
주소 서울시 마포구 잔다리로 62-1 미래의창빌딩(서교동 376-15, 5층)
전화 070-8693-1719 **팩스** 0507-0301-1585
홈페이지 www.miraebook.co.kr
ISBN 979-11-93638-60-6 (03320)

※ 책값은 뒤표지에 표기되어 있습니다.